"八五"普法应知应会法律手册

# 村　民
# 应知应会法律手册

法律出版社法规中心　编

法律出版社
LAW PRESS · CHINA
北京

**图书在版编目（CIP）数据**

村民应知应会法律手册／法律出版社法规中心编
．--北京：法律出版社，2021（2025.11 重印）
（"八五"普法应知应会法律手册）
ISBN 978-7-5197-6010-6

Ⅰ．①村… Ⅱ．①法… Ⅲ．①法律－中国－通俗读物
Ⅳ．①D920.5

中国版本图书馆 CIP 数据核字（2021）第 204050 号

**村民应知应会法律手册**
**CUNMIN YINGZHI YINGHUI FALÜ SHOUCE**

法律出版社法规中心 编

责任编辑 李 群 陈昱希
装帧设计 汪奇峰

**出版发行** 法律出版社
**编辑统筹** 法规出版分社
**责任校对** 张红蕊
**责任印制** 耿润瑜
**经　　销** 新华书店

**开本** 850 毫米×1168 毫米 1/32
**印张** 8.75 **字数** 330 千
**版本** 2021 年 11 月第 1 版
**印次** 2025 年 11 月第 21 次印刷
**印刷** 北京盛通印刷股份有限公司

地址：北京市丰台区莲花池西里 7 号（100073）
网址：www.lawpress.com.cn
投稿邮箱：info@lawpress.com.cn
举报盗版邮箱：jbwq@lawpress.com.cn
销售电话：010-83938349
客服电话：010-83938350
咨询电话：010-63939796


**书号**：ISBN 978-7-5197-6010-6 **定价**：26.00 元
凡购买本社图书，如有印装错误，我社负责退换。电话：010-83938349

# 编写说明

自1986年以来,我国已连续实施完成了七个五年普法规划,取得了重要成果,全社会法治观念明显增强,社会治理法治化水平明显提高。在14亿多人口的大国持续开展全民普法,把法律交给人民,这是人类法治史上的一大创举,是中国特色社会主义制度优势的体现,也是中国特色社会主义法治的重要组成部分。全国第七个五年法治宣传教育规划(2016—2020年)顺利实施完成之后,以宪法为核心的中国特色社会主义法律体系学习宣传深入开展,“谁执法谁普法”等普法责任制广泛实行,法治文化蓬勃发展,全社会法治观念明显增强,社会治理法治化水平明显提高。

我国开启全面建设社会主义现代化国家新征程,进入新发展阶段,迫切要求进一步提升公民法治素养,推动全社会尊法学法守法用法。全民普法是全面依法治国的长期基础性工作。2021年6月,中共中央、国务院转发《中央宣传部、司法部关于开展法治宣传教育的第八个五年规划(2021—2025年)》。

为配合“八五”普法规划的实施,根据《中央宣传部、司法部关于开展法治宣传教育的第八个五年规划(2021—2025年)》的要求,我们尽可能覆盖重点普法对象,组织编写了“‘八五’普法应知应会法律手册”丛书。该丛书共10册,分别是:《公民应知应会法律手册》《国家安全教育应知应会法律手册》《青少年应知应会法律手册》《老年人应知应会法律手册》《村民应知应会法律手册》《国家工作人员应知应会法律手册》《互联网从业人员应知应会法律手册》

《企业用工应知应会法律手册》《安全生产应知应会法律手册》《打官司应知应会法律手册》。

本丛书具有以下特点：

1. 法律文本标准。作为专业的法律出版机构，多年来，我社积淀了丰富的标准法律文本资源，并根据立法进度及时更新相关内容。

2. 收录应知应会法规。丛书精选相关领域应知应会法规，内容精准，编排科学，是“八五”普法的推荐用书。

本丛书不足之处，恳请读者批评指正。

法律出版社法规中心

2021 年 10 月

# 目　录

## 一、村民自治



## 二、土地承包

## 三、生产经营

## 四、集体土地征收与房屋拆迁



## 五、村民权益

## 六、婚姻家庭

# 一、村民自治

## 中华人民共和国宪法(节录)

1. 1982年12月4日第五届全国人民代表大会第五次会议通过
2. 1982年12月4日全国人民代表大会公告公布施行
3. 根据1988年4月12日第七届全国人民代表大会第一次会议通过的《中华人民共和国宪法修正案》、1993年3月29日第八届全国人民代表大会第一次会议通过的《中华人民共和国宪法修正案》、1999年3月15日第九届全国人民代表大会第二次会议通过的《中华人民共和国宪法修正案》、2004年3月14日第十届全国人民代表大会第二次会议通过的《中华人民共和国宪法修正案》和2018年3月11日第十三届全国人民代表大会第一次会议通过的《中华人民共和国宪法修正案》修正

### 第五节 地方各级人民代表大会和地方各级人民政府

**第九十五条** 省、直辖市、县、市、市辖区、乡、民族乡、镇设立人民代表大会和人民政府。

地方各级人民代表大会和地方各级人民政府的组织由法律规定。

自治区、自治州、自治县设立自治机关。自治机关的组织和工作根据宪法第三章第五节、第六节规定的基本原则由法律规定。

**第九十六条** 地方各级人民代表大会是地方国家权力机关。

县级以上的地方各级人民代表大会设立常务委员会。

**第九十七条** 省、直辖市、设区的市的人民代表大会代表由下一级的人民代表大会选举;县、不设区的市、市辖区、乡、民族乡、镇的人民代表大会代表由选民直接选举。

地方各级人民代表大会代表名额和代表产生办法由法律规定。

**第九十八条** 地方各级人民代表大会每届任期五年。

**第九十九条** 地方各级人民代表大会在本行政区域内,保证宪法、法律、行政法规的遵守和执行;依照法律规定的权限,通过和发布决议,审查和决定地方的经济建设、文化建设和公共事业建设的计划。

县级以上的地方各级人民代表大会审查和批准本行政区域内的国民经济和社会发展计划、预算以及它们的执行情况的报告;有权改变或者撤销本级人民代表大会常务委员会不适当的决定。

民族乡的人民代表大会可以依照法律规定的权限采取适合民族特点的具体措施。

**第一百条** 省、直辖市的人民代表

大会和它们的常务委员会,在不同宪法、法律、行政法规相抵触的前提下,可以制定地方性法规,报全国人民代表大会常务委员会备案。

设区的市的人民代表大会和它们的常务委员会,在不同宪法、法律、行政法规和本省、自治区的地方性法规相抵触的前提下,可以依照法律规定制定地方性法规,报本省、自治区人民代表大会常务委员会批准后施行。

**第一百零一条** 地方各级人民代表大会分别选举并且有权罢免本级人民政府的省长和副省长、市长和副市长、县长和副县长、区长和副区长、乡长和副乡长、镇长和副镇长。

县级以上的地方各级人民代表大会选举并且有权罢免本级监察委员会主任、本级人民法院院长和本级人民检察院检察长。选出或者罢免人民检察院检察长,须报上级人民检察院检察长提请该级人民代表大会常务委员会批准。

**第一百零二条** 省、直辖市、设区的市的人民代表大会代表受原选举单位的监督;县、不设区的市、市辖区、乡、民族乡、镇的人民代表大会代表受选民的监督。

地方各级人民代表大会代表的选举单位和选民有权依照法律规定的程序罢免由他们选出的代表。

**第一百零三条** 县级以上的地方各级人民代表大会常务委员会由主任、副主任若干人和委员若干人组成,对本级人民代表大会负责并报告工作。

县级以上的地方各级人民代表大会选举并有权罢免本级人民代表大会常务委员会的组成人员。

县级以上的地方各级人民代表大会常务委员会的组成人员不得担任国家行政机关、监察机关、审判机关和检察机关的职务。

**第一百零四条** 县级以上的地方各级人民代表大会常务委员会讨论、决定本行政区域内各方面工作的重大事项;监督本级人民政府、监察委员会、人民法院和人民检察院的工作;撤销本级人民政府的不适当的决定和命令;撤销下一级人民代表大会的不适当的决议;依照法律规定的权限决定国家机关工作人员的任免;在本级人民代表大会闭会期间,罢免和补选上一级人民代表大会的个别代表。

**第一百零五条** 地方各级人民政府是地方各级国家权力机关的执行机关,是地方各级国家行政机关。

地方各级人民政府实行省长、市长、县长、区长、乡长、镇长负责制。

**第一百零六条** 地方各级人民政府每届任期同本级人民代表大会每届任期相同。

**第一百零七条** 县级以上地方各级人民政府依照法律规定的权限,管理本行政区域内的经济、教育、科学、文化、卫生、体育事业、城乡建设事业和财政、民政、公安、民族事务、司法行政、计划生育等行政工作,发布决定和命令,任免、培训、考核和奖惩行政工作人员。

乡、民族乡、镇的人民政府执行本级人民代表大会的决议和上级国家行政机关的决定和命令,管理本行政区域内的行政工作。

省、直辖市的人民政府决定乡、民族乡、镇的建置和区域划分。

**第一百零八条**　县级以上的地方各级人民政府领导所属各工作部门和下级人民政府的工作，有权改变或者撤销所属各工作部门和下级人民政府的不适当的决定。

**第一百零九条**　县级以上的地方各级人民政府设立审计机关。地方各级审计机关依照法律规定独立行使审计监督权，对本级人民政府和上一级审计机关负责。

**第一百一十条**　地方各级人民政府对本级人民代表大会负责并报告工作。县级以上的地方各级人民政府在本级人民代表大会闭会期间，对本级人民代表大会常务委员会负责并报告工作。

地方各级人民政府对上一级国家行政机关负责并报告工作。全国地方各级人民政府都是国务院统一领导下的国家行政机关，都服从国务院。

**第一百一十一条**　城市和农村按居民居住地区设立的居民委员会或者村民委员会是基层群众性自治组织。居民委员会、村民委员会的主任、副主任和委员由居民选举。居民委员会、村民委员会同基层政权的相互关系由法律规定。

居民委员会、村民委员会设人民调解、治安保卫、公共卫生等委员会，办理本居住地区的公共事务和公益事业，调解民间纠纷，协助维护社会治安，并且向人民政府反映群众的意见、要求和提出建议。

# 中华人民共和国<br>全国人民代表大会和地方<br>各级人民代表大会选举法

1．1979年7月1日第五届全国人民代表大会第二次会议通过
2．根据1982年12月10日第五届全国人民代表大会第五次会议《关于修改〈中华人民共和国全国人民代表大会和地方各级人民代表大会选举法〉的若干规定的决议》第一次修正
3．根据1986年12月2日第六届全国人民代表大会常务委员会第十八次会议《关于修改〈中华人民共和国全国人民代表大会和地方各级人民代表大会选举法〉的决定》第二次修正
4．根据1995年2月28日第八届全国人民代表大会常务委员会第十二次会议《关于修改〈中华人民共和国全国人民代表大会和地方各级人民代表大会选举法〉的决定》第三次修正
5．根据2004年10月27日第十届全国人民代表大会常务委员会第十二次会议《关于修改〈中华人民共和国全国人民代表大会和地方各级人民代表大会选举法〉的决定》第四次修正
6．根据2010年3月14日第十一届全国人民代表大会第三次会议《关于修改〈中华人民共和国全国人民代表大会和地方各级人民代表大会选举法〉的决定》第五次修正
7．根据2015年8月29日第十二届全

国人民代表大会常务委员会第十六次会议《关于修改〈中华人民共和国地方各级人民代表大会和地方各级人民政府组织法〉、〈中华人民共和国全国人民代表大会和地方各级人民代表大会选举法〉、〈中华人民共和国全国人民代表大会和地方各级人民代表大会代表法〉的决定》第六次修正

8．根据2020年10月17日第十三届全国人民代表大会常务委员会第二十二次会议《关于修改〈中华人民共和国全国人民代表大会和地方各级人民代表大会选举法〉的决定》第七次修正

目　　录



## 第一章　总　　则

**第一条**　根据中华人民共和国宪法，制定全国人民代表大会和地方各级人民代表大会选举法。

**第二条**　全国人民代表大会和地方各级人民代表大会代表的选举工作，坚持中国共产党的领导，坚持充分发扬民主，坚持严格依法办事。

**第三条**　全国人民代表大会的代表，省、自治区、直辖市、设区的市、自治州的人民代表大会的代表，由下一级人民代表大会选举。

不设区的市、市辖区、县、自治县、乡、民族乡、镇的人民代表大会的代表，由选民直接选举。

**第四条**　中华人民共和国年满十八周岁的公民，不分民族、种族、性别、职业、家庭出身、宗教信仰、教育程度、财产状况和居住期限，都有选举权和被选举权。

依照法律被剥夺政治权利的人没有选举权和被选举权。

**第五条**　每一选民在一次选举中只有一个投票权。

**第六条**　人民解放军单独进行选举，选举办法另订。

**第七条**　全国人民代表大会和地方各级人民代表大会的代表应当具有广泛的代表性，应当有适当数量的基层代表，特别是工人、农民和知识分子代表；应当有适当数量的妇女代表，并逐步提高妇女代表的比例。

全国人民代表大会和归侨人数较多地区的地方人民代表大会，应当有适当名额的归侨代表。

旅居国外的中华人民共和国公民在县级以下人民代表大会代表选举期间在国内的，可以参加原籍地或者出国前居

住地的选举。

**第八条** 全国人民代表大会和地方各级人民代表大会的选举经费，列入财政预算，由国库开支。

## 第二章 选举机构

**第九条** 全国人民代表大会常务委员会主持全国人民代表大会代表的选举。省、自治区、直辖市、设区的市、自治州的人民代表大会常务委员会主持本级人民代表大会代表的选举。

不设区的市、市辖区、县、自治县、乡、民族乡、镇设立选举委员会，主持本级人民代表大会代表的选举。不设区的市、市辖区、县、自治县的选举委员会受本级人民代表大会常务委员会的领导。乡、民族乡、镇的选举委员会受不设区的市、市辖区、县、自治县的人民代表大会常务委员会的领导。

省、自治区、直辖市、设区的市、自治州的人民代表大会常务委员会指导本行政区域内县级以下人民代表大会代表的选举工作。

**第十条** 不设区的市、市辖区、县、自治县的选举委员会的组成人员由本级人民代表大会常务委员会任命。乡、民族乡、镇的选举委员会的组成人员由不设区的市、市辖区、县、自治县的人民代表大会常务委员会任命。

选举委员会的组成人员为代表候选人的，应当辞去选举委员会的职务。

**第十一条** 选举委员会履行下列职责：

（一）划分选举本级人民代表大会代表的选区，分配各选区应选代表的名额；

（二）进行选民登记，审查选民资格，公布选民名单；受理对于选民名单不同意见的申诉，并作出决定；

（三）确定选举日期；

（四）了解核实并组织介绍代表候选人的情况；根据较多数选民的意见，确定和公布正式代表候选人名单；

（五）主持投票选举；

（六）确定选举结果是否有效，公布当选代表名单；

（七）法律规定的其他职责。

选举委员会应当及时公布选举信息。

## 第三章 地方各级人民代表大会代表名额

**第十二条** 地方各级人民代表大会的代表名额，按照下列规定确定：

（一）省、自治区、直辖市的代表名额基数为三百五十名，省、自治区每十五万人可以增加一名代表，直辖市每二万五千人可以增加一名代表；但是，代表总名额不得超过一千名；

（二）设区的市、自治州的代表名额基数为二百四十名，每二万五千人可以增加一名代表；人口超过一千万的，代表总名额不得超过六百五十名；

（三）不设区的市、市辖区、县、自治县的代表名额基数为一百四十名，每五千人可以增加一名代表；人口超过一百五十五万的，代表总名额不得超过四百五十名；人口不足五万的，代表总名额可以少于一百四十名；

（四）乡、民族乡、镇的代表名额基数为四十五名，每一千五百人可以增加一名代表；但是，代表总名额不得超过一百六十名；人口不足二千的，代表总名额可以少于四十五名。

按照前款规定的地方各级人民代表大会的代表名额基数与按人口数增加的代表数相加，即为地方各级人民代表大会的代表总名额。

自治区、聚居的少数民族多的省，经全国人民代表大会常务委员会决定，代表名额可以另加百分之五。聚居的少数民族多或者人口居住分散的县、自治县、乡、民族乡，经省、自治区、直辖市的人民代表大会常务委员会决定，代表名额可以另加百分之五。

**第十三条**　省、自治区、直辖市的人民代表大会代表的具体名额，由全国人民代表大会常务委员会依照本法确定。设区的市、自治州和县级的人民代表大会代表的具体名额，由省、自治区、直辖市的人民代表大会常务委员会依照本法确定，报全国人民代表大会常务委员会备案。乡级的人民代表大会代表的具体名额，由县级的人民代表大会常务委员会依照本法确定，报上一级人民代表大会常务委员会备案。

**第十四条**　地方各级人民代表大会的代表总名额经确定后，不再变动。如果由于行政区划变动或者由于重大工程建设等原因造成人口较大变动的，该级人民代表大会的代表总名额依照本法的规定重新确定。

依照前款规定重新确定代表名额的，省、自治区、直辖市的人民代表大会常务委员会应当在三十日内将重新确定代表名额的情况报全国人民代表大会常务委员会备案。

**第十五条**　地方各级人民代表大会代表名额，由本级人民代表大会常务委员会或者本级选举委员会根据本行政区域所辖的下一级各行政区域或者各选区的人口数，按照每一代表所代表的城乡人口数相同的原则，以及保证各地区、各民族、各方面都有适当数量代表的要求进行分配。在县、自治县的人民代表大会中，人口特少的乡、民族乡、镇，至少应有代表一人。

地方各级人民代表大会代表名额的分配办法，由省、自治区、直辖市人民代表大会常务委员会参照全国人民代表大会代表名额分配的办法，结合本地区的具体情况规定。

## 第四章　全国人民代表大会代表名额

**第十六条**　全国人民代表大会的代表，由省、自治区、直辖市的人民代表大会和人民解放军选举产生。

全国人民代表大会代表的名额不超过三千人。

香港特别行政区、澳门特别行政区应选全国人民代表大会代表的名额和代表产生办法，由全国人民代表大会另行规定。

**第十七条**　全国人民代表大会代表名额，由全国人民代表大会常务委员会根据各省、自治区、直辖市的人口数，按照每一代表所代表的城乡人口数相同的原则，以及保证各地区、各民族、各方面都有适当数量代表的要求进行分配。

省、自治区、直辖市应选全国人民代表大会代表名额，由根据人口数计算确定的名额数、相同的地区基本名额数和其他应选名额数构成。

全国人民代表大会代表名额的具体分配，由全国人民代表大会常务委员会决定。

**第十八条** 全国少数民族应选全国人民代表大会代表，由全国人民代表大会常务委员会参照各少数民族的人口数和分布等情况，分配给各省、自治区、直辖市的人民代表大会选出。人口特少的民族，至少应有代表一人。

## 第五章 各少数民族的选举

**第十九条** 有少数民族聚居的地方，每一聚居的少数民族都应有代表参加当地的人民代表大会。

聚居境内同一少数民族的总人口数占境内总人口数百分之三十以上的，每一代表所代表的人口数应相当于当地人民代表大会每一代表所代表的人口数。

聚居境内同一少数民族的总人口数不足境内总人口数百分之十五的，每一代表所代表的人口数可以适当少于当地人民代表大会每一代表所代表的人口数，但不得少于二分之一；实行区域自治的民族人口特少的自治县，经省、自治区的人民代表大会常务委员会决定，可以少于二分之一。人口特少的其他聚居民族，至少应有代表一人。

聚居境内同一少数民族的总人口数占境内总人口数百分之十五以上、不足百分之三十的，每一代表所代表的人口数，可以适当少于当地人民代表大会每一代表所代表的人口数，但分配给该少数民族的应选代表名额不得超过代表总名额的百分之三十。

**第二十条** 自治区、自治州、自治县和有少数民族聚居的乡、民族乡、镇的人民代表大会，对于聚居在境内的其他少数民族和汉族代表的选举，适用本法第十九条的规定。

**第二十一条** 散居的少数民族应选当地人民代表大会的代表，每一代表所代表的人口数可以少于当地人民代表大会每一代表所代表的人口数。

自治区、自治州、自治县和有少数民族聚居的乡、民族乡、镇的人民代表大会，对于散居的其他少数民族和汉族代表的选举，适用前款的规定。

**第二十二条** 有少数民族聚居的不设区的市、市辖区、县、乡、民族乡、镇的人民代表大会代表的产生，按照当地的民族关系和居住状况，各少数民族选民可以单独选举或者联合选举。

自治县和有少数民族聚居的乡、民族乡、镇的人民代表大会，对于居住在境内的其他少数民族和汉族代表的选举办法，适用前款的规定。

**第二十三条** 自治区、自治州、自治县制定或者公布的选举文件、选民名单、选民证、代表候选人名单、代表当选证书和选举委员会的印章等，都应当同时使用当地通用的民族文字。

**第二十四条** 少数民族选举的其他

事项，参照本法有关各条的规定办理。

## 第六章　选区划分

**第二十五条**　不设区的市、市辖区、县、自治县、乡、民族乡、镇的人民代表大会的代表名额分配到选区，按选区进行选举。选区可以按居住状况划分，也可以按生产单位、事业单位、工作单位划分。

选区的大小，按照每一选区选一名至三名代表划分。

**第二十六条**　本行政区域内各选区每一代表所代表的人口数应当大体相等。

## 第七章　选民登记

**第二十七条**　选民登记按选区进行，经登记确认的选民资格长期有效。每次选举前对上次选民登记以后新满十八周岁的、被剥夺政治权利期满后恢复政治权利的选民，予以登记。对选民经登记后迁出原选区的，列入新迁入的选区的选民名单；对死亡的和依照法律被剥夺政治权利的人，从选民名单上除名。

精神病患者不能行使选举权利的，经选举委员会确认，不列入选民名单。

**第二十八条**　选民名单应在选举日的二十日以前公布，实行凭选民证参加投票选举的，并应当发给选民证。

**第二十九条**　对于公布的选民名单有不同意见的，可以在选民名单公布之日起五日内向选举委员会提出申诉。选举委员会对申诉意见，应在三日内作出处理决定。申诉人如果对处理决定不服，可以在选举日的五日以前向人民法院起诉，人民法院应在选举日以前作出判决。人民法院的判决为最后决定。

## 第八章　代表候选人的提出

**第三十条**　全国和地方各级人民代表大会的代表候选人，按选区或者选举单位提名产生。

各政党、各人民团体，可以联合或者单独推荐代表候选人。选民或者代表，十人以上联名，也可以推荐代表候选人。推荐者应向选举委员会或者大会主席团介绍代表候选人的情况。接受推荐的代表候选人应当向选举委员会或者大会主席团如实提供个人身份、简历等基本情况。提供的基本情况不实的，选举委员会或者大会主席团应当向选民或者代表通报。

各政党、各人民团体联合或者单独推荐的代表候选人的人数，每一选民或者代表参加联名推荐的代表候选人的人数，均不得超过本选区或者选举单位应选代表的名额。

**第三十一条**　全国和地方各级人民代表大会代表实行差额选举，代表候选人的人数应多于应选代表的名额。

由选民直接选举人民代表大会代表的，代表候选人的人数应多于应选代表名额三分之一至一倍；由县级以上的地方各级人民代表大会选举上一级人民代表大会代表的，代表候选人的人数应多于应选代表名额五分之一至二分之一。

**第三十二条**　由选民直接选举人民代表大会代表的，代表候选人由各选区选民和各政党、各人民团体提名推荐。

选举委员会汇总后，将代表候选人名单及代表候选人的基本情况在选举日的十五日以前公布，并交各该选区的选民小组讨论、协商，确定正式代表候选人名单。如果所提代表候选人的人数超过本法第三十一条规定的最高差额比例，由选举委员会交各该选区的选民小组讨论、协商，根据较多数选民的意见，确定正式代表候选人名单；对正式代表候选人不能形成较为一致意见的，进行预选，根据预选时得票多少的顺序，确定正式代表候选人名单。正式代表候选人名单及代表候选人的基本情况应当在选举日的七日以前公布。

县级以上的地方各级人民代表大会在选举上一级人民代表大会代表时，提名、酝酿代表候选人的时间不得少于两天。各该级人民代表大会主席团将依法提出的代表候选人名单及代表候选人的基本情况印发全体代表，由全体代表酝酿、讨论。如果所提代表候选人的人数符合本法第三十一条规定的差额比例，直接进行投票选举。如果所提代表候选人的人数超过本法第三十一条规定的最高差额比例，进行预选，根据预选时得票多少的顺序，按照本级人民代表大会的选举办法根据本法确定的具体差额比例，确定正式代表候选人名单，进行投票选举。

**第三十三条**　县级以上的地方各级人民代表大会在选举上一级人民代表大会代表时，代表候选人不限于各该级人民代表大会的代表。

**第三十四条**　选举委员会或者人民代表大会主席团应当向选民或者代表介绍代表候选人的情况。推荐代表候选人的政党、人民团体和选民、代表可以在选民小组或者代表小组会议上介绍所推荐的代表候选人的情况。选举委员会根据选民的要求，应当组织代表候选人与选民见面，由代表候选人介绍本人的情况，回答选民的问题。但是，在选举日必须停止代表候选人的介绍。

**第三十五条**　公民参加各级人民代表大会代表的选举，不得直接或者间接接受境外机构、组织、个人提供的与选举有关的任何形式的资助。

违反前款规定的，不列入代表候选人名单；已经列入代表候选人名单的，从名单中除名；已经当选的，其当选无效。

## 第九章　选举程序

**第三十六条**　全国人民代表大会和地方各级人民代表大会代表的选举，应当严格依照法定程序进行，并接受监督。任何组织或者个人都不得以任何方式干预选民或者代表自由行使选举权。

**第三十七条**　在选民直接选举人民代表大会代表时，选民根据选举委员会的规定，凭身份证或者选民证领取选票。

**第三十八条**　选举委员会应当根据各选区选民分布状况，按照方便选民投票的原则设立投票站，进行选举。选民居住比较集中的，可以召开选举大会，进行选举；因患有疾病等原因行动不便或者居住分散并且交通不便的选民，可以在流动票箱投票。

**第三十九条**　县级以上的地方各级

人民代表大会在选举上一级人民代表大会代表时，由各该级人民代表大会主席团主持。

**第四十条**　全国和地方各级人民代表大会代表的选举，一律采用无记名投票的方法。选举时应当设有秘密写票处。

选民如果是文盲或者因残疾不能写选票的，可以委托他信任的人代写。

**第四十一条**　选举人对于代表候选人可以投赞成票，可以投反对票，可以另选其他任何选民，也可以弃权。

**第四十二条**　选民如果在选举期间外出，经选举委员会同意，可以书面委托其他选民代为投票。每一选民接受的委托不得超过三人，并应当按照委托人的意愿代为投票。

**第四十三条**　投票结束后，由选民或者代表推选的监票、计票人员和选举委员会或者人民代表大会主席团的人员将投票人数和票数加以核对，作出记录，并由监票人签字。

代表候选人的近亲属不得担任监票人、计票人。

**第四十四条**　每次选举所投的票数，多于投票人数的无效，等于或者少于投票人数的有效。

每一选票所选的人数，多于规定应选代表人数的作废，等于或者少于规定应选代表人数的有效。

**第四十五条**　在选民直接选举人民代表大会代表时，选区全体选民的过半数参加投票，选举有效。代表候选人获得参加投票的选民过半数的选票时，始得当选。

县级以上的地方各级人民代表大会在选举上一级人民代表大会代表时，代表候选人获得全体代表过半数的选票时，始得当选。

获得过半数选票的代表候选人的人数超过应选代表名额时，以得票多的当选。如遇票数相等不能确定当选人时，应当就票数相等的候选人再次投票，以得票多的当选。

获得过半数选票的当选代表的人数少于应选代表的名额时，不足的名额另行选举。另行选举时，根据在第一次投票时得票多少的顺序，按照本法第三十一条规定的差额比例，确定候选人名单。如果只选一人，候选人应为二人。

依照前款规定另行选举县级和乡级的人民代表大会代表时，代表候选人以得票多的当选，但是得票数不得少于选票的三分之一；县级以上的地方各级人民代表大会在另行选举上一级人民代表大会代表时，代表候选人获得全体代表过半数的选票，始得当选。

**第四十六条**　选举结果由选举委员会或者人民代表大会主席团根据本法确定是否有效，并予以宣布。

当选代表名单由选举委员会或者人民代表大会主席团予以公布。

**第四十七条**　代表资格审查委员会依法对当选代表是否符合宪法、法律规定的代表的基本条件，选举是否符合法律规定的程序，以及是否存在破坏选举和其他当选无效的违法行为进行审查，提出代表当选是否有效的意见，向本级人民代表大会常务委员会或者乡、民族乡、镇的人民代表大会主席团报告。

县级以上的各级人民代表大会常务委员会或者乡、民族乡、镇的人民代表大会主席团根据代表资格审查委员会提出的报告，确认代表的资格或者确定代表的当选无效，在每届人民代表大会第一次会议前公布代表名单。

**第四十八条**　公民不得同时担任两个以上无隶属关系的行政区域的人民代表大会代表。

## 第十章　对代表的监督和罢免、辞职、补选

**第四十九条**　全国和地方各级人民代表大会的代表，受选民和原选举单位的监督。选民或者选举单位都有权罢免自己选出的代表。

**第五十条**　对于县级的人民代表大会代表，原选区选民五十人以上联名，对于乡级的人民代表大会代表，原选区选民三十人以上联名，可以向县级的人民代表大会常务委员会书面提出罢免要求。

罢免要求应当写明罢免理由。被提出罢免的代表有权在选民会议上提出申辩意见，也可以书面提出申辩意见。

县级的人民代表大会常务委员会应当将罢免要求和被提出罢免的代表的书面申辩意见印发原选区选民。

表决罢免要求，由县级的人民代表大会常务委员会派有关负责人员主持。

**第五十一条**　县级以上的地方各级人民代表大会举行会议的时候，主席团或者十分之一以上代表联名，可以提出对由该级人民代表大会选出的上一级人民代表大会代表的罢免案。在人民代表大会闭会期间，县级以上的地方各级人民代表大会常务委员会主任会议或者常务委员会五分之一以上组成人员联名，可以向常务委员会提出对由该级人民代表大会选出的上一级人民代表大会代表的罢免案。罢免案应当写明罢免理由。

县级以上的地方各级人民代表大会举行会议的时候，被提出罢免的代表有权在主席团会议和大会全体会议上提出申辩意见，或者书面提出申辩意见，由主席团印发会议。罢免案经会议审议后，由主席团提请全体会议表决。

县级以上的地方各级人民代表大会常务委员会举行会议的时候，被提出罢免的代表有权在主任会议和常务委员会全体会议上提出申辩意见，或者书面提出申辩意见，由主任会议印发会议。罢免案经会议审议后，由主任会议提请全体会议表决。

**第五十二条**　罢免代表采用无记名的表决方式。

**第五十三条**　罢免县级和乡级的人民代表大会代表，须经原选区过半数的选民通过。

罢免由县级以上的地方各级人民代表大会选出的代表，须经各该级人民代表大会过半数的代表通过；在代表大会闭会期间，须经常务委员会组成人员的过半数通过。罢免的决议，须报送上一级人民代表大会常务委员会备案、公告。

**第五十四条**　县级以上的各级人民

代表大会常务委员会组成人员，县级以上的各级人民代表大会专门委员会成员的代表职务被罢免的，其常务委员会组成人员或者专门委员会成员的职务相应撤销，由主席团或者常务委员会予以公告。

乡、民族乡、镇的人民代表大会主席、副主席的代表职务被罢免的，其主席、副主席的职务相应撤销，由主席团予以公告。

**第五十五条**　全国人民代表大会代表，省、自治区、直辖市、设区的市、自治州的人民代表大会代表，可以向选举他的人民代表大会的常务委员会书面提出辞职。常务委员会接受辞职，须经常务委员会组成人员的过半数通过。接受辞职的决议，须报送上一级人民代表大会常务委员会备案、公告。

县级的人民代表大会代表可以向本级人民代表大会常务委员会书面提出辞职，乡级的人民代表大会代表可以向本级人民代表大会书面提出辞职。县级的人民代表大会常务委员会接受辞职，须经常务委员会组成人员的过半数通过。乡级的人民代表大会接受辞职，须经人民代表大会过半数的代表通过。接受辞职的，应当予以公告。

**第五十六条**　县级以上的各级人民代表大会常务委员会组成人员，县级以上的各级人民代表大会的专门委员会成员，辞去代表职务的请求被接受的，其常务委员会组成人员、专门委员会成员的职务相应终止，由常务委员会予以公告。

乡、民族乡、镇的人民代表大会主席、副主席，辞去代表职务的请求被接受的，其主席、副主席的职务相应终止，由主席团予以公告。

**第五十七条**　代表在任期内，因故出缺，由原选区或者原选举单位补选。

地方各级人民代表大会代表在任期内调离或者迁出本行政区域的，其代表资格自行终止，缺额另行补选。

县级以上的地方各级人民代表大会闭会期间，可以由本级人民代表大会常务委员会补选上一级人民代表大会代表。

补选出缺的代表时，代表候选人的名额可以多于应选代表的名额，也可以同应选代表的名额相等。补选的具体办法，由省、自治区、直辖市的人民代表大会常务委员会规定。

对补选产生的代表，依照本法第四十七条的规定进行代表资格审查。

## 第十一章　对破坏选举的制裁

**第五十八条**　为保障选民和代表自由行使选举权和被选举权，对有下列行为之一，破坏选举，违反治安管理规定的，依法给予治安管理处罚；构成犯罪的，依法追究刑事责任：

（一）以金钱或者其他财物贿赂选民或者代表，妨害选民和代表自由行使选举权和被选举权的；

（二）以暴力、威胁、欺骗或者其他非法手段妨害选民和代表自由行使选举权和被选举权的；

（三）伪造选举文件、虚报选举票数或者有其他违法行为的；

（四）对于控告、检举选举中违法行

为的人，或者对于提出要求罢免代表的人进行压制、报复的。

国家工作人员有前款所列行为的，还应当由监察机关给予政务处分或者由所在机关、单位给予处分。

以本条第一款所列违法行为当选的，其当选无效。

**第五十九条** 主持选举的机构发现有破坏选举的行为或者收到对破坏选举行为的举报，应当及时依法调查处理；需要追究法律责任的，及时移送有关机关予以处理。

### 第十二章 附 则

**第六十条** 省、自治区、直辖市的人民代表大会及其常务委员会根据本法可以制定选举实施细则，报全国人民代表大会常务委员会备案。

## 中华人民共和国<br>村民委员会组织法

1. 1998年11月4日第九届全国人民代表大会常务委员会第五次会议通过
2. 2010年10月28日第十一届全国人民代表大会常务委员会第十七次会议修订
3. 根据2018年12月29日第十三届全国人民代表大会常务委员会第七次会议《关于修改〈中华人民共和国村民委员会组织法〉〈中华人民共和国城市居民委员会组织法〉的决定》第一次修正
4. 根据2025年10月28日第十四届全国人民代表大会常务委员会第十八次会议《关于修改〈中华人民共和国村民委员会组织法〉的决定》第二次修正

### 目 录



### 第一章 总 则

**第一条** 为了健全基层群众自治制度，由村民依法办理自己的事情，发展基层民主，维护村民的合法权益，促进乡村全面振兴，推进基层治理体系和治理能力现代化，根据宪法，制定本法。

**第二条** 村民委员会是村民自我管理、自我服务、自我教育、自我监督的基层群众性自治组织，实行民主选举、民主协商、民主决策、民主管理、民主监督。

村民委员会办理本村的公共事务和公益事业，调解民间纠纷，协助维护社会治安，向人民政府反映村民的意见、要求和提出建议。

村民委员会向村民会议、村民代表会议负责并报告工作。

**第三条** 村民委员会根据村民居住状况、人口多少，按照便于村民自治，有利于经济发展和基层治理的原则设立。

村民委员会的设立、撤销、范围调整，由乡、民族乡、镇的人民政府提出，经村民会议讨论同意，报县级人民政府批准。

村民委员会可以根据村民居住状况、集体土地所有权关系等分设若干村民小组。

**第四条** 村民委员会工作坚持中国共产党的领导，坚持和发展全过程人民民主，坚持自治、法治、德治相结合。

中国共产党在农村的基层组织，按照中国共产党章程进行工作，领导和支持村民委员会行使职权；依照宪法和法律，支持和保障村民开展自治活动、直接行使民主权利。

**第五条** 中央和地方基层群众自治指导监督部门负责指导和监督农村基层群众自治工作。

**第六条** 乡、民族乡、镇的人民政府对村民委员会的工作给予指导、支持和帮助，但是不得干预依法属于村民自治范围内的事项。

村民委员会协助乡、民族乡、镇的人民政府开展工作。

**第七条** 对在村民自治工作中做出突出贡献的组织和个人，按照国家有关规定给予表彰、奖励。

## 第二章 村民委员会的组成和职责

**第八条** 村民委员会由主任、副主任和委员共三至七人组成。

村民委员会成员中，应当有妇女成员。村民委员会成员实行近亲属回避。

村民委员会主任可以由村党组织负责人通过法定程序担任。村民委员会成员和村党组织领导班子成员可以交叉任职。

**第九条** 村民委员会根据需要设人民调解、治安保卫、公共卫生、人居环境、老年人和妇女儿童工作等委员会。村民委员会成员可以兼任下属委员会的成员。人口少的村的村民委员会可以不设下属委员会，由村民委员会成员分工负责有关工作。

**第十条** 村民委员会应当支持和组织村民依法发展各种形式的合作经济和其他经济，承担本村生产的服务和协调工作，促进农村生产建设和经济发展。

村民委员会依照法律规定，引导村民合理利用自然资源，保护和改善生态环境，推进美丽乡村建设。

村民委员会应当尊重并支持农村集体经济组织依法独立进行经济活动的自主权，维护以家庭承包经营为基础、统分结合的双层经营体制，保障农村集体经济组织和村民、承包经营户、联户或者合伙的财产权和其他合法权益。未设立农村集体经济组织的，村民委员会、村民小组可以依法代行农村集体经济组织的职能。

**第十一条** 村民委员会应当宣传宪法、法律、法规，宣传党和国家的政策，支持和推动村民履行法律规定的义务，维护村民的合法权益，支持和引导村民践行社会主义核心价值观，铸牢中华民族共同体意识，发展文化教育，普及科技知识，促进男女平等和家庭和睦，关心关爱老年人、留守儿童、残疾人和困难村民，增强团结互助,推进移风易俗,培育文明乡风。

村民委员会应当协助组织村民参与群防群治,协助处理信访事项和协调化解矛盾纠纷,协助做好社区矫正工作和刑满释放人员帮教工作,协助做好突发事件应对工作。

村民委员会应当支持和引导社会组织、社会工作者、志愿者等社会力量参与乡村治理和服务。

多民族村民居住的村,村民委员会应当支持和引导各民族村民增进团结、互相尊重、互相帮助。

**第十二条** 村民委员会及其成员应当遵守宪法、法律、法规,遵守党和国家的政策,遵守并组织实施村民自治章程、村规民约,执行村民会议、村民代表会议的决定、决议,办事公道,廉洁奉公,热心为村民服务,接受村民监督。

**第十三条** 村民委员会具有基层群众性自治组织法人资格,村民委员会主任为法定代表人。村民委员会可以从事为履行职能所需要的民事活动,但是不得提供担保。

## 第三章 村民委员会的选举

**第十四条** 村民委员会主任、副主任和委员,由村民直接选举产生。任何组织或者个人不得指定、委派或者撤换村民委员会成员。

村民委员会每届任期五年,届满应当及时举行换届选举。村民委员会成员可以连选连任。

**第十五条** 村民委员会的选举,由村民选举委员会主持。

村民选举委员会由主任、副主任和委员组成,由村民会议、村民代表会议或者各村民小组会议推选产生。

村民选举委员会成员或者其近亲属被提名为村民委员会成员候选人的,应当退出村民选举委员会。

村民选举委员会成员退出村民选举委员会或者因其他原因出缺的,按照原推选结果依次递补,也可以另行推选。

**第十六条** 年满十八周岁的村民,不分民族、种族、性别、职业、家庭出身、宗教信仰、教育程度、财产状况、居住期限,都有选举权和被选举权;但是,依照法律被剥夺政治权利的人除外。

村民委员会选举前,应当对下列人员进行登记,列入参加选举的村民名单:

(一)户籍在本村并且在本村居住的村民;

(二)户籍在本村,不在本村居住,本人表示参加选举的村民;

(三)户籍不在本村,在本村居住或者从事村务工作一年以上,本人申请参加选举,并且经村民会议或者村民代表会议同意参加选举的公民。

已在户籍所在村或者居住村登记参加选举的村民,不得再参加其他地方村民委员会的选举。

**第十七条** 登记参加选举的村民名单应当在选举日的二十日前由村民选举委员会公布。

对登记参加选举的村民名单有异议的,应当自名单公布之日起五日内向村民选举委员会申诉,村民选举委员会应当自收到申诉之日起三日内作出处理决定,并公布处理结果。

**第十八条**　村民委员会成员候选人由村党组织或者登记参加选举的村民提名推荐。提名推荐候选人,应当从全体村民利益出发,推荐拥护中国共产党的领导、奉公守法、品行良好、公道正派、热心公益、具有一定文化水平和工作能力的村民为候选人。被开除中国共产党党籍,因犯罪受过刑事处罚,利用宗族或者黑恶势力从事非法活动,组织或者参加非法宗教活动或者邪教活动的,不得作为候选人。候选人的名额应当多于应选名额。村民选举委员会应当组织候选人与村民见面,由候选人介绍履行职责的设想,回答村民提出的问题。

选举村民委员会,有登记参加选举的村民过半数投票,选举有效;候选人获得参加投票的村民过半数的选票,始得当选。当选人数不足应选名额的,不足的名额另行选举。另行选举的,第一次投票未当选的人员得票多的为候选人,候选人以得票多的当选,但是所得票数不得少于已投选票总数的三分之一。

选举实行无记名投票、公开计票的方法,选举结果应当当场公布。选举时,应当设立秘密写票处。

登记参加选举的村民,选举期间外出不能参加投票的,可以书面委托本村有选举权的近亲属或者其他村民代为投票。每一村民接受委托不得超过三人。候选人不得接受委托投票。村民选举委员会应当公布委托人和受委托人的名单。

具体选举办法由省、自治区、直辖市的人民代表大会常务委员会规定。

**第十九条**　本村五分之一以上有选举权的村民或者三分之一以上的村民代表联名,可以提出罢免村民委员会成员的要求,并说明要求罢免的理由。被提出罢免的村民委员会成员有权提出申辩意见。

罢免村民委员会成员,须有登记参加选举的村民过半数投票,并须经投票的村民过半数通过。

**第二十条**　村民委员会成员可以向村民委员会提出辞职申请,其职务自村民会议或者村民代表会议审议通过之日起终止。

**第二十一条**　以暴力、威胁、欺骗、贿赂、伪造选票、虚报选举票数等不正当手段当选村民委员会成员的,当选无效。

对以暴力、威胁、欺骗、贿赂、伪造选票、虚报选举票数等不正当手段,妨害村民行使选举权、被选举权,破坏村民委员会选举的行为,村民有权向乡、民族乡、镇的人民代表大会和人民政府或者县级人民代表大会常务委员会和人民政府及其有关主管部门举报,由乡级或者县级人民政府负责调查并依法处理。

**第二十二条**　村民委员会成员丧失行为能力或者被判处刑罚的,其职务自行终止。

**第二十三条**　村民委员会成员出缺,可以由村民会议或者村民代表会议进行补选。补选程序参照本法第十八条的规定办理。补选的村民委员会成员的任期到本届村民委员会任期届满时止。

**第二十四条**　村民委员会应当自新

一届村民委员会产生之日起十日内完成工作移交。工作移交由村民选举委员会主持，由乡、民族乡、镇的人民政府监督。

## 第四章　村民会议和村民代表会议

**第二十五条**　村民会议由本村十八周岁以上的村民组成。

村民会议由村民委员会召集。有十分之一以上的村民或者三分之一以上的村民代表提议，应当召集村民会议。召集村民会议，应当提前十日通知村民；遇有特殊情况的，可以临时通知村民。

村民会议每年至少召开一次。

**第二十六条**　召开村民会议，应当有本村十八周岁以上村民的过半数，或者本村三分之二以上的户的代表参加，村民会议所作决定应当经到会人员的过半数通过。法律对召开村民会议及作出决定另有规定的，依照其规定。

召开村民会议，根据需要可以邀请驻本村的企业、事业单位和群众组织派代表列席。

**第二十七条**　村民会议审议村民委员会的年度工作报告，评议村民委员会成员的工作；有权撤销或者变更村民委员会不适当的决定；有权撤销或者变更村民代表会议不适当的决定。

村民会议可以授权村民代表会议审议村民委员会的年度工作报告，评议村民委员会成员的工作，撤销或者变更村民委员会不适当的决定。

**第二十八条**　涉及村民利益的下列事项，经村民会议讨论决定方可办理：

（一）涉及村庄规划、建设等乡村建设重要事项；

（二）本村享受误工补贴的人员及补贴标准；

（三）从村集体经济所得资金和物资的使用；

（四）本村公益事业的兴办和筹资筹劳方案及建设承包方案；

（五）本村重点帮扶人员、帮扶方案；

（六）法律、法规规定或者村民会议认为应当由村民会议讨论决定的涉及村民利益的其他事项。

村民会议可以授权村民代表会议讨论决定前款规定的事项。

需由村民会议或者村民代表会议决定的重要事项，应当先经村党组织研究讨论。

村民委员会依法代行农村集体经济组织职能的，讨论决定有关集体财产和成员权益的事项，参照适用《中华人民共和国农村集体经济组织法》的相关规定。

**第二十九条**　人数较多或者居住分散的村，可以设立村民代表会议，讨论决定村民会议授权的事项。村民代表会议由村民委员会成员和村民代表组成，村民代表应当占村民代表会议组成人员的五分之四以上，妇女村民代表应当占村民代表会议组成人员的三分之一以上。

村民代表由村民按每五户至十五户推选一人，或者由各村民小组推选若干人。村民代表的任期与村民委员会的任期相同。村民代表可以连选连任。

村民代表应当向其推选户或者村民小组负责，接受村民监督。

**第三十条** 村民代表会议由村民委员会召集。村民代表会议每季度召开一次。有五分之一以上的村民代表提议，应当召集村民代表会议。

村民代表会议有三分之二以上的组成人员参加方可召开，所作决定应当经到会人员的过半数同意。

**第三十一条** 村民会议可以制定和修改村民自治章程、村规民约，并报乡、民族乡、镇的人民政府备案。

村民自治章程、村规民约以及村民会议或者村民代表会议的决定不得与宪法、法律、法规相抵触，不得违背公序良俗，不得有侵犯村民的人身权利、民主权利和财产权利的内容。

村民自治章程、村规民约以及村民会议或者村民代表会议的决定违反前款规定的，由乡、民族乡、镇的人民政府责令改正。

**第三十二条** 村民小组在村民委员会的组织下开展活动。村民小组会议讨论决定本村民小组的重要事项。

召开村民小组会议，应当有本村民小组十八周岁以上的村民三分之二以上，或者本村民小组三分之二以上的户的代表参加，所作决定应当经到会人员的过半数同意。

村民小组组长由村民小组会议推选。村民小组组长任期与村民委员会的任期相同，可以连选连任。

村民小组代行农村集体经济组织职能的，由村民小组会议依照有关法律的规定讨论决定属于村民小组的集体所有的土地、企业和其他财产的经营管理以及公益事项的办理，所作决定及实施情况应当及时向本村民小组的村民公布。

**第三十三条** 对涉及村民切身利益的公共事务、公益事业以及村民反映的实际困难和矛盾纠纷，村民委员会应当组织村民及其他利益相关方开展协商。

协商可以采取议事会、听证会、恳谈会等多种形式，根据需要邀请人民政府有关部门，乡、民族乡、镇的人民政府，群团组织和人民代表大会代表、政治协商会议委员会委员等参加。涉及农业科技、工程建设等专业性较强的事项，可以邀请相关专业人员参加。

对协商确定的事项，村民委员会应当及时组织实施或者监督落实；需要提交村民会议或者村民代表会议的，应当召集会议讨论决定。

## 第五章 民主管理和民主监督

**第三十四条** 村民委员会应当实行少数服从多数的民主决策机制和公开透明的工作原则，建立健全各种工作制度。

**第三十五条** 村民委员会实行村务公开制度。

村民委员会应当及时公布下列事项，接受村民的监督：

（一）本法第二十七条、第二十八条规定的由村民会议、村民代表会议讨论决定的事项及其实施情况；

（二）政府拨付和接受社会捐赠的救灾救助、补贴补助等资金、物资的管理使用情况；

（三）村民委员会协助人民政府开展工作的情况；

（四）村民委员会组织协商确定的事项及其落实情况；

（五）涉及本村村民利益，村民普遍关心的其他事项。

前款规定事项中，一般事项至少每季度公布一次；财务往来较多的，财务收支情况应当每月公布一次；涉及村民利益的重大事项应当随时公布。

村民委员会应当设立村务公开栏，可以采用现代信息技术进行村务公开。公布的期限不得少于十五日。村民委员会应当保证公布事项的真实性，并接受村民的查询。

**第三十六条**　村民委员会不及时公布应当公布的事项或者公布的事项不真实的，村民有权向乡、民族乡、镇的人民政府或者县级人民政府及其有关主管部门反映，有关人民政府或者主管部门应当负责调查核实，责令依法公布；经查证确有违法行为的，有关人员应当依法承担责任。

**第三十七条**　村应当建立村务监督委员会或者其他形式的村务监督机构，负责村民民主理财，监督村务公开等制度的落实，其成员由村民会议或者村民代表会议在村民中推选产生，其中应有具备财会、管理知识的人员。村民委员会成员及其近亲属不得担任村务监督机构成员。村务监督机构的任期与村民委员会的任期相同。

村务监督机构向村民会议和村民代表会议负责，其成员可以列席村民委员会会议和村民代表会议，参与各项协商活动。

村务监督机构在履行职责过程中发现有侵害群众利益等违纪违法行为的，应当向乡、民族乡、镇的人民政府或者县级人民政府和监察机关反映。

**第三十八条**　村民委员会成员以及由村民或者村集体承担误工补贴的聘用人员，应当接受村民会议或者村民代表会议对其履行职责情况的民主评议。民主评议每年至少进行一次，由村务监督机构主持。

村民委员会成员连续两次被评议不称职的，其职务终止。

**第三十九条**　村民委员会和村务监督机构应当建立村务档案。村务档案包括：选举文件和选票，会议记录，公益设施基本资料，基本建设资料等。村务档案应当真实、准确、完整和规范。

**第四十条**　村民委员会成员实行任期和离任经济责任审计，审计包括下列事项：

（一）本村财务收支情况；

（二）本村债权债务情况；

（三）政府拨付和接受社会捐赠的资金、物资管理使用情况；

（四）本村公益事业建设项目招标投标情况；

（五）本村资金管理使用情况；

（六）本村五分之一以上的村民要求审计的其他事项。

村民委员会成员的任期和离任经济责任审计，由县级人民政府农业农村部门、财政部门或者乡、民族乡、镇的人民政府负责组织，审计结果应当公布，其中离任经济责任审计结果应当在下一届村民委员会选举之前公布。

**第四十一条**　村民委员会或者村民委员会成员作出的决定侵害村民合法权益的，受侵害的村民可以申请人民法院予以撤销，责任人依法承担法律责任。

村民委员会不依照法律、法规的规定履行法定义务的，由乡、民族乡、镇的人民政府责令改正。

乡、民族乡、镇的人民政府干预依法属于村民自治范围事项的，由上一级人民政府责令改正。

## 第六章　村民委员会工作的保障

**第四十二条**　村民委员会日常运转经费、成员基本报酬标准由县级以上人民政府规定，并由县级人民政府给予适当补助。

村民委员会办理本村公益事业所需的经费，由村民会议通过筹资筹劳解决；经费确有困难的，由地方人民政府给予适当支持。

村集体经济收入应当适当用于村公共事务和公益事业、村民委员会运转保障以及误工人员补贴。

**第四十三条**　乡、民族乡、镇的人民政府对村民委员会协助政府开展工作应当提供必要的经费和条件。

地方各级人民政府应当建立健全整治形式主义为基层减负长效机制，有关部门委托村民委员会协助开展工作的事项，应当符合法律、法规规定，所需经费由委托部门承担。

**第四十四条**　村级综合服务设施建设应当纳入相关规划。县级以上地方人民政府应当对村级综合服务设施建设给予支持。

县级以上地方人民政府应当对乡村治理信息化建设进行统筹规划和实施，鼓励和支持村民委员会运用现代信息技术服务村民。

**第四十五条**　乡、民族乡、镇的人民政府或者县级人民政府应当为村民委员会成员以及其他村务工作者提供培训，帮助其提升政治素质、法治意识、政策水平和服务能力。

## 第七章　附　　则

**第四十六条**　不设区的市、市辖区、街道以及开发区、林区、垦区等设立村民委员会的，适用本法有关规定。

**第四十七条**　驻在农村的机关、团体、部队、国有及国有控股企业、事业单位及其人员不参加村民委员会组织，但应当通过多种形式参与乡村建设，并遵守有关村规民约。

村民委员会、村民会议或者村民代表会议讨论决定与前款规定的单位有关的事项，应当与其协商。

**第四十八条**　地方各级人民代表大会和县级以上地方各级人民代表大会常务委员会在本行政区域内保证本法的实施，保障村民依法行使自治权利。

**第四十九条**　省、自治区、直辖市的人民代表大会常务委员会根据本法，结合本行政区域的实际情况，制定实施办法。

**第五十条**　本法自公布之日起施行。

# 村民委员会选举规程

1. 2013年5月2日民政部印发
2. 民发〔2013〕76号

## 第一章　村民选举委员会的产生

### 一、推选村民选举委员会

村民选举委员会主持村民委员会的选举。

村民选举委员会由主任和委员组成，由村民会议、村民代表会议或者村民小组会议推选产生，实行少数服从多数的议事原则。

村民选举委员会的人数应当根据村民居住状况、参加选举村民的多少决定，不少于三人，以奇数为宜。村民之间有近亲属关系的，不宜同时担任村民选举委员会成员。

村民委员会应当及时公布选举委员会主任和委员名单，并报乡级人民政府或者乡级村民委员会选举工作指导机构备案。

### 二、村民选举委员会的任期

村民选举委员会的任期，自推选组成之日起，至新老村民委员会工作移交后终止。

### 三、村民选举委员会成员的变动

村民选举委员会成员被提名为村民委员会成员候选人，应当退出村民选举委员会。

村民选举委员会成员退出村民选举委员会或者因其他原因出缺的，按照原推选结果依次递补，也可以另行推选。

村民选举委员会成员不履行职责，致使选举工作无法正常进行的，经村民会议、村民代表会议或者村民小组会议讨论同意，其职务终止。

村民选举委员会成员的变动，应当及时公布，并报乡级人民政府或者乡级村民委员会选举工作指导机构备案。

### 四、村民选举委员会的职责

村民选举委员会主要履行以下职责：

（一）制定村民委员会选举工作方案；

（二）宣传有关村民委员会选举的法律、法规和政策；

（三）解答有关选举咨询；

（四）召开选举工作会议，部署选举工作；

（五）提名和培训本村选举工作人员；

（六）公布选举日、投票地点和时间，确定投票方式；

（七）登记参加选举的村民，公布参加选举村民的名单，颁发参选证；

（八）组织村民提名确定村民委员会成员候选人，审查候选人参选资格，公布候选人名单；

（九）介绍候选人，组织选举竞争活动；

（十）办理委托投票手续；

（十一）制作或者领取选票、制作票箱，布置选举大会会场、分会场或者投票站；

（十二）组织投票，主持选举大会，

确认选举是否有效，公布并上报选举结果和当选名单；

（十三）建立选举工作档案，主持新老村民委员会的工作移交；

（十四）受理申诉，处理选举纠纷；

（十五）办理选举工作中的其他事项。

村民委员会选举工作方案应当由村民会议或者村民代表会议讨论通过，并报乡级人民政府或者乡级村民委员会选举工作指导机构备案。

## 第二章　选 举 宣 传

### 一、宣传内容

村民选举委员会应当就以下内容开展宣传：

（一）宪法有关内容，《中华人民共和国村民委员会组织法》，本省（自治区、直辖市）有关村民委员会选举的法规；

（二）中央和地方有关村民委员会选举的政策和规定；

（三）村民委员会选举中村民的权利与义务；

（四）县、乡两级政府村民委员会选举的工作方案；

（五）本村选举工作方案；

（六）其他有关选举事项。

### 二、宣传方式

村民选举委员会可以采取以下方式进行选举宣传：

（一）广播、电视、报纸、互联网等；

（二）宣传栏、宣传车、宣传单等；

（三）选举宣传会议、选举咨询站；

（四）标语、口号等。

## 第三章　登记参加选举的村民

### 一、公布选民登记日

选民登记日前，村民选举委员会应当发布公告，告知本届村民委员会选举的选民登记日。

### 二、登记对象

村民委员会选举前，应当对下列人员进行登记，列入参加选举的村民名单：

（一）户籍在本村并且在本村居住的村民；

（二）户籍在本村，不在本村居住，本人表示参加选举的村民；

（三）户籍不在本村，在本村居住一年以上，本人申请参加选举，并且经村民会议或者村民代表会议同意参加选举的公民。

已在户籍所在村或者居住村登记参加选举的村民，不得再参加其他地方村民委员会的选举。经村民选举委员会告知，本人书面表示不参加选举的，不列入参加选举的村民名单。

依照法律被剥夺政治权利的人，不得参加村民委员会的选举。

### 三、登记方法

登记时，既可以村民小组为单位设立登记站，村民到站登记，也可由登记员入户登记。

村民选举委员会应当对登记参加选举的村民名单进行造册。

### 四、公布选民名单

村民选举委员会应当对登记参加选举的村民名单进行审核确认，并在选举日的二十日前公布。

对登记参加选举的村民名单有异议

的，应当自名单公布之日起五日内向村民选举委员会申诉，村民选举委员会应当自收到申诉之日起三日内作出处理决定，并公布处理结果。

登记参加选举的村民名单出现变动的，村民选举委员会应当及时公布。

**五、发放参选证**

选举日前，村民选举委员会应当根据登记参加选举的村民名单填写、发放参选证，并由村民签收。投票选举时，村民凭参选证领取选票。

## 第四章 提名确定候选人

**一、确定职位和职数**

村民会议或者村民代表会议拟定村民委员会的职位和职数，村民选举委员会应当及时公布，并报乡级人民政府或者乡级村民委员会选举工作指导机构备案。

**二、确定候选人人数**

村民选举委员会应当根据村民委员会主任、副主任、委员的职数，分别拟定候选人名额。候选人名额应当多于应选名额。

**三、提名确定候选人**

村民委员会成员候选人，应当由登记参加选举的村民直接提名，根据拟定的候选人名额，按照得票多少确定。每一村民提名人数不得超过拟定的候选人名额。无行为能力或者被判处刑罚的，不得提名为候选人。

候选人中应当有适当的妇女名额，没有产生妇女候选人的，以得票最多的妇女为候选人。

**四、公布候选人名单**

村民选举委员会应当以得票多少为序，公布候选人名单，并报乡级村民委员会选举工作指导机构备案。

候选人不愿意接受提名的，应当及时向村民选举委员会书面提出，由村民选举委员会确认并公布。候选人名额不足时，按原得票多少依次递补。

村民委员会选举，也可以采取无候选人的方式，一次投票产生。

## 第五章 选 举 竞 争

**一、选举竞争的组织**

村民选举委员会应当组织候选人与村民见面，由候选人介绍履职设想，回答村民提问。选举竞争应当在村民选举委员会的主持和监督下，公开、公平、公正地进行。村民选举委员会应当对候选人的选举竞争材料进行审核把关。

**二、选举竞争的时间**

选举竞争活动一般在选举日前进行。候选人在选举日可进行竞职陈述，其他选举竞争活动不宜在当日开展。确有需要的，由村民选举委员会决定并统一组织。

**三、选举竞争的形式**

村民选举委员会可以组织以下形式的选举竞争活动：

（一）在指定地点公布候选人的选举竞争材料；

（二）组织候选人与村民见面并回答村民问题；

（三）有闭路电视的村，可以组织候选人在电视上陈述；

（四）其他形式。

**四、选举竞争的内容**

选举竞争材料和选举竞职陈述主要包括以下内容：

（一）候选人的基本情况；

（二）竞争职位及理由；

（三）治村设想；

（四）对待当选与落选的态度。

## 第六章　投 票 选 举

**一、确定投票方式**

村民委员会投票选举，可采取以下两种方式：

（一）召开选举大会；

（二）设立投票站。

采取选举大会方式的，可以组织全体登记参加选举的村民集中统一投票；也可以设立中心选举会场，辅之以分会场分别投票。采取投票站方式的，不再召开选举大会，村民在投票站选举日开放时间内自由投票。

选举大会可以设置流动票箱，但应当严格控制流动票箱的使用。

具体投票方式，流动票箱的使用对象和行走路线，由村民代表会议讨论决定。

**二、公布选举日、投票方式、投票时间和投票地点**

村民选举委员会应当及时公布选举日、投票方式、投票时间和投票地点。

选举日和投票的方式、时间、地点一经公布，任何组织和个人不得随意变动和更改。如因不可抗力，或者无法产生候选人等因素，需要变更的，应当报乡级人民政府或者乡级村民委员会选举工作指导机构批准并及时公布。

**三、办理委托投票**

登记参加选举的村民，选举期间外出不能参加投票的，可以委托本村有选举权的近亲属代为投票。每一登记参加选举的村民接受委托投票不得超过三人。提名为村民委员会候选人的，不得接受委托。

委托投票应当办理书面委托手续。村民选举委员会应当及时公布委托人和受委托人的名单。

受委托人在选举日凭书面委托凭证和委托人的参选证，领取选票并参加投票。受委托人不得再委托他人。

**四、设计和印制选票**

选票设计应当遵循明白易懂、科学合理和便于操作、便于统计的原则。县级民政部门可以统一设计选票样式。

村民选举委员会应当在乡级人民政府或者乡级村民委员会选举工作指导机构的指导下，根据选票样式，印制符合本村实际的选票。

选票印制后应当加盖公章并签封，选举日在选举大会或者投票站上，由选举工作人员当众启封。

**五、确定选举工作人员**

村民选举委员会应当依法依规提名选举工作人员，经村民代表会议讨论通过。选举工作人员包括总监票员、验证发票员、唱票员、计票员、监票员、代书员，投票站工作人员，流动票箱监票员等。

选举工作人员要有一定的文化水平

和工作能力，遵纪守法、公道正派。候选人及其近亲属，不得担任选举工作人员。

采取选举大会投票的，选举工作人员名单应当在选举日前公布，并在选举大会上宣布；采用投票站形式投票的，应当在选举日前公布。

选举工作人员确定后，村民选举委员会应当对其进行培训。

**六、布置会场或者投票站**

村民选举委员会应当在选举日前布置好投票会场或者投票站。

投票会场应当按选举流程设计好领票、写票、投票的循环路线，方便村民投票。投票站的设定应当根据村民居住的集中情况和自然村或者村民小组的分布情况决定，并且应当设立一个中心投票站。

**七、投票选举**

（一）选举大会投票程序。

采取选举大会进行选举的，由村民选举委员会召集，村民选举委员会主任主持。流程如下：

1. 宣布大会开始；

2. 奏国歌；

3. 报告本次选举工作进展情况；

4. 宣布投票办法和选举工作人员；

5. 候选人发表竞职陈述；

6. 检查票箱；

7. 启封、清点选票；

8. 讲解选票；

9. 根据需要派出流动票箱；

10. 验证发票；

11. 秘密写票、投票；

12. 销毁剩余选票；

13. 集中流动票箱，清点选票数；

14. 检验选票；

15. 公开唱票、计票；

16. 当场公布投票结果；

17. 封存选票，填写选举结果报告单；

18. 宣布当选名单。

投票结束后，应当将所有票箱集中，将选票混在一起，由选举工作人员逐张检验、清点选票总数后，统一唱票、计票。难以确认的选票应当由监票人在公开唱计票前提交村民选举委员会讨论决定。

（二）投票站投票程序。

采取投票站方式选举的，由村民选举委员会主持。流程如下：

1. 同时开放全部投票站；

2. 各投票站工作人员当众检查票箱，并启封、清点选票；

3. 验证发票；

4. 村民秘密写票、投票；

5. 关闭投票站，销毁剩余选票并密封票箱；

6. 集中票箱，清点选票数；

7. 公开验票、唱票、计票；

8. 当场公布选举结果；

9. 封存选票，填写选举结果报告单；

10. 宣布当选名单。

**八、选举有效性确认**

选举村民委员会，有登记参加选举的村民过半数投票，选举有效。参加投票的村民人数，以从票箱收回的选票数为准。

有下列情形之一的，选举无效：

（一）村民选举委员会未按照法定

程序产生的；

（二）候选人的产生不符合法律规定的；

（三）参加投票的村民人数未过登记参加选举的村民半数的；

（四）违反差额选举原则，采取等额选举的；

（五）收回的选票多于发出选票的；

（六）没有公开唱票、计票的；

（七）没有当场公布选举结果的；

（八）其他违反法律、法规有关选举程序规定的。

因村民选举委员会未按照法定程序产生而造成选举无效的，乡级村民委员会选举指导机构应当指导组织重新选举。因其他原因认定选举无效的，由村民选举委员会重新组织选举，时间由村民代表会议确定。

**九、确认当选**

候选人获得参加投票的村民过半数的选票，始得当选。获得过半数选票的人数超过应选名额时，以得票多的当选；如遇票数相等不能确定当选人时，应当就票数相等的人进行再次投票，以得票多的当选。

村民委员会主任、副主任的当选人中没有妇女，但委员的候选人中有妇女获得过半数选票的，应当首先确定得票最多的妇女当选委员，其他当选人按照得票多少的顺序确定；如果委员的候选人中没有妇女获得过半数选票的，应当从应选名额中确定一个名额另行选举妇女委员，直到选出为止，其他当选人按照得票多少的顺序确定。

选举结果经村民选举委员会确认有效后，须当场宣布，同时应当公布所有候选人和被选人所得票数。以暴力、威胁、欺骗、贿赂、伪造选票、虚报选举票数等不正当手段当选的，当选无效。

村民选举委员会应当在投票选举当日或者次日，公布当选的村民委员会成员名单，并报乡级人民政府备案。村民选举委员会无正当理由不公布选举结果的，乡级人民政府或者乡级村民委员会选举工作指导机构应当予以批评教育，督促其改正。

**十、颁发当选证书**

县级人民政府主管部门或者乡级人民政府，应当自新一届村民委员会产生之日起十日内向新当选的成员颁发统一印制的当选证书。

**十一、另行选举**

村民委员会当选人不足应选名额的，不足的名额另行选举。另行选举可以在选举日当日举行，也可以在选举日后十日内进行，具体时间由村民选举委员会确定。

另行选举的，第一次投票未当选的人员得票多的为候选人，候选人以得票多的当选，但得票数不得少于已投选票数的三分之一。

另行选举的程序与第一次选举相同。参加选举的村民以第一次登记的名单为准，不重新进行选民登记。原委托关系继续有效，但被委托人成为候选人的委托关系自行终止，原委托人可以重新办理委托手续。

经另行选举，应选职位仍未选足，但

村民委员会成员已选足三人的，不足职位可以空缺。主任未选出的，由副主任主持工作；主任、副主任都未选出的，由村民代表会议在当选的委员中推选一人主持工作。

## 第七章　选举后续工作

### 一、工作移交

村民委员会应当自新一届村民委员会产生之日十日内完成工作移交。

原村民委员会应当依法依规将印章、办公场所、办公用具、集体财务账目、固定资产、工作档案、债权债务及其他遗留问题等，及时移交给新一届村民委员会。

移交工作由村民选举委员会主持，乡级人民政府监督。对拒绝移交或者无故拖延移交的，乡级人民政府应当给予批评教育，督促其改正。

### 二、建立选举工作档案

村民委员会选举工作结束后，应当及时建立选举工作档案，交由新一届村民委员会指定专人保管，至少保存三年以上。

选举工作档案包括：

（一）村民选举委员会成员名单及推选情况材料；

（二）村民选举委员会选举会议记录；

（三）村民选举委员会发布的选举公告；

（四）选民登记册；

（五）候选人名单及得票数；

（六）选票和委托投票书、选举结果统计、选举报告单；

（七）选举大会议程和工作人员名单；

（八）新当选的村民委员会成员名单；

（九）选举工作总结；

（十）其他有关选举的资料。

## 第八章　村民委员会成员的罢免和补选

### 一、罢免

本村五分之一以上有选举权的村民或者三分之一以上的村民代表联名，可以提出罢免村民委员会成员的要求，启动罢免程序。

罢免程序如下：

（一）书面向村民委员会提出罢免要求，说明罢免理由；

（二）召开村民代表会议，审议罢免要求；

（三）被罢免对象进行申辩或者书面提出申辩意见；

（四）召开村民会议，进行投票表决；

（五）公布罢免结果。

罢免村民委员会主任的，由副主任主持村民会议投票表决，不设副主任的，由委员推选一人主持；罢免村民委员会副主任、委员的，由村民委员会主任主持。罢免村民委员会全体成员的，或者主任、副主任、委员不主持村民会议的，可在乡级人民政府指导下，由村民会议或者村民代表会议推选代表主持。

罢免村民委员会成员，须有登记参

加选举的村民过半数投票，并须经投票的村民过半数通过。罢免获得通过的，被罢免的村民委员会成员自通过之日起终止职务，十日内办理工作交接手续。罢免未获通过的，六个月内不得以同一事实和理由再次提出罢免要求。

**二、补选**

村民委员会成员出缺，可以由村民会议或者村民代表会议进行补选。

村民委员会成员出缺的原因有：

（一）职务自行终止；

（二）辞职；

（三）罢免。

村民委员会成员因死亡、丧失行为能力、被判处刑罚或者连续两次民主评议不称职，其职务自行终止。村民委员会成员因故辞职，应当书面提出申请，村民委员会应当在三十日内召开村民代表会议，决定是否接受其辞职。村民委员会成员连续两次提出辞职要求的，应当接受其辞职。村民代表会议可以决定对辞职的村民委员会成员进行离任经济责任审计。

补选程序，参照村民委员会选举投票程序。补选村民委员会个别成员的，由村民委员会主持；补选全体村民委员会成员的，由重新推选产生的村民选举委员会主持。补选时，村民委员会没有妇女成员的，应当至少补选一名妇女成员。

村民委员会成员职务自行终止、因故辞职，以及补选结果，村民委员会应当及时公告，并报乡级人民政府备案。

村务监督委员会成员、村民代表和村民小组长的推选可以参照本规程办理。

**附件一**

村民委员会选举
常用文书样式

**一、村民选举委员会成员名单公告样式**

××村村民选举委员会成员名单公告

××选字第×号

根据《中华人民共和国村民委员会组织法》和《××省（区、市）村民委员会选举办法》，经本村村民会议（村民代表会议、各村民小组会议）推选，产生了本村村民选举委员会成员，现将名单公布如下：

主　任：

副主任：

成　员：

村民对选举委员会成员名单如有不同意见，可在名单公布之日起5日内向村民委员会提出。

××村民委员会（公章）

××××年×月×日

**二、选民登记公告样式**

××村第×届村民委员会换届
选举选民登记通知

××选字第×号

根据《中华人民共和国村民委员会组织法》和《××省（区、市）村民委员会选举办法》，经村民代表会议商议，本村第×届村民委员会换届选民登记时间定为××××年×月×日至××××年×月×日。以下人员将被纳入选民登记范围：

1. 户籍在本村且在本村居住的村民；

2. 户籍在本村，不在本村居住，本人表示参加选举的村民；

3. 户籍不在本村，在本村居住一年以上，本人申请参加选举，并经村民会议或者村民代表会议同意参加选举的公民。

选民登记的地点设在村民委员会或各村民小组组长处，对于偏远的地方，我们也将派工作人员入户进行登记。请村民相互转告，积极参加选民登记，行使选举权利。

××村村民选举委员会(公章)

××××年×月×日

**三、选民名单公告样式**

××村第×届村民委员会换届

选举选民名单公告

××选字第×号

根据《中华人民共和国村民委员会组织法》和《××省(区、市)村民委员会选举办法》的规定，现将本村登记的选民名单公布如下：

第一村民小组：

×××、×××、×××；×××、×××、×××；

……

第二村民小组：

×××、×××、×××；×××、×××、×××；

……

如有遗漏，或对公布的选民名单有不同意见，请于××××年×月×日前向村民选举委员会提出。

××村村民选举委员会(公章)

××××年×月×日

**四、参选证样式**

××村第×届村民委员会选举参选证

编号：(    )

姓　　名：　　　性　　别：

年　　龄：　　　所在村组：

投票时间：　　　投票地点：

注意事项：

1)凭本证领取选票；

2)此证只限本人使用；

3)未经盖章无效。

××村村民选举委员会(公章)

发证日期：××××年×月×日

**五、正式候选人公告样式**

××村第×届村民委员会换届

选举正式候选人名单公告

××选字第×号

根据《中华人民共和国村民委员会组织法》和《××省(区、市)村民委员会选举办法》的规定，经本村选民提名，现将本届村民委员会换届选举正式候选人名单公告如下：

主任候选人：×××、×××

副主任候选人：×××、×××

委员候选人：×××、×××

选民如对名单公布的候选人有不同意见，可在×日前向村民选举委员会反映。

××村村民选举委员会(公章)

××××年×月×日

## 六、选票样式

| | 主任 | | | 副主任 | | | 委员 | | | | |
|---|---|---|---|---|---|---|---|---|---|---|---|
| 姓名 | ×<br>×<br>× | ×<br>×<br>× | | ×<br>×<br>× | ×<br>×<br>× | | ×<br>×<br>× | ×<br>×<br>× | ×<br>×<br>× | ×<br>×<br>× | |
| 符号 | | | | | | | | | | | |

说明：

1. 应选主任1名、副主任1名，委员3名。等于或少于应选名额的选票有效；多于应选名额的选票无效；

2. 同意的请在候选人姓名拦下方符号栏内划“○”，不同意的划“×”；不同意选票上的候选人，可在姓名空格栏内另写上另选其他人的姓名，并在其姓名下方符号栏划“○”；

3. 不许划同一候选人担任两种或两种以上职务，如划同一候选人两种或两种以上职务，该选项作废，其他划对的职务视为有效；

4. 任何符号不划的，视为弃权票，胡写乱划而无法辨认的选票视为废票。

## 七、委托投票证样式

| | |
|---|---|
| 选民姓名 | |
| 被委托人姓名 | |
| 委托理由 | |
| 村民选举委员会意见 | （公章）<br>××××年×月×日 |

说明：此证由选民填写，经村民选举委员会批准盖章有效。被委托人凭此证领取选票。

## 八、疑难选票认定表样式

| 选票编号 | 简述选票认定缘由 | 表决情况 | | |
|---|---|---|---|---|
| | | 同意 | 反对 | 弃权 |
| | | | | |
| | | | | |
| | | | | |

村民选举委员会成员签字：

××××年×月×日

## 附件二

### 选举场地设置

**一、场地确定**

村民委员会选举应设置选举中心会场，选举中心会场或投票站为选民投票的选举场地。为方便选民投票，可在村内适宜场所设置投票站，投票站设置由村民选举委员会确定并公告。

**二、场地面积**

选举场地应能够容纳参加投票的选民，还应符合选举中心会场或投票站布置的其他要求。

**三、场地悬挂物**

选举场地可悬挂有关选举的宣传横幅、候选人的简历介绍展板等，场地悬挂物由村民选举委员会统一负责管理。

**四、选举会场布置**

（一）主席台。选举中心会场应设置主席台，主席台上方（或后上方）应悬挂"××村第×届村民委员会选举大会"字样的横幅。主席台应设置村民选举委员会主任和委员席位。

（二）监督员席。在主席台或会场侧边应设置专门的选举监督员席。

（三）选民席位划分。选民席位按村民小组划分，选民分区域入席参加选举大会。各区域前宜设置"第××村民小组"字样标牌。

（四）安全通道。选举中心会场应设置快速疏散选民的安全通道，并设置可识别的安全标识。

（五）验证发票处。选举中心会场应设置 2 至 4 个验证发票处，每个投票站应设置验证发票处。每个验证发票处应配备 2 名验证发票员。

（六）写票处。选举中心会场和投票站应设置专门的写票处。写票处应具备封闭性，写票处之间应有障碍物隔离，保证选民投票意愿不被他人察觉。每个写票处应统一配置笔和桌椅。

（七）代书处。选举中心会场和投票站应设置专门的代书处。每个代书处应配备 1 名熟悉选举程序的代书员。

（八）投票处。选举中心会场和投票站应设置专门的投票处。每个投票箱应配备监票员 2 名。

（九）计票处。选举中心会场和投票站应设置专门的计票处。每个计票处应配备计票员 2 名。

（十）流动票箱设置。流动票箱的设置由村民选举委员会确定，并由村民选举委员会负责管理。存在下列情况之一时，不应设置流动票箱：

1. 本村没有不能到站投票的选民；

2. 本村有不能到站的投票选民，但全部办理了委托投票。

（十一）选举场所间的间距。选举场所间的间距一般应符合下列要求：

1. 验证发票处与写票处之间的距离应不少于 1.5 米；

2. 写票处与代书处之间的距离应不少于 1 米；

3. 写票处、代书处与投票处的距离应不少于 2 米。

# 二、土地承包

## 中华人民共和国土地管理法

1. 1986年6月25日第六届全国人民代表大会常务委员会第十六次会议通过
2. 根据1988年12月29日第七届全国人民代表大会常务委员会第五次会议《关于修改〈中华人民共和国土地管理法〉的决定》第一次修正
3. 1998年8月29日第九届全国人民代表大会常务委员会第四次会议修订
4. 根据2004年8月28日第十届全国人民代表大会常务委员会第十一次会议《关于修改〈中华人民共和国土地管理法〉的决定》第二次修正
5. 根据2019年8月26日第十三届全国人民代表大会常务委员会第十二次会议《关于修改〈中华人民共和国土地管理法〉、〈中华人民共和国城市房地产管理法〉的决定》第三次修正

目　　录



### 第一章　总　　则

**第一条**　为了加强土地管理，维护土地的社会主义公有制，保护、开发土地资源，合理利用土地，切实保护耕地，促进社会经济的可持续发展，根据宪法，制定本法。

**第二条**　中华人民共和国实行土地的社会主义公有制，即全民所有制和劳动群众集体所有制。

全民所有，即国家所有土地的所有权由国务院代表国家行使。

任何单位和个人不得侵占、买卖或者以其他形式非法转让土地。土地使用权可以依法转让。

国家为了公共利益的需要，可以依法对土地实行征收或者征用并给予补偿。

国家依法实行国有土地有偿使用制度。但是，国家在法律规定的范围内划拨国有土地使用权的除外。

**第三条**　十分珍惜、合理利用土地和切实保护耕地是我国的基本国策。各级人民政府应当采取措施，全面规划，严格管理，保护、开发土地资源，制止非法占用土地的行为。

**第四条**　国家实行土地用途管制制度。

国家编制土地利用总体规划，规定土地用途，将土地分为农用地、建设用地和未利用地。严格限制农用地转为建设用地，控制建设用地总量，对耕地实行特殊保护。

前款所称农用地是指直接用于农业生产的土地，包括耕地、林地、草地、农田水利用地、养殖水面等；建设用地是指建造建筑物、构筑物的土地，包括城乡住宅和公共设施用地、工矿用地、交通水利设施用地、旅游用地、军事设施用地等；未利用地是指农用地和建设用地以外的土地。

使用土地的单位和个人必须严格按照土地利用总体规划确定的用途使用土地。

**第五条** 国务院自然资源主管部门统一负责全国土地的管理和监督工作。

县级以上地方人民政府自然资源主管部门的设置及其职责，由省、自治区、直辖市人民政府根据国务院有关规定确定。

**第六条** 国务院授权的机构对省、自治区、直辖市人民政府以及国务院确定的城市人民政府土地利用和土地管理情况进行督察。

**第七条** 任何单位和个人都有遵守土地管理法律、法规的义务，并有权对违反土地管理法律、法规的行为提出检举和控告。

**第八条** 在保护和开发土地资源、合理利用土地以及进行有关的科学研究等方面成绩显著的单位和个人，由人民政府给予奖励。

## 第二章 土地的所有权和使用权

**第九条** 城市市区的土地属于国家所有。

农村和城市郊区的土地，除由法律规定属于国家所有的以外，属于农民集体所有；宅基地和自留地、自留山，属于农民集体所有。

**第十条** 国有土地和农民集体所有的土地，可以依法确定给单位或者个人使用。使用土地的单位和个人，有保护、管理和合理利用土地的义务。

**第十一条** 农民集体所有的土地依法属于村农民集体所有的，由村集体经济组织或者村民委员会经营、管理；已经分别属于村内两个以上农村集体经济组织的农民集体所有的，由村内各该农村集体经济组织或者村民小组经营、管理；已经属于乡（镇）农民集体所有的，由乡（镇）农村集体经济组织经营、管理。

**第十二条** 土地的所有权和使用权的登记，依照有关不动产登记的法律、行政法规执行。

依法登记的土地的所有权和使用权受法律保护，任何单位和个人不得侵犯。

**第十三条** 农民集体所有和国家所有依法由农民集体使用的耕地、林地、草地，以及其他依法用于农业的土地，采取农村集体经济组织内部的家庭承包方式承包，不宜采取家庭承包方式的荒山、荒沟、荒丘、荒滩等，可以采取招标、拍卖、公开协商等方式承包，从事种植业、林业、畜牧业、渔业生产。家庭承包的耕地的承包期为三十年，草地的承包期为三十年至五十年，林地的承包期为三十年至七十年；耕地承包期届满后再延长三十年，草地、林地承包期届满后依法相应延长。

国家所有依法用于农业的土地可以由单位或者个人承包经营，从事种植业、林业、畜牧业、渔业生产。

发包方和承包方应当依法订立承包合同，约定双方的权利和义务。承包经营土地的单位和个人，有保护和按照承包合同约定的用途合理利用土地的义务。

**第十四条**　土地所有权和使用权争议，由当事人协商解决；协商不成的，由人民政府处理。

单位之间的争议，由县级以上人民政府处理；个人之间、个人与单位之间的争议，由乡级人民政府或者县级以上人民政府处理。

当事人对有关人民政府的处理决定不服的，可以自接到处理决定通知之日起三十日内，向人民法院起诉。

在土地所有权和使用权争议解决前，任何一方不得改变土地利用现状。

## 第三章　土地利用总体规划

**第十五条**　各级人民政府应当依据国民经济和社会发展规划、国土整治和资源环境保护的要求、土地供给能力以及各项建设对土地的需求，组织编制土地利用总体规划。

土地利用总体规划的规划期限由国务院规定。

**第十六条**　下级土地利用总体规划应当依据上一级土地利用总体规划编制。

地方各级人民政府编制的土地利用总体规划中的建设用地总量不得超过上一级土地利用总体规划确定的控制指标，耕地保有量不得低于上一级土地利用总体规划确定的控制指标。

省、自治区、直辖市人民政府编制的土地利用总体规划，应当确保本行政区域内耕地总量不减少。

**第十七条**　土地利用总体规划按照下列原则编制：

（一）落实国土空间开发保护要求，严格土地用途管制；

（二）严格保护永久基本农田，严格控制非农业建设占用农用地；

（三）提高土地节约集约利用水平；

（四）统筹安排城乡生产、生活、生态用地，满足乡村产业和基础设施用地合理需求，促进城乡融合发展；

（五）保护和改善生态环境，保障土地的可持续利用；

（六）占用耕地与开发复垦耕地数量平衡、质量相当。

**第十八条**　国家建立国土空间规划体系。编制国土空间规划应当坚持生态优先，绿色、可持续发展，科学有序统筹安排生态、农业、城镇等功能空间，优化国土空间结构和布局，提升国土空间开发、保护的质量和效率。

经依法批准的国土空间规划是各类开发、保护、建设活动的基本依据。已经编制国土空间规划的，不再编制土地利用总体规划和城乡规划。

**第十九条** 县级土地利用总体规划应当划分土地利用区，明确土地用途。

乡(镇)土地利用总体规划应当划分土地利用区，根据土地使用条件，确定每一块土地的用途，并予以公告。

**第二十条** 土地利用总体规划实行分级审批。

省、自治区、直辖市的土地利用总体规划，报国务院批准。

省、自治区人民政府所在地的市、人口在一百万以上的城市以及国务院指定的城市的土地利用总体规划，经省、自治区人民政府审查同意后，报国务院批准。

本条第二款、第三款规定以外的土地利用总体规划，逐级上报省、自治区、直辖市人民政府批准；其中，乡(镇)土地利用总体规划可以由省级人民政府授权的设区的市、自治州人民政府批准。

土地利用总体规划一经批准，必须严格执行。

**第二十一条** 城市建设用地规模应当符合国家规定的标准，充分利用现有建设用地，不占或者尽量少占农用地。

城市总体规划、村庄和集镇规划，应当与土地利用总体规划相衔接，城市总体规划、村庄和集镇规划中建设用地规模不得超过土地利用总体规划确定的城市和村庄、集镇建设用地规模。

在城市规划区内、村庄和集镇规划区内，城市和村庄、集镇建设用地应当符合城市规划、村庄和集镇规划。

**第二十二条** 江河、湖泊综合治理和开发利用规划，应当与土地利用总体规划相衔接。在江河、湖泊、水库的管理和保护范围以及蓄洪滞洪区内，土地利用应当符合江河、湖泊综合治理和开发利用规划，符合河道、湖泊行洪、蓄洪和输水的要求。

**第二十三条** 各级人民政府应当加强土地利用计划管理，实行建设用地总量控制。

土地利用年度计划，根据国民经济和社会发展计划、国家产业政策、土地利用总体规划以及建设用地和土地利用的实际状况编制。土地利用年度计划应当对本法第六十三条规定的集体经营性建设用地作出合理安排。土地利用年度计划的编制审批程序与土地利用总体规划的编制审批程序相同，一经审批下达，必须严格执行。

**第二十四条** 省、自治区、直辖市人民政府应当将土地利用年度计划的执行情况列为国民经济和社会发展计划执行情况的内容，向同级人民代表大会报告。

**第二十五条** 经批准的土地利用总体规划的修改，须经原批准机关批准；未经批准，不得改变土地利用总体规划确定的土地用途。

经国务院批准的大型能源、交通、水利等基础设施建设用地，需要改变土地利用总体规划的，根据国务院的批准文件修改土地利用总体规划。

经省、自治区、直辖市人民政府批准的能源、交通、水利等基础设施建设用地，需要改变土地利用总体规划的，属于省级人民政府土地利用总体规划批准权限内的，根据省级人民政府的批准文件修改土地利用总体规划。

**第二十六条** 国家建立土地调查制度。

县级以上人民政府自然资源主管部门会同同级有关部门进行土地调查。土地所有者或者使用者应当配合调查，并提供有关资料。

**第二十七条** 县级以上人民政府自然资源主管部门会同同级有关部门根据土地调查成果、规划土地用途和国家制定的统一标准，评定土地等级。

**第二十八条** 国家建立土地统计制度。

县级以上人民政府统计机构和自然资源主管部门依法进行土地统计调查，定期发布土地统计资料。土地所有者或者使用者应当提供有关资料，不得拒报、迟报，不得提供不真实、不完整的资料。

统计机构和自然资源主管部门共同发布的土地面积统计资料是各级人民政府编制土地利用总体规划的依据。

**第二十九条** 国家建立全国土地管理信息系统，对土地利用状况进行动态监测。

## 第四章 耕地保护

**第三十条** 国家保护耕地，严格控制耕地转为非耕地。

国家实行占用耕地补偿制度。非农业建设经批准占用耕地的，按照“占多少，垦多少”的原则，由占用耕地的单位负责开垦与所占用耕地的数量和质量相当的耕地；没有条件开垦或者开垦的耕地不符合要求的，应当按照省、自治区、直辖市的规定缴纳耕地开垦费，专款用于开垦新的耕地。

省、自治区、直辖市人民政府应当制定开垦耕地计划，监督占用耕地的单位按照计划开垦耕地或者按照计划组织开垦耕地，并进行验收。

**第三十一条** 县级以上地方人民政府可以要求占用耕地的单位将所占用耕地耕作层的土壤用于新开垦耕地、劣质地或者其他耕地的土壤改良。

**第三十二条** 省、自治区、直辖市人民政府应当严格执行土地利用总体规划和土地利用年度计划，采取措施，确保本行政区域内耕地总量不减少、质量不降低。耕地总量减少的，由国务院责令在规定期限内组织开垦与所减少耕地的数量与质量相当的耕地；耕地质量降低的，由国务院责令在规定期限内组织整治。新开垦和整治的耕地由国务院自然资源主管部门会同农业农村主管部门验收。

个别省、直辖市确因土地后备资源匮乏，新增建设用地后，新开垦耕地的数量不足以补偿所占用耕地的数量的，必须报经国务院批准减免本行政区域内开垦耕地的数量，易地开垦数量和质量相当的耕地。

**第三十三条** 国家实行永久基本农

田保护制度。下列耕地应当根据土地利用总体规划划为永久基本农田,实行严格保护:

(一)经国务院农业农村主管部门或者县级以上地方人民政府批准确定的粮、棉、油、糖等重要农产品生产基地内的耕地;

(二)有良好的水利与水土保持设施的耕地,正在实施改造计划以及可以改造的中、低产田和已建成的高标准农田;

(三)蔬菜生产基地;

(四)农业科研、教学试验田;

(五)国务院规定应当划为永久基本农田的其他耕地。

各省、自治区、直辖市划定的永久基本农田一般应当占本行政区域内耕地的百分之八十以上,具体比例由国务院根据各省、自治区、直辖市耕地实际情况规定。

**第三十四条** 永久基本农田划定以乡(镇)为单位进行,由县级人民政府自然资源主管部门会同同级农业农村主管部门组织实施。永久基本农田应当落实到地块,纳入国家永久基本农田数据库严格管理。

乡(镇)人民政府应当将永久基本农田的位置、范围向社会公告,并设立保护标志。

**第三十五条** 永久基本农田经依法划定后,任何单位和个人不得擅自占用或者改变其用途。国家能源、交通、水利、军事设施等重点建设项目选址确实难以避让永久基本农田,涉及农用地转用或者土地征收的,必须经国务院批准。

禁止通过擅自调整县级土地利用总体规划、乡(镇)土地利用总体规划等方式规避永久基本农田农用地转用或者土地征收的审批。

**第三十六条** 各级人民政府应当采取措施,引导因地制宜轮作休耕,改良土壤,提高地力,维护排灌工程设施,防止土地荒漠化、盐渍化、水土流失和土壤污染。

**第三十七条** 非农业建设必须节约使用土地,可以利用荒地的,不得占用耕地;可以利用劣地的,不得占用好地。

禁止占用耕地建窑、建坟或者擅自在耕地上建房、挖砂、采石、采矿、取土等。

禁止占用永久基本农田发展林果业和挖塘养鱼。

**第三十八条** 禁止任何单位和个人闲置、荒芜耕地。已经办理审批手续的非农业建设占用耕地,一年内不用而又可以耕种并收获的,应当由原耕种该幅耕地的集体或者个人恢复耕种,也可以由用地单位组织耕种;一年以上未动工建设的,应当按照省、自治区、直辖市的规定缴纳闲置费;连续二年未使用的,经原批准机关批准,由县级以上人民政府无偿收回用地单位的土地使用权;该幅土地原为农民集体所有的,应当交由原农村集体经济组织恢复耕种。

在城市规划区范围内,以出让方式取得土地使用权进行房地产开发的闲置土地，依照《中华人民共和国城市房地产管理法》的有关规定办理。

**第三十九条** 国家鼓励单位和个人按照土地利用总体规划，在保护和改善生态环境、防止水土流失和土地荒漠化的前提下，开发未利用的土地；适宜开发为农用地的，应当优先开发成农用地。

国家依法保护开发者的合法权益。

**第四十条** 开垦未利用的土地，必须经过科学论证和评估，在土地利用总体规划划定的可开垦的区域内，经依法批准后进行。禁止毁坏森林、草原开垦耕地，禁止围湖造田和侵占江河滩地。

根据土地利用总体规划，对破坏生态环境开垦、围垦的土地，有计划有步骤地退耕还林、还牧、还湖。

**第四十一条** 开发未确定使用权的国有荒山、荒地、荒滩从事种植业、林业、畜牧业、渔业生产的，经县级以上人民政府依法批准，可以确定给开发单位或者个人长期使用。

**第四十二条** 国家鼓励土地整理。县、乡（镇）人民政府应当组织农村集体经济组织，按照土地利用总体规划，对田、水、路、林、村综合整治，提高耕地质量，增加有效耕地面积，改善农业生产条件和生态环境。

地方各级人民政府应当采取措施，改造中、低产田，整治闲散地和废弃地。

**第四十三条** 因挖损、塌陷、压占等造成土地破坏，用地单位和个人应当按照国家有关规定负责复垦；没有条件复垦或者复垦不符合要求的，应当缴纳土地复垦费，专项用于土地复垦。复垦的土地应当优先用于农业。

## 第五章 建设用地

**第四十四条** 建设占用土地，涉及农用地转为建设用地的，应当办理农用地转用审批手续。

永久基本农田转为建设用地的，由国务院批准。

在土地利用总体规划确定的城市和村庄、集镇建设用地规模范围内，为实施该规划而将永久基本农田以外的农用地转为建设用地的，按土地利用年度计划分批次按照国务院规定由原批准土地利用总体规划的机关或者其授权的机关批准。在已批准的农用地转用范围内，具体建设项目用地可以由市、县人民政府批准。

在土地利用总体规划确定的城市和村庄、集镇建设用地规模范围外，将永久基本农田以外的农用地转为建设用地的，由国务院或者国务院授权的省、自治区、直辖市人民政府批准。

**第四十五条** 为了公共利益的需要，有下列情形之一，确需征收农民集体所有的土地的，可以依法实施征收：

（一）军事和外交需要用地的；

（二）由政府组织实施的能源、交通、水利、通信、邮政等基础设施建设需要用地的；

（三）由政府组织实施的科技、教育、文化、卫生、体育、生态环境和资源保护、防灾减灾、文物保护、社区综合服务、社会福利、市政公用、优抚安置、英烈保护等公共事业需要用地的；

（四）由政府组织实施的扶贫搬迁、保障性安居工程建设需要用地的；

（五）在土地利用总体规划确定的城镇建设用地范围内，经省级以上人民政府批准由县级以上地方人民政府组织实施的成片开发建设需要用地的；

（六）法律规定为公共利益需要可以征收农民集体所有的土地的其他情形。前款规定的建设活动，应当符合国民经济和社会发展规划、土地利用总体规划、城乡规划和专项规划；第（四）项、第（五）项规定的建设活动，还应当纳入国民经济和社会发展年度计划；第（五）项规定的成片开发并应当符合国务院自然资源主管部门规定的标准。

**第四十六条** 征收下列土地的，由国务院批准：

（一）永久基本农田；

（二）永久基本农田以外的耕地超过三十五公顷的；

（三）其他土地超过七十公顷的。

征收前款规定以外的土地的，由省、自治区、直辖市人民政府批准。

征收农用地的，应当依照本法第四十四条的规定先行办理农用地转用审批。其中，经国务院批准农用地转用的，同时办理征地审批手续，不再另行办理征地审批；经省、自治区、直辖市人民政府在征地批准权限内批准农用地转用的，同时办理征地审批手续，不再另行办理征地审批，超过征地批准权限的，应当依照本条第一款的规定另行办理征地审批。

**第四十七条** 国家征收土地的，依照法定程序批准后，由县级以上地方人民政府予以公告并组织实施。

县级以上地方人民政府拟申请征收土地的，应当开展拟征收土地现状调查和社会稳定风险评估，并将征收范围、土地现状、征收目的、补偿标准、安置方式和社会保障等在拟征收土地所在的乡（镇）和村、村民小组范围内公告至少三十日，听取被征地的农村集体经济组织及其成员、村民委员会和其他利害关系人的意见。

多数被征地的农村集体经济组织成员认为征地补偿安置方案不符合法律、法规规定的，县级以上地方人民政府应当组织召开听证会，并根据法律、法规的规定和听证会情况修改方案。

拟征收土地的所有权人、使用权人应当在公告规定期限内，持不动产权属证明材料办理补偿登记。县级以上地方人民政府应当组织有关部门测算并落实有关费用，保证足额到位，与拟征收土地的所有权人、使用权人就补偿、安置等签订协议；个别确实难以达成协议的，应当在申请征收土地时如实说明。

相关前期工作完成后，县级以上地方人民政府方可申请征收土地。

**第四十八条** 征收土地应当给予公平、合理的补偿，保障被征地农民原有生活水平不降低、长远生计有保障。

征收土地应当依法及时足额支付土

地补偿费、安置补助费以及农村村民住宅、其他地上附着物和青苗等的补偿费用,并安排被征地农民的社会保障费用。

征收农用地的土地补偿费、安置补助费标准由省、自治区、直辖市通过制定公布区片综合地价确定。制定区片综合地价应当综合考虑土地原用途、土地资源条件、土地产值、土地区位、土地供求关系、人口以及经济社会发展水平等因素,并至少每三年调整或者重新公布一次。

征收农用地以外的其他土地、地上附着物和青苗等的补偿标准,由省、自治区、直辖市制定。对其中的农村村民住宅,应当按照先补偿后搬迁、居住条件有改善的原则,尊重农村村民意愿,采取重新安排宅基地建房、提供安置房或者货币补偿等方式给予公平、合理的补偿,并对因征收造成的搬迁、临时安置等费用予以补偿,保障农村村民居住的权利和合法的住房财产权益。

县级以上地方人民政府应当将被征地农民纳入相应的养老等社会保障体系。被征地农民的社会保障费用主要用于符合条件的被征地农民的养老保险等社会保险缴费补贴。被征地农民社会保障费用的筹集、管理和使用办法,由省、自治区、直辖市制定。

**第四十九条** 被征地的农村集体经济组织应当将征收土地的补偿费用的收支状况向本集体经济组织的成员公布,接受监督。

禁止侵占、挪用被征收土地单位的征地补偿费用和其他有关费用。

**第五十条** 地方各级人民政府应当支持被征地的农村集体经济组织和农民从事开发经营,兴办企业。

**第五十一条** 大中型水利、水电工程建设征收土地的补偿费标准和移民安置办法,由国务院另行规定。

**第五十二条** 建设项目可行性研究论证时,自然资源主管部门可以根据土地利用总体规划、土地利用年度计划和建设用地标准,对建设用地有关事项进行审查,并提出意见。

**第五十三条** 经批准的建设项目需要使用国有建设用地的,建设单位应当持法律、行政法规规定的有关文件,向有批准权的县级以上人民政府自然资源主管部门提出建设用地申请,经自然资源主管部门审查,报本级人民政府批准。

**第五十四条** 建设单位使用国有土地,应当以出让等有偿使用方式取得;但是,下列建设用地,经县级以上人民政府依法批准,可以以划拨方式取得:

(一)国家机关用地和军事用地;

(二)城市基础设施用地和公益事业用地;

(三)国家重点扶持的能源、交通、水利等基础设施用地;

(四)法律、行政法规规定的其他用地。

**第五十五条** 以出让等有偿使用方式取得国有土地使用权的建设单位,按照国务院规定的标准和办法,缴纳土地使用权出让金等土地有偿使用费和其他费用后，方可使用土地。

自本法施行之日起，新增建设用地的土地有偿使用费，百分之三十上缴中央财政，百分之七十留给有关地方人民政府。具体使用管理办法由国务院财政部门会同有关部门制定，并报国务院批准。

**第五十六条**　建设单位使用国有土地的，应当按照土地使用权出让等有偿使用合同的约定或者土地使用权划拨批准文件的规定使用土地；确需改变该幅土地建设用途的，应当经有关人民政府自然资源主管部门同意，报原批准用地的人民政府批准。其中，在城市规划区内改变土地用途的，在报批前，应当先经有关城市规划行政主管部门同意。

**第五十七条**　建设项目施工和地质勘查需要临时使用国有土地或者农民集体所有的土地的，由县级以上人民政府自然资源主管部门批准。其中，在城市规划区内的临时用地，在报批前，应当先经有关城市规划行政主管部门同意。土地使用者应当根据土地权属，与有关自然资源主管部门或者农村集体经济组织、村民委员会签订临时使用土地合同，并按照合同的约定支付临时使用土地补偿费。

临时使用土地的使用者应当按照临时使用土地合同约定的用途使用土地，并不得修建永久性建筑物。

临时使用土地期限一般不超过二年。

**第五十八条**　有下列情形之一的，由有关人民政府自然资源主管部门报经原批准用地的人民政府或者有批准权的人民政府批准，可以收回国有土地使用权：

（一）为实施城市规划进行旧城区改建以及其他公共利益需要，确需使用土地的；

（二）土地出让等有偿使用合同约定的使用期限届满，土地使用者未申请续期或者申请续期未获批准的；

（三）因单位撤销、迁移等原因，停止使用原划拨的国有土地的；

（四）公路、铁路、机场、矿场等经核准报废的。

依照前款第（一）项的规定收回国有土地使用权的，对土地使用权人应当给予适当补偿。

**第五十九条**　乡镇企业、乡（镇）村公共设施、公益事业、农村村民住宅等乡（镇）村建设，应当按照村庄和集镇规划，合理布局，综合开发，配套建设；建设用地，应当符合乡（镇）土地利用总体规划和土地利用年度计划，并依照本法第四十四条、第六十条、第六十一条、第六十二条的规定办理审批手续。

**第六十条**　农村集体经济组织使用乡（镇）土地利用总体规划确定的建设用地兴办企业或者与其他单位、个人以土地使用权入股、联营等形式共同举办企业的，应当持有关批准文件，向县级以上地方人民政府自然资源主管部门提出申请，按照省、自治区、直辖市规定的批准权限，由县级以上地方人民政府批准；

其中，涉及占用农用地的，依照本法第四十四条的规定办理审批手续。

按照前款规定兴办企业的建设用地，必须严格控制。省、自治区、直辖市可以按照乡镇企业的不同行业和经营规模，分别规定用地标准。

**第六十一条**　乡（镇）村公共设施、公益事业建设，需要使用土地的，经乡（镇）人民政府审核，向县级以上地方人民政府自然资源主管部门提出申请，按照省、自治区、直辖市规定的批准权限，由县级以上地方人民政府批准；其中，涉及占用农用地的，依照本法第四十四条的规定办理审批手续。

**第六十二条**　农村村民一户只能拥有一处宅基地，其宅基地的面积不得超过省、自治区、直辖市规定的标准。

人均土地少、不能保障一户拥有一处宅基地的地区，县级人民政府在充分尊重农村村民意愿的基础上，可以采取措施，按照省、自治区、直辖市规定的标准保障农村村民实现户有所居。

农村村民建住宅，应当符合乡（镇）土地利用总体规划、村庄规划，不得占用永久基本农田，并尽量使用原有的宅基地和村内空闲地。编制乡（镇）土地利用总体规划、村庄规划应当统筹并合理安排宅基地用地，改善农村村民居住环境和条件。

农村村民住宅用地，由乡（镇）人民政府审核批准；其中，涉及占用农用地的，依照本法第四十四条的规定办理审批手续。

农村村民出卖、出租、赠与住宅后，再申请宅基地的，不予批准。

国家允许进城落户的农村村民依法自愿有偿退出宅基地，鼓励农村集体经济组织及其成员盘活利用闲置宅基地和闲置住宅。

国务院农业农村主管部门负责全国农村宅基地改革和管理有关工作。

**第六十三条**　土地利用总体规划、城乡规划确定为工业、商业等经营性用途，并经依法登记的集体经营性建设用地，土地所有权人可以通过出让、出租等方式交由单位或者个人使用，并应当签订书面合同，载明土地界址、面积、动工期限、使用期限、土地用途、规划条件和双方其他权利义务。

前款规定的集体经营性建设用地出让、出租等，应当经本集体经济组织成员的村民会议三分之二以上成员或者三分之二以上村民代表的同意。

通过出让等方式取得的集体经营性建设用地使用权可以转让、互换、出资、赠与或者抵押，但法律、行政法规另有规定或者土地所有权人、土地使用权人签订的书面合同另有约定的除外。

集体经营性建设用地的出租，集体建设用地使用权的出让及其最高年限、转让、互换、出资、赠与、抵押等，参照同类用途的国有建设用地执行。具体办法由国务院制定。

**第六十四条**　集体建设用地的使用者应当严格按照土地利用总体规划、城乡规划确定的用途使用土地。

**第六十五条**　在土地利用总体规划制定前已建的不符合土地利用总体规划确定的用途的建筑物、构筑物,不得重建、扩建。

**第六十六条**　有下列情形之一的,农村集体经济组织报经原批准用地的人民政府批准,可以收回土地使用权:

(一)为乡(镇)村公共设施和公益事业建设,需要使用土地的;

(二)不按照批准的用途使用土地的;

(三)因撤销、迁移等原因而停止使用土地的。

依照前款第(一)项规定收回农民集体所有的土地的,对土地使用权人应当给予适当补偿。

收回集体经营性建设用地使用权,依照双方签订的书面合同办理,法律、行政法规另有规定的除外。

## 第六章　监 督 检 查

**第六十七条**　县级以上人民政府自然资源主管部门对违反土地管理法律、法规的行为进行监督检查。

县级以上人民政府农业农村主管部门对违反农村宅基地管理法律、法规的行为进行监督检查的,适用本法关于自然资源主管部门监督检查的规定。

土地管理监督检查人员应当熟悉土地管理法律、法规,忠于职守、秉公执法。

**第六十八条**　县级以上人民政府自然资源主管部门履行监督检查职责时,有权采取下列措施:

(一)要求被检查的单位或者个人提供有关土地权利的文件和资料,进行查阅或者予以复制;

(二)要求被检查的单位或者个人就有关土地权利的问题作出说明;

(三)进入被检查单位或者个人非法占用的土地现场进行勘测;

(四)责令非法占用土地的单位或者个人停止违反土地管理法律、法规的行为。

**第六十九条**　土地管理监督检查人员履行职责,需要进入现场进行勘测、要求有关单位或者个人提供文件、资料和作出说明的,应当出示土地管理监督检查证件。

**第七十条**　有关单位和个人对县级以上人民政府自然资源主管部门就土地违法行为进行的监督检查应当支持与配合,并提供工作方便,不得拒绝与阻碍土地管理监督检查人员依法执行职务。

**第七十一条**　县级以上人民政府自然资源主管部门在监督检查工作中发现国家工作人员的违法行为,依法应当给予处分的,应当依法予以处理;自己无权处理的,应当依法移送监察机关或者有关机关处理。

**第七十二条**　县级以上人民政府自然资源主管部门在监督检查工作中发现土地违法行为构成犯罪的,应当将案件移送有关机关,依法追究刑事责任;尚不构成犯罪的,应当依法给予行政处罚。

**第七十三条**　依照本法规定应当给予行政处罚,而有关自然资源主管部门不给予行政处罚的，上级人民政府自然资源主管部门有权责令有关自然资源主管部门作出行政处罚决定或者直接给予行政处罚，并给予有关自然资源主管部门的负责人处分。

## 第七章　法律责任

**第七十四条**　买卖或者以其他形式非法转让土地的，由县级以上人民政府自然资源主管部门没收违法所得；对违反土地利用总体规划擅自将农用地改为建设用地的，限期拆除在非法转让的土地上新建的建筑物和其他设施，恢复土地原状，对符合土地利用总体规划的，没收在非法转让的土地上新建的建筑物和其他设施；可以并处罚款；对直接负责的主管人员和其他直接责任人员，依法给予处分；构成犯罪的，依法追究刑事责任。

**第七十五条**　违反本法规定，占用耕地建窑、建坟或者擅自在耕地上建房、挖砂、采石、采矿、取土等，破坏种植条件的，或者因开发土地造成土地荒漠化、盐渍化的，由县级以上人民政府自然资源主管部门、农业农村主管部门等按照职责责令限期改正或者治理，可以并处罚款；构成犯罪的，依法追究刑事责任。

**第七十六条**　违反本法规定，拒不履行土地复垦义务的，由县级以上人民政府自然资源主管部门责令限期改正；逾期不改正的，责令缴纳复垦费，专项用于土地复垦，可以处以罚款。

**第七十七条**　未经批准或者采取欺骗手段骗取批准，非法占用土地的，由县级以上人民政府自然资源主管部门责令退还非法占用的土地，对违反土地利用总体规划擅自将农用地改为建设用地的，限期拆除在非法占用的土地上新建的建筑物和其他设施，恢复土地原状，对符合土地利用总体规划的，没收在非法占用的土地上新建的建筑物和其他设施，可以并处罚款；对非法占用土地单位的直接负责的主管人员和其他直接责任人员，依法给予处分；构成犯罪的，依法追究刑事责任。

超过批准的数量占用土地，多占的土地以非法占用土地论处。

**第七十八条**　农村村民未经批准或者采取欺骗手段骗取批准，非法占用土地建住宅的，由县级以上人民政府农业农村主管部门责令退还非法占用的土地，限期拆除在非法占用的土地上新建的房屋。

超过省、自治区、直辖市规定的标准，多占的土地以非法占用土地论处。

**第七十九条**　无权批准征收、使用土地的单位或者个人非法批准占用土地的，超越批准权限非法批准占用土地的，不按照土地利用总体规划确定的用途批准用地的，或者违反法律规定的程序批准占用、征收土地的，其批准文件无效，对非法批准征收、使用土地的直接负责的主管人员和其他直接责任人员，依法给予处分；构成犯罪的，依法追究刑事责任。非法批准、使用的土地应当收回，有关当事人拒不归还的，以非法占用土地论处。

非法批准征收、使用土地，对当事人造成损失的，依法应当承担赔偿责任。

**第八十条** 侵占、挪用被征收土地单位的征地补偿费用和其他有关费用，构成犯罪的，依法追究刑事责任；尚不构成犯罪的，依法给予处分。

**第八十一条** 依法收回国有土地使用权当事人拒不交出土地的，临时使用土地期满拒不归还的，或者不按照批准的用途使用国有土地的，由县级以上人民政府自然资源主管部门责令交还土地，处以罚款。

**第八十二条** 擅自将农民集体所有的土地通过出让、转让使用权或者出租等方式用于非农业建设，或者违反本法规定，将集体经营性建设用地通过出让、出租等方式交由单位或者个人使用的，由县级以上人民政府自然资源主管部门责令限期改正，没收违法所得，并处罚款。

**第八十三条** 依照本法规定，责令限期拆除在非法占用的土地上新建的建筑物和其他设施的，建设单位或者个人必须立即停止施工，自行拆除；对继续施工的，作出处罚决定的机关有权制止。建设单位或者个人对责令限期拆除的行政处罚决定不服的，可以在接到责令限期拆除决定之日起十五日内，向人民法院起诉；期满不起诉又不自行拆除的，由作出处罚决定的机关依法申请人民法院强制执行，费用由违法者承担。

**第八十四条** 自然资源主管部门、农业农村主管部门的工作人员玩忽职守、滥用职权、徇私舞弊，构成犯罪的，依法追究刑事责任；尚不构成犯罪的，依法给予处分。

### 第八章 附 则

**第八十五条** 外商投资企业使用土地的，适用本法；法律另有规定的，从其规定。

**第八十六条** 在根据本法第十八条的规定编制国土空间规划前，经依法批准的土地利用总体规划和城乡规划继续执行。

**第八十七条** 本法自 1999 年 1 月 1 日起施行。

## 中华人民共和国<br>土地管理法实施条例

1. 1998 年 12 月 27 日中华人民共和国国务院令第 256 号发布
2. 根据 2011 年 1 月 8 日《国务院关于废止和修改部分行政法规的决定》第一次修订
3. 根据 2014 年 7 月 29 日《国务院关于修改部分行政法规的决定》第二次修订
4. 2021 年 7 月 2 日中华人民共和国国务院令第 743 号第三次修订

### 第一章 总 则

**第一条** 根据《中华人民共和国土

地管理法》（以下简称《土地管理法》），制定本条例。

## 第二章　国土空间规划

**第二条**　国家建立国土空间规划体系。

土地开发、保护、建设活动应当坚持规划先行。经依法批准的国土空间规划是各类开发、保护、建设活动的基本依据。

已经编制国土空间规划的，不再编制土地利用总体规划和城乡规划。在编制国土空间规划前，经依法批准的土地利用总体规划和城乡规划继续执行。

**第三条**　国土空间规划应当细化落实国家发展规划提出的国土空间开发保护要求，统筹布局农业、生态、城镇等功能空间，划定落实永久基本农田、生态保护红线和城镇开发边界。

国土空间规划应当包括国土空间开发保护格局和规划用地布局、结构、用途管制要求等内容，明确耕地保有量、建设用地规模、禁止开垦的范围等要求，统筹基础设施和公共设施用地布局，综合利用地上地下空间，合理确定并严格控制新增建设用地规模，提高土地节约集约利用水平，保障土地的可持续利用。

**第四条**　土地调查应当包括下列内容：

（一）土地权属以及变化情况；

（二）土地利用现状以及变化情况；

（三）土地条件。

全国土地调查成果，报国务院批准后向社会公布。地方土地调查成果，经本级人民政府审核，报上一级人民政府批准后向社会公布。全国土地调查成果公布后，县级以上地方人民政府方可自上而下逐级依次公布本行政区域的土地调查成果。

土地调查成果是编制国土空间规划以及自然资源管理、保护和利用的重要依据。

土地调查技术规程由国务院自然资源主管部门会同有关部门制定。

**第五条**　国务院自然资源主管部门会同有关部门制定土地等级评定标准。

县级以上人民政府自然资源主管部门应当会同有关部门根据土地等级评定标准，对土地等级进行评定。地方土地等级评定结果经本级人民政府审核，报上一级人民政府自然资源主管部门批准后向社会公布。

根据国民经济和社会发展状况，土地等级每五年重新评定一次。

**第六条**　县级以上人民政府自然资源主管部门应当加强信息化建设，建立统一的国土空间基础信息平台，实行土地管理全流程信息化管理，对土地利用状况进行动态监测，与发展改革、住房和城乡建设等有关部门建立土地管理信息共享机制，依法公开土地管理信息。

**第七条**　县级以上人民政府自然资源主管部门应当加强地籍管理，建立健全地籍数据库。

## 第三章 耕 地 保 护

**第八条** 国家实行占用耕地补偿制度。在国土空间规划确定的城市和村庄、集镇建设用地范围内经依法批准占用耕地，以及在国土空间规划确定的城市和村庄、集镇建设用地范围外的能源、交通、水利、矿山、军事设施等建设项目经依法批准占用耕地的，分别由县级人民政府、农村集体经济组织和建设单位负责开垦与所占用耕地的数量和质量相当的耕地；没有条件开垦或者开垦的耕地不符合要求的，应当按照省、自治区、直辖市的规定缴纳耕地开垦费，专款用于开垦新的耕地。

省、自治区、直辖市人民政府应当组织自然资源主管部门、农业农村主管部门对开垦的耕地进行验收，确保开垦的耕地落实到地块。划入永久基本农田的还应当纳入国家永久基本农田数据库严格管理。占用耕地补充情况应当按照国家有关规定向社会公布。

个别省、直辖市需要易地开垦耕地的，依照《土地管理法》第三十二条的规定执行。

**第九条** 禁止任何单位和个人在国土空间规划确定的禁止开垦的范围内从事土地开发活动。

按照国土空间规划，开发未确定土地使用权的国有荒山、荒地、荒滩从事种植业、林业、畜牧业、渔业生产的，应当向土地所在地的县级以上地方人民政府自然资源主管部门提出申请，按照省、自治区、直辖市规定的权限，由县级以上地方人民政府批准。

**第十条** 县级人民政府应当按照国土空间规划关于统筹布局农业、生态、城镇等功能空间的要求，制定土地整理方案，促进耕地保护和土地节约集约利用。

县、乡（镇）人民政府应当组织农村集体经济组织，实施土地整理方案，对闲散地和废弃地有计划地整治、改造。土地整理新增耕地，可以用作建设所占用耕地的补充。

鼓励社会主体依法参与土地整理。

**第十一条** 县级以上地方人民政府应当采取措施，预防和治理耕地土壤流失、污染，有计划地改造中低产田，建设高标准农田，提高耕地质量，保护黑土地等优质耕地，并依法对建设所占用耕地耕作层的土壤利用作出合理安排。

非农业建设依法占用永久基本农田的，建设单位应当按照省、自治区、直辖市的规定，将所占用耕地耕作层的土壤用于新开垦耕地、劣质地或者其他耕地的土壤改良。

县级以上地方人民政府应当加强对农业结构调整的引导和管理，防止破坏耕地耕作层；设施农业用地不再使用的，应当及时组织恢复种植条件。

**第十二条** 国家对耕地实行特殊保护，严守耕地保护红线，严格控制耕地转为林地、草地、园地等其他农用地，并建立耕地保护补偿制度，具体办法和耕地保护补偿实施步骤由国务院自然资源主管部门会同有关部门规定。

非农业建设必须节约使用土地，可以利用荒地的，不得占用耕地；可以利用劣地的，不得占用好地。禁止占用耕地建窑、建坟或者擅自在耕地上建房、挖砂、采石、采矿、取土等。禁止占用永久基本农田发展林果业和挖塘养鱼。

耕地应当优先用于粮食和棉、油、糖、蔬菜等农产品生产。按照国家有关规定需要将耕地转为林地、草地、园地等其他农用地的，应当优先使用难以长期稳定利用的耕地。

**第十三条** 省、自治区、直辖市人民政府对本行政区域耕地保护负总责，其主要负责人是本行政区域耕地保护的第一责任人。

省、自治区、直辖市人民政府应当将国务院确定的耕地保有量和永久基本农田保护任务分解下达，落实到具体地块。

国务院对省、自治区、直辖市人民政府耕地保护责任目标落实情况进行考核。

## 第四章 建设用地

### 第一节 一般规定

**第十四条** 建设项目需要使用土地的，应当符合国土空间规划、土地利用年度计划和用途管制以及节约资源、保护生态环境的要求，并严格执行建设用地标准，优先使用存量建设用地，提高建设用地使用效率。

从事土地开发利用活动，应当采取有效措施，防止、减少土壤污染，并确保建设用地符合土壤环境质量要求。

**第十五条** 各级人民政府应当依据国民经济和社会发展规划及年度计划、国土空间规划、国家产业政策以及城乡建设、土地利用的实际状况等，加强土地利用计划管理，实行建设用地总量控制，推动城乡存量建设用地开发利用，引导城镇低效用地再开发，落实建设用地标准控制制度，开展节约集约用地评价，推广应用节地技术和节地模式。

**第十六条** 县级以上地方人民政府自然资源主管部门应当将本级人民政府确定的年度建设用地供应总量、结构、时序、地块、用途等在政府网站上向社会公布，供社会公众查阅。

**第十七条** 建设单位使用国有土地，应当以有偿使用方式取得；但是，法律、行政法规规定可以以划拨方式取得的除外。

国有土地有偿使用的方式包括：

（一）国有土地使用权出让；

（二）国有土地租赁；

（三）国有土地使用权作价出资或者入股。

**第十八条** 国有土地使用权出让、国有土地租赁等应当依照国家有关规定通过公开的交易平台进行交易，并纳入统一的公共资源交易平台体系。除依法可以采取协议方式外，应当采取招标、拍卖、挂牌等竞争性方式确定土地使用者。

**第十九条** 《土地管理法》第五十五条规定的新增建设用地的土地有偿使用费，是指国家在新增建设用地中应取得的平均土地纯收益。

**第二十条** 建设项目施工、地质勘查需要临时使用土地的，应当尽量不占或者少占耕地。

临时用地由县级以上人民政府自然资源主管部门批准，期限一般不超过二年；建设周期较长的能源、交通、水利等基础设施建设使用的临时用地，期限不超过四年；法律、行政法规另有规定的除外。

土地使用者应当自临时用地期满之日起一年内完成土地复垦，使其达到可供利用状态，其中占用耕地的应当恢复种植条件。

**第二十一条** 抢险救灾、疫情防控等急需使用土地的，可以先行使用土地。其中，属于临时用地的，用后应当恢复原状并交还原土地使用者使用，不再办理用地审批手续；属于永久性建设用地的，建设单位应当在不晚于应急处置工作结束六个月内申请补办建设用地审批手续。

**第二十二条** 具有重要生态功能的未利用地应当依法划入生态保护红线，实施严格保护。

建设项目占用国土空间规划确定的未利用地的，按照省、自治区、直辖市的规定办理。

## 第二节 农用地转用

**第二十三条** 在国土空间规划确定的城市和村庄、集镇建设用地范围内，为实施该规划而将农用地转为建设用地的，由市、县人民政府组织自然资源等部门拟订农用地转用方案，分批次报有批准权的人民政府批准。

农用地转用方案应当重点对建设项目安排、是否符合国土空间规划和土地利用年度计划以及补充耕地情况作出说明。

农用地转用方案经批准后，由市、县人民政府组织实施。

**第二十四条** 建设项目确需占用国土空间规划确定的城市和村庄、集镇建设用地范围外的农用地，涉及占用永久基本农田的，由国务院批准；不涉及占用永久基本农田的，由国务院或者国务院授权的省、自治区、直辖市人民政府批准。具体按照下列规定办理：

（一）建设项目批准、核准前或者备案前后，由自然资源主管部门对建设项目用地事项进行审查，提出建设项目用地预审意见。建设项目需要申请核发选址意见书的，应当合并办理建设项目用地预审与选址意见书，核发建设项目用地预审与选址意见书。

（二）建设单位持建设项目的批准、核准或者备案文件，向市、县人民政府提出建设用地申请。市、县人民政府组织自然资源等部门拟订农用地转用方案，报有批准权的人民政府批准；依法应当由国务院批准的，由省、自治区、直辖市人民政府审核后上报。农用地转用方案应当重点对是否符合国土空间规划和土地利用年度计划以及补充耕地情况作出说明，涉及占用永久基本农田的，还应当对占用永久基本农田的必要性、合理性和补划可行性作出说明。

（三）农用地转用方案经批准后，由市、县人民政府组织实施。

**第二十五条** 建设项目需要使用土地的，建设单位原则上应当一次申请，办理建设用地审批手续，确需分期建设的项目，可以根据可行性研究报告确定的方案，分期申请建设用地，分期办理建设用地审批手续。建设过程中用地范围确需调整的，应当依法办理建设用地审批手续。

农用地转用涉及征收土地的，还应当依法办理征收土地手续。

### 第三节 土地征收

**第二十六条** 需要征收土地，县级以上地方人民政府认为符合《土地管理法》第四十五条规定的，应当发布征收土地预公告，并开展拟征收土地现状调查和社会稳定风险评估。

征收土地预公告应当包括征收范围、征收目的、开展土地现状调查的安排等内容。征收土地预公告应当采用有利于社会公众知晓的方式，在拟征收土地所在的乡（镇）和村、村民小组范围内发布，预公告时间不少于十个工作日。自征收土地预公告发布之日起，任何单位和个人不得在拟征收范围内抢栽抢建；违反规定抢栽抢建的，对抢栽抢建部分不予补偿。

土地现状调查应当查明土地的位置、权属、地类、面积，以及农村村民住宅、其他地上附着物和青苗等的权属、种类、数量等情况。

社会稳定风险评估应当对征收土地的社会稳定风险状况进行综合研判，确定风险点，提出风险防范措施和处置预案。社会稳定风险评估应当有被征地的农村集体经济组织及其成员、村民委员会和其他利害关系人参加，评估结果是申请征收土地的重要依据。

**第二十七条** 县级以上地方人民政府应当依据社会稳定风险评估结果，结合土地现状调查情况，组织自然资源、财政、农业农村、人力资源和社会保障等有关部门拟定征地补偿安置方案。

征地补偿安置方案应当包括征收范围、土地现状、征收目的、补偿方式和标准、安置对象、安置方式、社会保障等内容。

**第二十八条** 征地补偿安置方案拟定后，县级以上地方人民政府应当在拟征收土地所在的乡（镇）和村、村民小组范围内公告，公告时间不少于三十日。

征地补偿安置公告应当同时载明办理补偿登记的方式和期限、异议反馈渠道等内容。

多数被征地的农村集体经济组织成员认为拟定的征地补偿安置方案不符合法律、法规规定的，县级以上地方人民政府应当组织听证。

**第二十九条** 县级以上地方人民政府根据法律、法规规定和听证会等情况确定征地补偿安置方案后，应当组织有关部门与拟征收土地的所有权人、使用权人签订征地补偿安置协议。征地补偿安置协议示范文本由省、自治区、直辖市人民政府制定。

对个别确实难以达成征地补偿安置协议的，县级以上地方人民政府应当在申请征收土地时如实说明。

**第三十条** 县级以上地方人民政府完成本条例规定的征地前期工作后，方可提出征收土地申请，依照《土地管理法》第四十六条的规定报有批准权的人民政府批准。

有批准权的人民政府应当对征收土地的必要性、合理性、是否符合《土地管理法》第四十五条规定的为了公共利益确需征收土地的情形以及是否符合法定程序进行审查。

**第三十一条** 征收土地申请经依法批准后，县级以上地方人民政府应当自收到批准文件之日起十五个工作日内在拟征收土地所在的乡（镇）和村、村民小组范围内发布征收土地公告，公布征收范围、征收时间等具体工作安排，对个别未达成征地补偿安置协议的应当作出征地补偿安置决定，并依法组织实施。

**第三十二条** 省、自治区、直辖市应当制定公布区片综合地价，确定征收农用地的土地补偿费、安置补助费标准，并制定土地补偿费、安置补助费分配办法。

地上附着物和青苗等的补偿费用，归其所有权人所有。

社会保障费用主要用于符合条件的被征地农民的养老保险等社会保险缴费补贴，按照省、自治区、直辖市的规定单独列支。

申请征收土地的县级以上地方人民政府应当及时落实土地补偿费、安置补助费、农村村民住宅以及其他地上附着物和青苗等的补偿费用、社会保障费用等，并保证足额到位，专款专用。有关费用未足额到位的，不得批准征收土地。

### 第四节 宅基地管理

**第三十三条** 农村居民点布局和建设用地规模应当遵循节约集约、因地制宜的原则合理规划。县级以上地方人民政府应当按照国家规定安排建设用地指标，合理保障本行政区域农村村民宅基地需求。

乡（镇）、县、市国土空间规划和村庄规划应当统筹考虑农村村民生产、生活需求，突出节约集约用地导向，科学划定宅基地范围。

**第三十四条** 农村村民申请宅基地的，应当以户为单位向农村集体经济组织提出申请；没有设立农村集体经济组织的，应当向所在的村民小组或者村民委员会提出申请。宅基地申请依法经农村村民集体讨论通过并在本集体范围内公示后，报乡（镇）人民政府审核批准。

涉及占用农用地的，应当依法办理农用地转用审批手续。

**第三十五条** 国家允许进城落户的农村村民依法自愿有偿退出宅基地。乡（镇）人民政府和农村集体经济组织、村民委员会等应当将退出的宅基地优先用于保障该农村集体经济组织成员的宅基地需求。

**第三十六条**　依法取得的宅基地和宅基地上的农村村民住宅及其附属设施受法律保护。

禁止违背农村村民意愿强制流转宅基地，禁止违法收回农村村民依法取得的宅基地，禁止以退出宅基地作为农村村民进城落户的条件，禁止强迫农村村民搬迁退出宅基地。

### 第五节　集体经营性建设用地管理

**第三十七条**　国土空间规划应当统筹并合理安排集体经营性建设用地布局和用途，依法控制集体经营性建设用地规模，促进集体经营性建设用地的节约集约利用。

鼓励乡村重点产业和项目使用集体经营性建设用地。

**第三十八条**　国土空间规划确定为工业、商业等经营性用途，且已依法办理土地所有权登记的集体经营性建设用地，土地所有权人可以通过出让、出租等方式交由单位或者个人在一定年限内有偿使用。

**第三十九条**　土地所有权人拟出让、出租集体经营性建设用地的，市、县人民政府自然资源主管部门应当依据国土空间规划提出拟出让、出租的集体经营性建设用地的规划条件，明确土地界址、面积、用途和开发建设强度等。

市、县人民政府自然资源主管部门应当会同有关部门提出产业准入和生态环境保护要求。

**第四十条**　土地所有权人应当依据规划条件、产业准入和生态环境保护要求等，编制集体经营性建设用地出让、出租等方案，并依照《土地管理法》第六十三条的规定，由本集体经济组织形成书面意见，在出让、出租前不少于十个工作日报市、县人民政府。市、县人民政府认为该方案不符合规划条件或者产业准入和生态环境保护要求等的，应当在收到方案后五个工作日内提出修改意见。土地所有权人应当按照市、县人民政府的意见进行修改。

集体经营性建设用地出让、出租等方案应当载明宗地的土地界址、面积、用途、规划条件、产业准入和生态环境保护要求、使用期限、交易方式、入市价格、集体收益分配安排等内容。

**第四十一条**　土地所有权人应当依据集体经营性建设用地出让、出租等方案，以招标、拍卖、挂牌或者协议等方式确定土地使用者，双方应当签订书面合同，载明土地界址、面积、用途、规划条件、使用期限、交易价款支付、交地时间和开工竣工期限、产业准入和生态环境保护要求，约定提前收回的条件、补偿方式、土地使用权届满续期和地上建筑物、构筑物等附着物处理方式，以及违约责任和解决争议的方法等，并报市、县人民政府自然资源主管部门备案。未依法将规划条件、产业准入和生态环境保护要求纳入合同的，合同无效；造成损失的，依法承担民事责任。合同示范文本由国务院自然资源主管部门制定。

**第四十二条**　集体经营性建设用地使用者应当按照约定及时支付集体经营性建设用地价款，并依法缴纳相关税费，对集体经营性建设用地使用权以及依法利用集体经营性建设用地建造的建筑物、构筑物及其附属设施的所有权，依法申请办理不动产登记。

**第四十三条**　通过出让等方式取得的集体经营性建设用地使用权依法转让、互换、出资、赠与或者抵押的，双方应当签订书面合同，并书面通知土地所有权人。

集体经营性建设用地的出租，集体建设用地使用权的出让及其最高年限、转让、互换、出资、赠与、抵押等，参照同类用途的国有建设用地执行，法律、行政法规另有规定的除外。

## 第五章　监督检查

**第四十四条**　国家自然资源督察机构根据授权对省、自治区、直辖市人民政府以及国务院确定的城市人民政府下列土地利用和土地管理情况进行督察：

（一）耕地保护情况；

（二）土地节约集约利用情况；

（三）国土空间规划编制和实施情况；

（四）国家有关土地管理重大决策落实情况；

（五）土地管理法律、行政法规执行情况；

（六）其他土地利用和土地管理情况。

**第四十五条**　国家自然资源督察机构进行督察时，有权向有关单位和个人了解督察事项有关情况，有关单位和个人应当支持、协助督察机构工作，如实反映情况，并提供有关材料。

**第四十六条**　被督察的地方人民政府违反土地管理法律、行政法规，或者落实国家有关土地管理重大决策不力的，国家自然资源督察机构可以向被督察的地方人民政府下达督察意见书，地方人民政府应当认真组织整改，并及时报告整改情况；国家自然资源督察机构可以约谈被督察的地方人民政府有关负责人，并可以依法向监察机关、任免机关等有关机关提出追究相关责任人责任的建议。

**第四十七条**　土地管理监督检查人员应当经过培训，经考核合格，取得行政执法证件后，方可从事土地管理监督检查工作。

**第四十八条**　自然资源主管部门、农业农村主管部门按照职责分工进行监督检查时，可以采取下列措施：

（一）询问违法案件涉及的单位或者个人；

（二）进入被检查单位或者个人涉嫌土地违法的现场进行拍照、摄像；

（三）责令当事人停止正在进行的土地违法行为；

（四）对涉嫌土地违法的单位或者个人，在调查期间暂停办理与该违法案件相关的土地审批、登记等手续；

（五）对可能被转移、销毁、隐匿或

者篡改的文件、资料予以封存，责令涉嫌土地违法的单位或者个人在调查期间不得变卖、转移与案件有关的财物；

（六）《土地管理法》第六十八条规定的其他监督检查措施。

**第四十九条** 依照《土地管理法》第七十三条的规定给予处分的，应当按照管理权限由责令作出行政处罚决定或者直接给予行政处罚的上级人民政府自然资源主管部门或者其他任免机关、单位作出。

**第五十条** 县级以上人民政府自然资源主管部门应当会同有关部门建立信用监管、动态巡查等机制，加强对建设用地供应交易和供后开发利用的监管，对建设用地市场重大失信行为依法实施惩戒，并依法公开相关信息。

## 第六章 法律责任

**第五十一条** 违反《土地管理法》第三十七条的规定，非法占用永久基本农田发展林果业或者挖塘养鱼的，由县级以上人民政府自然资源主管部门责令限期改正；逾期不改正的，按占用面积处耕地开垦费2倍以上5倍以下的罚款；破坏种植条件的，依照《土地管理法》第七十五条的规定处罚。

**第五十二条** 违反《土地管理法》第五十七条的规定，在临时使用的土地上修建永久性建筑物的，由县级以上人民政府自然资源主管部门责令限期拆除，按占用面积处土地复垦费5倍以上10倍以下的罚款；逾期不拆除的，由作出行政决定的机关依法申请人民法院强制执行。

**第五十三条** 违反《土地管理法》第六十五条的规定，对建筑物、构筑物进行重建、扩建的，由县级以上人民政府自然资源主管部门责令限期拆除；逾期不拆除的，由作出行政决定的机关依法申请人民法院强制执行。

**第五十四条** 依照《土地管理法》第七十四条的规定处以罚款的，罚款额为违法所得的10%以上50%以下。

**第五十五条** 依照《土地管理法》第七十五条的规定处以罚款的，罚款额为耕地开垦费的5倍以上10倍以下；破坏黑土地等优质耕地的，从重处罚。

**第五十六条** 依照《土地管理法》第七十六条的规定处以罚款的，罚款额为土地复垦费的2倍以上5倍以下。

违反本条例规定，临时用地期满之日起一年内未完成复垦或者未恢复种植条件的，由县级以上人民政府自然资源主管部门责令限期改正，依照《土地管理法》第七十六条的规定处罚，并由县级以上人民政府自然资源主管部门会同农业农村主管部门代为完成复垦或者恢复种植条件。

**第五十七条** 依照《土地管理法》第七十七条的规定处以罚款的，罚款额为非法占用土地每平方米100元以上1000元以下。

违反本条例规定，在国土空间规划确定的禁止开垦的范围内从事土地开发活动的，由县级以上人民政府自然资源主管部门责令限期改正，并依照《土地管理法》第七十七条的规定处罚。

**第五十八条** 依照《土地管理法》第七十四条、第七十七条的规定，县级以上人民政府自然资源主管部门没收在非法转让或者非法占用的土地上新建的建筑物和其他设施的，应当于九十日内交由本级人民政府或者其指定的部门依法管理和处置。

**第五十九条** 依照《土地管理法》第八十一条的规定处以罚款的，罚款额为非法占用土地每平方米100元以上500元以下。

**第六十条** 依照《土地管理法》第八十二条的规定处以罚款的，罚款额为违法所得的10%以上30%以下。

**第六十一条** 阻碍自然资源主管部门、农业农村主管部门的工作人员依法执行职务，构成违反治安管理行为的，依法给予治安管理处罚。

**第六十二条** 违反土地管理法律、法规规定，阻挠国家建设征收土地的，由县级以上地方人民政府责令交出土地；拒不交出土地的，依法申请人民法院强制执行。

**第六十三条** 违反本条例规定，侵犯农村村民依法取得的宅基地权益的，责令限期改正，对有关责任单位通报批评、给予警告；造成损失的，依法承担赔偿责任；对直接负责的主管人员和其他直接责任人员，依法给予处分。

**第六十四条** 贪污、侵占、挪用、私分、截留、拖欠征地补偿安置费用和其他有关费用的，责令改正，追回有关款项，限期退还违法所得，对有关责任单位通报批评、给予警告；造成损失的，依法承担赔偿责任；对直接负责的主管人员和其他直接责任人员，依法给予处分。

**第六十五条** 各级人民政府及自然资源主管部门、农业农村主管部门工作人员玩忽职守、滥用职权、徇私舞弊的，依法给予处分。

**第六十六条** 违反本条例规定，构成犯罪的，依法追究刑事责任。

## 第七章 附　　则

**第六十七条** 本条例自2021年9月1日起施行。

# 中华人民共和国农村土地承包法

1. 2002年8月29日第九届全国人民代表大会常务委员会第二十九次会议通过
2. 根据2009年8月27日第十一届全国人民代表大会常务委员会第十次会议《关于修改部分法律的决定》第一次修正
3. 根据2018年12月29日第十三届全国人民代表大会常务委员会第七次会议《关于修改〈中华人民共和国农村土地承包法〉的决定》第二次修正

## 目　　录

## 第一章 总 则

**第一条** 为了巩固和完善以家庭承包经营为基础、统分结合的双层经营体制，保持农村土地承包关系稳定并长久不变，维护农村土地承包经营当事人的合法权益，促进农业、农村经济发展和农村社会和谐稳定，根据宪法，制定本法。

**第二条** 本法所称农村土地，是指农民集体所有和国家所有依法由农民集体使用的耕地、林地、草地，以及其他依法用于农业的土地。

**第三条** 国家实行农村土地承包经营制度。

农村土地承包采取农村集体经济组织内部的家庭承包方式，不宜采取家庭承包方式的荒山、荒沟、荒丘、荒滩等农村土地，可以采取招标、拍卖、公开协商等方式承包。

**第四条** 农村土地承包后，土地的所有权性质不变。承包地不得买卖。

**第五条** 农村集体经济组织成员有权依法承包由本集体经济组织发包的农村土地。

任何组织和个人不得剥夺和非法限制农村集体经济组织成员承包土地的权利。

**第六条** 农村土地承包，妇女与男子享有平等的权利。承包中应当保护妇女的合法权益，任何组织和个人不得剥夺、侵害妇女应当享有的土地承包经营权。

**第七条** 农村土地承包应当坚持公开、公平、公正的原则，正确处理国家、集体、个人三者的利益关系。

**第八条** 国家保护集体土地所有者的合法权益，保护承包方的土地承包经营权，任何组织和个人不得侵犯。

**第九条** 承包方承包土地后，享有土地承包经营权，可以自己经营，也可以保留土地承包权，流转其承包地的土地经营权，由他人经营。

**第十条** 国家保护承包方依法、自愿、有偿流转土地经营权，保护土地经营权人的合法权益，任何组织和个人不得侵犯。

**第十一条** 农村土地承包经营应当遵守法律、法规，保护土地资源的合理开发和可持续利用。未经依法批准不得将承包地用于非农建设。

国家鼓励增加对土地的投入，培肥地力，提高农业生产能力。

**第十二条** 国务院农业农村、林业和草原主管部门分别依照国务院规定的职责负责全国农村土地承包经营及承包经营合同管理的指导。

县级以上地方人民政府农业农村、林业和草原等主管部门分别依照各自职责，负责本行政区域内农村土地承包经营及承包经营合同管理。

乡（镇）人民政府负责本行政区域内农村土地承包经营及承包经营合同管理。

## 第二章　家庭承包

### 第一节　发包方和承包方的权利和义务

**第十三条**　农民集体所有的土地依法属于村农民集体所有的，由村集体经济组织或者村民委员会发包；已经分别属于村内两个以上农村集体经济组织的农民集体所有的，由村内各该农村集体经济组织或者村民小组发包。村集体经济组织或者村民委员会发包的，不得改变村内各集体经济组织农民集体所有的土地的所有权。

国家所有依法由农民集体使用的农村土地，由使用该土地的农村集体经济组织、村民委员会或者村民小组发包。

**第十四条**　发包方享有下列权利：

（一）发包本集体所有的或者国家所有依法由本集体使用的农村土地；

（二）监督承包方依照承包合同约定的用途合理利用和保护土地；

（三）制止承包方损害承包地和农业资源的行为；

（四）法律、行政法规规定的其他权利。

**第十五条**　发包方承担下列义务：

（一）维护承包方的土地承包经营权，不得非法变更、解除承包合同；

（二）尊重承包方的生产经营自主权，不得干涉承包方依法进行正常的生产经营活动；

（三）依照承包合同约定为承包方提供生产、技术、信息等服务；

（四）执行县、乡（镇）土地利用总体规划，组织本集体经济组织内的农业基础设施建设；

（五）法律、行政法规规定的其他义务。

**第十六条**　家庭承包的承包方是本集体经济组织的农户。

农户内家庭成员依法平等享有承包土地的各项权益。

**第十七条**　承包方享有下列权利：

（一）依法享有承包地使用、收益的权利，有权自主组织生产经营和处置产品；

（二）依法互换、转让土地承包经营权；

（三）依法流转土地经营权；

（四）承包地被依法征收、征用、占用的，有权依法获得相应的补偿；

（五）法律、行政法规规定的其他权利。

**第十八条**　承包方承担下列义务：

（一）维持土地的农业用途，未经依法批准不得用于非农建设；

（二）依法保护和合理利用土地，不得给土地造成永久性损害；

（三）法律、行政法规规定的其他义务。

### 第二节 承包的原则和程序

**第十九条** 土地承包应当遵循以下原则：

（一）按照规定统一组织承包时，本集体经济组织成员依法平等地行使承包土地的权利，也可以自愿放弃承包土地的权利；

（二）民主协商，公平合理；

（三）承包方案应当按照本法第十三条的规定，依法经本集体经济组织成员的村民会议三分之二以上成员或者三分之二以上村民代表的同意；

（四）承包程序合法。

**第二十条** 土地承包应当按照以下程序进行：

（一）本集体经济组织成员的村民会议选举产生承包工作小组；

（二）承包工作小组依照法律、法规的规定拟订并公布承包方案；

（三）依法召开本集体经济组织成员的村民会议，讨论通过承包方案；

（四）公开组织实施承包方案；

（五）签订承包合同。

### 第三节 承包期限和承包合同

**第二十一条** 耕地的承包期为三十年。草地的承包期为三十年至五十年。林地的承包期为三十年至七十年。

前款规定的耕地承包期届满后再延长三十年，草地、林地承包期届满后依照前款规定相应延长。

**第二十二条** 发包方应当与承包方签订书面承包合同。

承包合同一般包括以下条款：

（一）发包方、承包方的名称，发包方负责人和承包方代表的姓名、住所；

（二）承包土地的名称、坐落、面积、质量等级；

（三）承包期限和起止日期；

（四）承包土地的用途；

（五）发包方和承包方的权利和义务；

（六）违约责任。

**第二十三条** 承包合同自成立之日起生效。承包方自承包合同生效时取得土地承包经营权。

**第二十四条** 国家对耕地、林地和草地等实行统一登记，登记机构应当向承包方颁发土地承包经营权证或者林权证等证书，并登记造册，确认土地承包经营权。

土地承包经营权证或者林权证等证书应当将具有土地承包经营权的全部家庭成员列入。

登记机构除按规定收取证书工本费外，不得收取其他费用。

**第二十五条** 承包合同生效后，发包方不得因承办人或者负责人的变动而变更或者解除，也不得因集体经济组织的分立或者合并而变更或者解除。

**第二十六条** 国家机关及其工作人员不得利用职权干涉农村土地承包或者变更、解除承包合同。

### 第四节 土地承包经营权的保护和互换、转让

**第二十七条** 承包期内，发包方不得收回承包地。

国家保护进城农户的土地承包经营权。不得以退出土地承包经营权作为农户进城落户的条件。

承包期内，承包农户进城落户的，引导支持其按照自愿有偿原则依法在本集体经济组织内转让土地承包经营权或者将承包地交回发包方，也可以鼓励其流转土地经营权。

承包期内，承包方交回承包地或者发包方依法收回承包地时，承包方对其在承包地上投入而提高土地生产能力的，有权获得相应的补偿。

**第二十八条** 承包期内，发包方不得调整承包地。

承包期内，因自然灾害严重毁损承包地等特殊情形对个别农户之间承包的耕地和草地需要适当调整的，必须经本集体经济组织成员的村民会议三分之二以上成员或者三分之二以上村民代表的同意，并报乡（镇）人民政府和县级人民政府农业农村、林业和草原等主管部门批准。承包合同中约定不得调整的，按照其约定。

**第二十九条** 下列土地应当用于调整承包土地或者承包给新增人口：

（一）集体经济组织依法预留的机动地；

（二）通过依法开垦等方式增加的；

（三）发包方依法收回和承包方依法、自愿交回的。

**第三十条** 承包期内，承包方可以自愿将承包地交回发包方。承包方自愿交回承包地的，可以获得合理补偿，但是应当提前半年以书面形式通知发包方。承包方在承包期内交回承包地的，在承包期内不得再要求承包土地。

**第三十一条** 承包期内，妇女结婚，在新居住地未取得承包地的，发包方不得收回其原承包地；妇女离婚或者丧偶，仍在原居住地生活或者不在原居住地生活但在新居住地未取得承包地的，发包方不得收回其原承包地。

**第三十二条** 承包人应得的承包收益，依照继承法的规定继承。

林地承包的承包人死亡，其继承人可以在承包期内继续承包。

**第三十三条** 承包方之间为方便耕种或者各自需要，可以对属于同一集体经济组织的土地的土地承包经营权进行互换，并向发包方备案。

**第三十四条** 经发包方同意，承包方可以将全部或者部分的土地承包经营权转让给本集体经济组织的其他农户，由该农户同发包方确立新的承包关系，原承包方与发包方在该土地上的承包关系即行终止。

**第三十五条** 土地承包经营权互换、转让的，当事人可以向登记机构申请登记。未经登记，不得对抗善意第三人。

## 第五节　土地经营权

**第三十六条**　承包方可以自主决定依法采取出租(转包)、入股或者其他方式向他人流转土地经营权,并向发包方备案。

**第三十七条**　土地经营权人有权在合同约定的期限内占有农村土地,自主开展农业生产经营并取得收益。

**第三十八条**　土地经营权流转应当遵循以下原则:

(一)依法、自愿、有偿,任何组织和个人不得强迫或者阻碍土地经营权流转;

(二)不得改变土地所有权的性质和土地的农业用途,不得破坏农业综合生产能力和农业生态环境;

(三)流转期限不得超过承包期的剩余期限;

(四)受让方须有农业经营能力或者资质;

(五)在同等条件下,本集体经济组织成员享有优先权。

**第三十九条**　土地经营权流转的价款,应当由当事人双方协商确定。流转的收益归承包方所有,任何组织和个人不得擅自截留、扣缴。

**第四十条**　土地经营权流转,当事人双方应当签订书面流转合同。

土地经营权流转合同一般包括以下条款:

(一)双方当事人的姓名、住所;

(二)流转土地的名称、坐落、面积、质量等级;

(三)流转期限和起止日期;

(四)流转土地的用途;

(五)双方当事人的权利和义务;

(六)流转价款及支付方式;

(七)土地被依法征收、征用、占用时有关补偿费的归属;

(八)违约责任。

承包方将土地交由他人代耕不超过一年的,可以不签订书面合同。

**第四十一条**　土地经营权流转期限为五年以上的,当事人可以向登记机构申请土地经营权登记。未经登记,不得对抗善意第三人。

**第四十二条**　承包方不得单方解除土地经营权流转合同,但受让方有下列情形之一的除外:

(一)擅自改变土地的农业用途;

(二)弃耕抛荒连续两年以上;

(三)给土地造成严重损害或者严重破坏土地生态环境;

(四)其他严重违约行为。

**第四十三条**　经承包方同意,受让方可以依法投资改良土壤,建设农业生产附属、配套设施,并按照合同约定对其投资部分获得合理补偿。

**第四十四条**　承包方流转土地经营权的,其与发包方的承包关系不变。

**第四十五条**　县级以上地方人民政府应当建立工商企业等社会资本通过流转取得土地经营权的资格审查、项目审核和风险防范制度。

工商企业等社会资本通过流转取得

土地经营权的，本集体经济组织可以收取适量管理费用。

具体办法由国务院农业农村、林业和草原主管部门规定。

**第四十六条** 经承包方书面同意，并向本集体经济组织备案，受让方可以再流转土地经营权。

**第四十七条** 承包方可以用承包地的土地经营权向金融机构融资担保，并向发包方备案。受让方通过流转取得的土地经营权，经承包方书面同意并向发包方备案，可以向金融机构融资担保。

担保物权自融资担保合同生效时设立。当事人可以向登记机构申请登记；未经登记，不得对抗善意第三人。

实现担保物权时，担保物权人有权就土地经营权优先受偿。

土地经营权融资担保办法由国务院有关部门规定。

## 第三章 其他方式的承包

**第四十八条** 不宜采取家庭承包方式的荒山、荒沟、荒丘、荒滩等农村土地，通过招标、拍卖、公开协商等方式承包的，适用本章规定。

**第四十九条** 以其他方式承包农村土地的，应当签订承包合同，承包方取得土地经营权。当事人的权利和义务、承包期限等，由双方协商确定。以招标、拍卖方式承包的，承包费通过公开竞标、竞价确定；以公开协商等方式承包的，承包费由双方议定。

**第五十条** 荒山、荒沟、荒丘、荒滩等可以直接通过招标、拍卖、公开协商等方式实行承包经营，也可以将土地经营权折股分给本集体经济组织成员后，再实行承包经营或者股份合作经营。

承包荒山、荒沟、荒丘、荒滩的，应当遵守有关法律、行政法规的规定，防止水土流失，保护生态环境。

**第五十一条** 以其他方式承包农村土地，在同等条件下，本集体经济组织成员有权优先承包。

**第五十二条** 发包方将农村土地发包给本集体经济组织以外的单位或者个人承包，应当事先经本集体经济组织成员的村民会议三分之二以上成员或者三分之二以上村民代表的同意，并报乡（镇）人民政府批准。

由本集体经济组织以外的单位或者个人承包的，应当对承包方的资信情况和经营能力进行审查后，再签订承包合同。

**第五十三条** 通过招标、拍卖、公开协商等方式承包农村土地，经依法登记取得权属证书的，可以依法采取出租、入股、抵押或者其他方式流转土地经营权。

**第五十四条** 依照本章规定通过招标、拍卖、公开协商等方式取得土地经营权的，该承包人死亡，其应得的承包收益，依照继承法的规定继承；在承包期内，其继承人可以继续承包。

## 第四章 争议的解决和法律责任

**第五十五条** 因土地承包经营发生纠纷的，双方当事人可以通过协商解决，也可以请求村民委员会、乡（镇）人民政府等调解解决。

当事人不愿协商、调解或者协商、调解不成的，可以向农村土地承包仲裁机构申请仲裁，也可以直接向人民法院起诉。

**第五十六条**　任何组织和个人侵害土地承包经营权、土地经营权的，应当承担民事责任。

**第五十七条**　发包方有下列行为之一的，应当承担停止侵害、排除妨碍、消除危险、返还财产、恢复原状、赔偿损失等民事责任：

（一）干涉承包方依法享有的生产经营自主权；

（二）违反本法规定收回、调整承包地；

（三）强迫或者阻碍承包方进行土地承包经营权的互换、转让或者土地经营权流转；

（四）假借少数服从多数强迫承包方放弃或者变更土地承包经营权；

（五）以划分“口粮田”和“责任田”等为由收回承包地搞招标承包；

（六）将承包地收回抵顶欠款；

（七）剥夺、侵害妇女依法享有的土地承包经营权；

（八）其他侵害土地承包经营权的行为。

**第五十八条**　承包合同中违背承包方意愿或者违反法律、行政法规有关不得收回、调整承包地等强制性规定的约定无效。

**第五十九条**　当事人一方不履行合同义务或者履行义务不符合约定的，应当依法承担违约责任。

**第六十条**　任何组织和个人强迫进行土地承包经营权互换、转让或者土地经营权流转的，该互换、转让或者流转无效。

**第六十一条**　任何组织和个人擅自截留、扣缴土地承包经营权互换、转让或者土地经营权流转收益的，应当退还。

**第六十二条**　违反土地管理法规，非法征收、征用、占用土地或者贪污、挪用土地征收、征用补偿费用，构成犯罪的，依法追究刑事责任；造成他人损害的，应当承担损害赔偿等责任。

**第六十三条**　承包方、土地经营权人违法将承包地用于非农建设的，由县级以上地方人民政府有关主管部门依法予以处罚。

承包方给承包地造成永久性损害的，发包方有权制止，并有权要求赔偿由此造成的损失。

**第六十四条**　土地经营权人擅自改变土地的农业用途、弃耕抛荒连续两年以上、给土地造成严重损害或者严重破坏土地生态环境，承包方在合理期限内不解除土地经营权流转合同的，发包方有权要求终止土地经营权流转合同。土地经营权人对土地和土地生态环境造成的损害应当予以赔偿。

**第六十五条**　国家机关及其工作人员有利用职权干涉农村土地承包经营，变更、解除承包经营合同，干涉承包经营当事人依法享有的生产经营自主权，强迫、阻碍承包经营当事人进行土地承包经营权互换、转让或者土地经营权流转等侵害土地承包经营权、土地经营权的行为，给承包经营当事人造成损失的，应当承担损害赔偿等责任；情节严重的，由上级机关或者所在单位给予直接责任人员处分；构成犯罪的，依法追究刑事责任。

### 第五章 附 则

**第六十六条** 本法实施前已经按照国家有关农村土地承包的规定承包，包括承包期限长于本法规定的，本法实施后继续有效，不得重新承包土地。未向承包方颁发土地承包经营权证或者林权证等证书的，应当补发证书。

**第六十七条** 本法实施前已经预留机动地的，机动地面积不得超过本集体经济组织耕地总面积的百分之五。不足百分之五的，不得再增加机动地。

本法实施前未留机动地的，本法实施后不得再留机动地。

**第六十八条** 各省、自治区、直辖市人民代表大会常务委员会可以根据本法，结合本行政区域的实际情况，制定实施办法。

**第六十九条** 确认农村集体经济组织成员身份的原则、程序等，由法律、法规规定。

**第七十条** 本法自2003年3月1日起施行。

## 中华人民共和国<br>农村土地承包经营纠纷调解仲裁法

1. 2009年6月27日第十一届全国人民代表大会常务委员会第九次会议通过
2. 2009年6月27日中华人民共和国主席令第14号公布
3. 自2010年1月1日起施行

### 目 录



### 第一章 总 则

**第一条** 为了公正、及时解决农村土地承包经营纠纷，维护当事人的合法权益，促进农村经济发展和社会稳定，制定本法。

**第二条** 农村土地承包经营纠纷调解和仲裁，适用本法。

农村土地承包经营纠纷包括：

（一）因订立、履行、变更、解除和终止农村土地承包合同发生的纠纷；

（二）因农村土地承包经营权转包、出租、互换、转让、入股等流转发生的纠纷；

（三）因收回、调整承包地发生的纠纷；

（四）因确认农村土地承包经营权发生的纠纷；

（五）因侵害农村土地承包经营权发生的纠纷；

（六）法律、法规规定的其他农村土地承包经营纠纷。

因征收集体所有的土地及其补偿发生的纠纷，不属于农村土地承包仲裁委员会的受理范围，可以通过行政复议或者诉讼等方式解决。

**第三条**　发生农村土地承包经营纠纷的，当事人可以自行和解，也可以请求村民委员会、乡（镇）人民政府等调解。

**第四条**　当事人和解、调解不成或者不愿和解、调解的，可以向农村土地承包仲裁委员会申请仲裁，也可以直接向人民法院起诉。

**第五条**　农村土地承包经营纠纷调解和仲裁，应当公开、公平、公正，便民高效，根据事实，符合法律，尊重社会公德。

**第六条**　县级以上人民政府应当加强对农村土地承包经营纠纷调解和仲裁工作的指导。

县级以上人民政府农村土地承包管理部门及其他有关部门应当依照职责分工，支持有关调解组织和农村土地承包仲裁委员会依法开展工作。

## 第二章　调　　解

**第七条**　村民委员会、乡（镇）人民政府应当加强农村土地承包经营纠纷的调解工作，帮助当事人达成协议解决纠纷。

**第八条**　当事人申请农村土地承包经营纠纷调解可以书面申请，也可以口头申请。口头申请的，由村民委员会或者乡（镇）人民政府当场记录申请人的基本情况、申请调解的纠纷事项、理由和时间。

**第九条**　调解农村土地承包经营纠纷，村民委员会或者乡（镇）人民政府应当充分听取当事人对事实和理由的陈述，讲解有关法律以及国家政策，耐心疏导，帮助当事人达成协议。

**第十条**　经调解达成协议的，村民委员会或者乡（镇）人民政府应当制作调解协议书。

调解协议书由双方当事人签名、盖章或者按指印，经调解人员签名并加盖调解组织印章后生效。

**第十一条**　仲裁庭对农村土地承包经营纠纷应当进行调解。调解达成协议的，仲裁庭应当制作调解书；调解不成的，应当及时作出裁决。

调解书应当写明仲裁请求和当事人协议的结果。调解书由仲裁员签名，加盖农村土地承包仲裁委员会印章，送达双方当事人。

调解书经双方当事人签收后，即发生法律效力。在调解书签收前当事人反悔的，仲裁庭应当及时作出裁决。

## 第三章　仲　　裁

### 第一节　仲裁委员会和仲裁员

**第十二条**　农村土地承包仲裁委员会，根据解决农村土地承包经营纠纷的实际需要设立。农村土地承包仲裁委员会可以在县和不设区的市设立，也可以在设区的市或者其市辖区设立。

农村土地承包仲裁委员会在当地人民政府指导下设立。设立农村土地承包仲裁委员会的，其日常工作由当地农村土地承包管理部门承担。

**第十三条**　农村土地承包仲裁委员会由当地人民政府及其有关部门代表、有关人民团体代表、农村集体经济组织代表、农民代表和法律、经济等相关专业人员兼任组成，其中农民代表和法律、经济等相关专业人员不得少于组成人员的二分之一。

农村土地承包仲裁委员会设主任一人、副主任一至二人和委员若干人。主任、副主任由全体组成人员选举产生。

**第十四条**　农村土地承包仲裁委员会依法履行下列职责：

（一）聘任、解聘仲裁员；

（二）受理仲裁申请；

（三）监督仲裁活动。

农村土地承包仲裁委员会应当依照本法制定章程，对其组成人员的产生方式及任期、议事规则等作出规定。

**第十五条**　农村土地承包仲裁委员会应当从公道正派的人员中聘任仲裁员。

仲裁员应当符合下列条件之一：

（一）从事农村土地承包管理工作满五年；

（二）从事法律工作或者人民调解工作满五年；

（三）在当地威信较高，并熟悉农村土地承包法律以及国家政策的居民。

**第十六条**　农村土地承包仲裁委员会应当对仲裁员进行农村土地承包法律以及国家政策的培训。

省、自治区、直辖市人民政府农村土地承包管理部门应当制定仲裁员培训计划，加强对仲裁员培训工作的组织和指导。

**第十七条**　农村土地承包仲裁委员会组成人员、仲裁员应当依法履行职责，遵守农村土地承包仲裁委员会章程和仲裁规则，不得索贿受贿、徇私舞弊，不得侵害当事人的合法权益。

仲裁员有索贿受贿、徇私舞弊、枉法裁决以及接受当事人请客送礼等违法违纪行为的，农村土地承包仲裁委员会应当将其除名；构成犯罪的，依法追究刑事责任。

县级以上地方人民政府及有关部门应当受理对农村土地承包仲裁委员会组成人员、仲裁员违法违纪行为的投诉和举报，并依法组织查处。

### 第二节　申请和受理

**第十八条**　农村土地承包经营纠纷

申请仲裁的时效期间为二年,自当事人知道或者应当知道其权利被侵害之日起计算。

**第十九条** 农村土地承包经营纠纷仲裁的申请人、被申请人为当事人。家庭承包的,可以由农户代表人参加仲裁。当事人一方人数众多的,可以推选代表人参加仲裁。

与案件处理结果有利害关系的,可以申请作为第三人参加仲裁,或者由农村土地承包仲裁委员会通知其参加仲裁。

当事人、第三人可以委托代理人参加仲裁。

**第二十条** 申请农村土地承包经营纠纷仲裁应当符合下列条件:

(一)申请人与纠纷有直接的利害关系;

(二)有明确的被申请人;

(三)有具体的仲裁请求和事实、理由;

(四)属于农村土地承包仲裁委员会的受理范围。

**第二十一条** 当事人申请仲裁,应当向纠纷涉及的土地所在地的农村土地承包仲裁委员会递交仲裁申请书。仲裁申请书可以邮寄或者委托他人代交。仲裁申请书应当载明申请人和被申请人的基本情况,仲裁请求和所根据的事实、理由,并提供相应的证据和证据来源。

书面申请确有困难的,可以口头申请,由农村土地承包仲裁委员会记入笔录,经申请人核实后由其签名、盖章或者按指印。

**第二十二条** 农村土地承包仲裁委员会应当对仲裁申请予以审查,认为符合本法第二十条规定的,应当受理。有下列情形之一的,不予受理;已受理的,终止仲裁程序:

(一)不符合申请条件;

(二)人民法院已受理该纠纷;

(三)法律规定该纠纷应当由其他机构处理;

(四)对该纠纷已有生效的判决、裁定、仲裁裁决、行政处理决定等。

**第二十三条** 农村土地承包仲裁委员会决定受理的,应当自收到仲裁申请之日起五个工作日内,将受理通知书、仲裁规则和仲裁员名册送达申请人;决定不予受理或者终止仲裁程序的,应当自收到仲裁申请或者发现终止仲裁程序情形之日起五个工作日内书面通知申请人,并说明理由。

**第二十四条** 农村土地承包仲裁委员会应当自受理仲裁申请之日起五个工作日内,将受理通知书、仲裁申请书副本、仲裁规则和仲裁员名册送达被申请人。

**第二十五条** 被申请人应当自收到仲裁申请书副本之日起十日内向农村土地承包仲裁委员会提交答辩书;书面答辩确有困难的,可以口头答辩,由农村土地承包仲裁委员会记入笔录,经被申请人核实后由其签名、盖章或者按指印。农村土地承包仲裁委员会应当自收到答辩书之日起五个工作日内将答辩书副本送达申请人。被申请人未答辩的，不影响仲裁程序的进行。

**第二十六条** 一方当事人因另一方当事人的行为或者其他原因，可能使裁决不能执行或者难以执行的，可以申请财产保全。

当事人申请财产保全的，农村土地承包仲裁委员会应当将当事人的申请提交被申请人住所地或者财产所在地的基层人民法院。

申请有错误的，申请人应当赔偿被申请人因财产保全所遭受的损失。

### 第三节 仲裁庭的组成

**第二十七条** 仲裁庭由三名仲裁员组成，首席仲裁员由当事人共同选定，其他二名仲裁员由当事人各自选定；当事人不能选定的，由农村土地承包仲裁委员会主任指定。

事实清楚、权利义务关系明确、争议不大的农村土地承包经营纠纷，经双方当事人同意，可以由一名仲裁员仲裁。仲裁员由当事人共同选定或者由农村土地承包仲裁委员会主任指定。

农村土地承包仲裁委员会应当自仲裁庭组成之日起二个工作日内将仲裁庭组成情况通知当事人。

**第二十八条** 仲裁员有下列情形之一的，必须回避，当事人也有权以口头或者书面方式申请其回避：

（一）是本案当事人或者当事人、代理人的近亲属；

（二）与本案有利害关系；

（三）与本案当事人、代理人有其他关系，可能影响公正仲裁；

（四）私自会见当事人、代理人，或者接受当事人、代理人的请客送礼。

当事人提出回避申请，应当说明理由，在首次开庭前提出。回避事由在首次开庭后知道的，可以在最后一次开庭终结前提出。

**第二十九条** 农村土地承包仲裁委员会对回避申请应当及时作出决定，以口头或者书面方式通知当事人，并说明理由。

仲裁员是否回避，由农村土地承包仲裁委员会主任决定；农村土地承包仲裁委员会主任担任仲裁员时，由农村土地承包仲裁委员会集体决定。

仲裁员因回避或者其他原因不能履行职责的，应当依照本法规定重新选定或者指定仲裁员。

### 第四节 开庭和裁决

**第三十条** 农村土地承包经营纠纷仲裁应当开庭进行。

开庭可以在纠纷涉及的土地所在地的乡（镇）或者村进行，也可以在农村土地承包仲裁委员会所在地进行。当事人双方要求在乡（镇）或者村开庭的，应当在该乡（镇）或者村开庭。

开庭应当公开，但涉及国家秘密、商业秘密和个人隐私以及当事人约定不公开的除外。

**第三十一条** 仲裁庭应当在开庭五个工作日前将开庭的时间、地点通知当事人和其他仲裁参与人。

当事人有正当理由的,可以向仲裁庭请求变更开庭的时间、地点。是否变更,由仲裁庭决定。

**第三十二条** 当事人申请仲裁后,可以自行和解。达成和解协议的,可以请求仲裁庭根据和解协议作出裁决书,也可以撤回仲裁申请。

**第三十三条** 申请人可以放弃或者变更仲裁请求。被申请人可以承认或者反驳仲裁请求,有权提出反请求。

**第三十四条** 仲裁庭作出裁决前,申请人撤回仲裁申请的,除被申请人提出反请求的外,仲裁庭应当终止仲裁。

**第三十五条** 申请人经书面通知,无正当理由不到庭或者未经仲裁庭许可中途退庭的,可以视为撤回仲裁申请。

被申请人经书面通知,无正当理由不到庭或者未经仲裁庭许可中途退庭的,可以缺席裁决。

**第三十六条** 当事人在开庭过程中有权发表意见、陈述事实和理由、提供证据、进行质证和辩论。对不通晓当地通用语言文字的当事人,农村土地承包仲裁委员会应当为其提供翻译。

**第三十七条** 当事人应当对自己的主张提供证据。与纠纷有关的证据由作为当事人一方的发包方等掌握管理的,该当事人应当在仲裁庭指定的期限内提供,逾期不提供的,应当承担不利后果。

**第三十八条** 仲裁庭认为有必要收集的证据,可以自行收集。

**第三十九条** 仲裁庭对专门性问题认为需要鉴定的,可以交由当事人约定的鉴定机构鉴定;当事人没有约定的,由仲裁庭指定的鉴定机构鉴定。

根据当事人的请求或者仲裁庭的要求,鉴定机构应当派鉴定人参加开庭。当事人经仲裁庭许可,可以向鉴定人提问。

**第四十条** 证据应当在开庭时出示,但涉及国家秘密、商业秘密和个人隐私的证据不得在公开开庭时出示。

仲裁庭应当依照仲裁规则的规定开庭,给予双方当事人平等陈述、辩论的机会,并组织当事人进行质证。

经仲裁庭查证属实的证据,应当作为认定事实的根据。

**第四十一条** 在证据可能灭失或者以后难以取得的情况下,当事人可以申请证据保全。当事人申请证据保全的,农村土地承包仲裁委员会应当将当事人的申请提交证据所在地的基层人民法院。

**第四十二条** 对权利义务关系明确的纠纷,经当事人申请,仲裁庭可以先行裁定维持现状、恢复农业生产以及停止取土、占地等行为。

一方当事人不履行先行裁定的,另一方当事人可以向人民法院申请执行,但应当提供相应的担保。

**第四十三条** 仲裁庭应当将开庭情况记入笔录,由仲裁员、记录人员、当事人和其他仲裁参与人签名、盖章或者按指印。

当事人和其他仲裁参与人认为对自己陈述的记录有遗漏或者差错的,有权申请补正。如果不予补正，应当记录该申请。

**第四十四条** 仲裁庭应当根据认定的事实和法律以及国家政策作出裁决并制作裁决书。

裁决应当按照多数仲裁员的意见作出，少数仲裁员的不同意见可以记入笔录。仲裁庭不能形成多数意见时，裁决应当按照首席仲裁员的意见作出。

**第四十五条** 裁决书应当写明仲裁请求、争议事实、裁决理由、裁决结果、裁决日期以及当事人不服仲裁裁决的起诉权利、期限，由仲裁员签名，加盖农村土地承包仲裁委员会印章。

农村土地承包仲裁委员会应当在裁决作出之日起三个工作日内将裁决书送达当事人，并告知当事人不服仲裁裁决的起诉权利、期限。

**第四十六条** 仲裁庭依法独立履行职责，不受行政机关、社会团体和个人的干涉。

**第四十七条** 仲裁农村土地承包经营纠纷，应当自受理仲裁申请之日起六十日内结束；案情复杂需要延长的，经农村土地承包仲裁委员会主任批准可以延长，并书面通知当事人，但延长期限不得超过三十日。

**第四十八条** 当事人不服仲裁裁决的，可以自收到裁决书之日起三十日内向人民法院起诉。逾期不起诉的，裁决书即发生法律效力。

**第四十九条** 当事人对发生法律效力的调解书、裁决书，应当依照规定的期限履行。一方当事人逾期不履行的，另一方当事人可以向被申请人住所地或者财产所在地的基层人民法院申请执行。受理申请的人民法院应当依法执行。

## 第四章 附 则

**第五十条** 本法所称农村土地，是指农民集体所有和国家所有依法由农民集体使用的耕地、林地、草地，以及其他依法用于农业的土地。

**第五十一条** 农村土地承包经营纠纷仲裁规则和农村土地承包仲裁委员会示范章程，由国务院农业、林业行政主管部门依照本法规定共同制定。

**第五十二条** 农村土地承包经营纠纷仲裁不得向当事人收取费用，仲裁工作经费纳入财政预算予以保障。

**第五十三条** 本法自2010年1月1日起施行。

# 农村土地承包经营纠纷仲裁规则

1. 2009年12月29日农业部、国家林业局令〔2010〕第1号公布
2. 自2010年1月1日起施行

## 第一章 总 则

**第一条** 为规范农村土地承包经营纠纷仲裁活动，根据《中华人民共和国农村土地承包经营纠纷调解仲裁法》，

制定本规则。

**第二条** 农村土地承包经营纠纷仲裁适用本规则。

**第三条** 下列农村土地承包经营纠纷，当事人可以向农村土地承包仲裁委员会(以下简称仲裁委员会)申请仲裁：

(一)因订立、履行、变更、解除和终止农村土地承包合同发生的纠纷；

(二)因农村土地承包经营权转包、出租、互换、转让、入股等流转发生的纠纷；

(三)因收回、调整承包地发生的纠纷；

(四)因确认农村土地承包经营权发生的纠纷；

(五)因侵害农村土地承包经营权发生的纠纷；

(六)法律、法规规定的其他农村土地承包经营纠纷。

因征收集体所有的土地及其补偿发生的纠纷，不属于仲裁委员会的受理范围，可以通过行政复议或者诉讼等方式解决。

**第四条** 仲裁委员会依法设立，其日常工作由当地农村土地承包管理部门承担。

**第五条** 农村土地承包经营纠纷仲裁，应当公开、公平、公正，便民高效，注重调解，尊重事实，符合法律，遵守社会公德。

## 第二章 申请和受理

**第六条** 农村土地承包经营纠纷仲裁的申请人、被申请人为仲裁当事人。

**第七条** 家庭承包的，可以由农户代表人参加仲裁。农户代表人由农户成员共同推选；不能共同推选的，按下列方式确定：

(一)土地承包经营权证或者林权证等证书上记载的人；

(二)未取得土地承包经营权证或者林权证等证书的，为在承包合同上签字的人。

**第八条** 当事人一方为五户(人)以上的，可以推选三至五名代表人参加仲裁。

**第九条** 与案件处理结果有利害关系的，可以申请作为第三人参加仲裁，或者由仲裁委员会通知其参加仲裁。

**第十条** 当事人、第三人可以委托代理人参加仲裁。

当事人或者第三人为无民事行为能力人或者限制民事行为能力人的，由其法定代理人参加仲裁。

**第十一条** 当事人申请农村土地承包经营纠纷仲裁的时效期间为二年，自当事人知道或者应当知道其权利被侵害之日起计算。

仲裁时效因申请调解、申请仲裁、当事人一方提出要求或者同意履行义务而中断。从中断时起，仲裁时效重新计算。

在仲裁时效期间的最后六个月内，因不可抗力或者其他事由，当事人不能申请仲裁的，仲裁时效中止。从中止时效的原因消除之日起，仲裁时效期间继续计算。

侵害农村土地承包经营权行为持续

发生的,仲裁时效从侵权行为终了时计算。

**第十二条** 申请农村土地承包经营纠纷仲裁,应当符合下列条件:

(一)申请人与纠纷有直接的利害关系;

(二)有明确的被申请人;

(三)有具体的仲裁请求和事实、理由;

(四)属于仲裁委员会的受理范围。

**第十三条** 当事人申请仲裁,应当向纠纷涉及土地所在地的仲裁委员会递交仲裁申请书。申请书可以邮寄或者委托他人代交。

书面申请有困难的,可以口头申请,由仲裁委员会记入笔录,经申请人核实后由其签名、盖章或者按指印。

仲裁委员会收到仲裁申请材料,应当出具回执。回执应当载明接收材料的名称和份数、接收日期等,并加盖仲裁委员会印章。

**第十四条** 仲裁申请书应当载明下列内容:

(一)申请人和被申请人的姓名、年龄、住所、邮政编码、电话或者其他通讯方式;法人或者其他组织应当写明名称、地址和法定代表人或者主要负责人的姓名、职务、通讯方式;

(二)申请人的仲裁请求;

(三)仲裁请求所依据的事实和理由;

(四)证据和证据来源、证人姓名和联系方式。

**第十五条** 仲裁委员会应当对仲裁申请进行审查,符合申请条件的,应当受理。

有下列情形之一的,不予受理;已受理的,终止仲裁程序:

(一)不符合申请条件;

(二)人民法院已受理该纠纷;

(三)法律规定该纠纷应当由其他机构受理;

(四)对该纠纷已有生效的判决、裁定、仲裁裁决、行政处理决定等。

**第十六条** 仲裁委员会决定受理仲裁申请的,应当自收到仲裁申请之日起五个工作日内,将受理通知书、仲裁规则、仲裁员名册送达申请人,将受理通知书、仲裁申请书副本、仲裁规则、仲裁员名册送达被申请人。

决定不予受理或者终止仲裁程序的,应当自收到仲裁申请或者发现终止仲裁程序情形之日起五个工作日内书面通知申请人,并说明理由。

需要通知第三人参加仲裁的,仲裁委员会应当通知第三人,并告知其权利义务。

**第十七条** 被申请人应当自收到仲裁申请书副本之日起十日内向仲裁委员会提交答辩书。

仲裁委员会应当自收到答辩书之日起五个工作日内将答辩书副本送达申请人。

被申请人未答辩的,不影响仲裁程序的进行。

**第十八条** 答辩书应当载明下列内容:

（一）答辩人姓名、年龄、住所、邮政编码、电话或者其他通讯方式；法人或者其他组织应当写明名称、地址和法定代表人或者主要负责人的姓名、职务、通讯方式；

（二）对申请人仲裁申请的答辩及所依据的事实和理由；

（三）证据和证据来源，证人姓名和联系方式。

书面答辩确有困难的，可以口头答辩，由仲裁委员会记入笔录，经被申请人核实后由其签名、盖章或者按指印。

**第十九条**　当事人提交仲裁申请书、答辩书、有关证据材料及其他书面文件，应当一式三份。

**第二十条**　因一方当事人的行为或者其他原因可能使裁决不能执行或者难以执行，另一方当事人申请财产保全的，仲裁委员会应当将当事人的申请提交被申请人住所地或者财产所在地的基层人民法院，并告知申请人因申请错误造成被申请人财产损失的，应当承担相应的赔偿责任。

## 第三章　仲　裁　庭

**第二十一条**　仲裁庭由三名仲裁员组成。

事实清楚、权利义务关系明确、争议不大的农村土地承包经营纠纷，经双方当事人同意，可以由一名仲裁员仲裁。

**第二十二条**　双方当事人自收到受理通知书之日起五个工作日内，从仲裁员名册中选定仲裁员。首席仲裁员由双方当事人共同选定，其他二名仲裁员由双方当事人各自选定；当事人不能选定的，由仲裁委员会主任指定。

独任仲裁员由双方当事人共同选定；当事人不能选定的，由仲裁委员会主任指定。

仲裁委员会应当自仲裁庭组成之日起二个工作日内将仲裁庭组成情况通知当事人。

**第二十三条**　仲裁庭组成后，首席仲裁员应当召集其他仲裁员审阅案件材料，了解纠纷的事实和情节，研究双方当事人的请求和理由，查核证据，整理争议焦点。

仲裁庭认为确有必要的，可以要求当事人在一定期限内补充证据，也可以自行调查取证。自行调查取证的，调查人员不得少于二人。

**第二十四条**　仲裁员有下列情形之一的，应当回避：

（一）是本案当事人或者当事人、代理人的近亲属；

（二）与本案有利害关系；

（三）与本案当事人、代理人有其他关系，可能影响公正仲裁；

（四）私自会见当事人、代理人，或者接受当事人、代理人请客送礼。

**第二十五条**　仲裁员有回避情形的，应当以口头或者书面方式及时向仲裁委员会提出。

当事人认为仲裁员有回避情形的，有权以口头或者书面方式向仲裁委员会申请其回避。

当事人提出回避申请，应当在首次开庭前提出，并说明理由；在首次开庭后知道回避事由的,可以在最后一次开庭终结前提出。

**第二十六条** 仲裁委员会应当自收到回避申请或者发现仲裁员有回避情形之日起二个工作日内作出决定,以口头或者书面方式通知当事人,并说明理由。

仲裁员是否回避,由仲裁委员会主任决定;仲裁委员会主任担任仲裁员时,由仲裁委员会集体决定主任的回避。

**第二十七条** 仲裁员有下列情形之一的,应当按照本规则第二十二条规定重新选定或者指定仲裁员:

(一)被决定回避的;

(二)在法律上或者事实上不能履行职责的;

(三)因被除名或者解聘丧失仲裁员资格的;

(四)因个人原因退出或者不能从事仲裁工作的;

(五)因徇私舞弊、失职渎职被仲裁委员会决定更换的。

重新选定或者指定仲裁员后,仲裁程序继续进行。当事人请求仲裁程序重新进行的,由仲裁庭决定。

**第二十八条** 仲裁庭应当向当事人提供必要的法律政策解释,帮助当事人自行和解。

达成和解协议的,当事人可以请求仲裁庭根据和解协议制作裁决书;当事人要求撤回仲裁申请的,仲裁庭应当终止仲裁程序。

**第二十九条** 仲裁庭应当在双方当事人自愿的基础上进行调解。调解达成协议的,仲裁庭应当制作调解书。

调解书应当载明双方当事人基本情况、纠纷事由、仲裁请求和协议结果,由仲裁员签名,并加盖仲裁委员会印章,送达双方当事人。

调解书经双方当事人签收即发生法律效力。

**第三十条** 调解不成或者当事人在调解书签收前反悔的,仲裁庭应当及时作出裁决。

当事人在调解过程中的陈述、意见、观点或者建议,仲裁庭不得作为裁决的证据或依据。

**第三十一条** 仲裁庭作出裁决前,申请人放弃仲裁请求并撤回仲裁申请,且被申请人没有就申请人的仲裁请求提出反请求的,仲裁庭应当终止仲裁程序。

申请人经书面通知,无正当理由不到庭或者未经仲裁庭许可中途退庭的,可以视为撤回仲裁申请。

**第三十二条** 被申请人就申请人的仲裁请求提出反请求的,应当说明反请求事项及其所依据的事实和理由,并附具有关证明材料。

被申请人在仲裁庭组成前提出反请求的,由仲裁委员会决定是否受理;在仲裁庭组成后提出反请求的,由仲裁庭决定是否受理。

仲裁委员会或者仲裁庭决定受理反请求的,应当自收到反请求之日起五个工作日内将反请求申请书副本送达申请人。申请人应当在收到反请求申请书副本后十个工作日内提交反请求答辩书,不答辩的不影响仲裁程序的进行。仲裁庭应当将被申请人的反请求与申请人的请求合并审理。

仲裁委员会或者仲裁庭决定不予受理反请求的,应当书面通知被申请人,并说明理由。

**第三十三条** 仲裁庭组成前申请人变更仲裁请求或者被申请人变更反请求的,由仲裁委员会作出是否准许的决定;仲裁庭组成后变更请求或者反请求的,由仲裁庭作出是否准许的决定。

## 第四章 开 庭

**第三十四条** 农村土地承包经营纠纷仲裁应当开庭进行。开庭应当公开,但涉及国家秘密、商业秘密和个人隐私以及当事人约定不公开的除外。

开庭可以在纠纷涉及的土地所在地的乡(镇)或者村进行,也可以在仲裁委员会所在地进行。当事人双方要求在乡(镇)或者村开庭的,应当在该乡(镇)或者村开庭。

**第三十五条** 仲裁庭应当在开庭五个工作日前将开庭时间、地点通知当事人、第三人和其他仲裁参与人。

当事人请求变更开庭时间和地点的,应当在开庭三个工作日前向仲裁庭提出,并说明理由。仲裁庭决定变更的,通知双方当事人、第三人和其他仲裁参与人;决定不变更的,通知提出变更请求的当事人。

**第三十六条** 公开开庭的,应当将开庭时间、地点等信息予以公告。

申请旁听的公民,经仲裁庭审查后可以旁听。

**第三十七条** 被申请人经书面通知,无正当理由不到庭或者未经仲裁庭许可中途退庭的,仲裁庭可以缺席裁决。

被申请人提出反请求,申请人经书面通知,无正当理由不到庭或者未经仲裁庭许可中途退庭的,仲裁庭可以就反请求缺席裁决。

**第三十八条** 开庭前,仲裁庭应当查明当事人、第三人、代理人和其他仲裁参与人是否到庭,并逐一核对身份。

开庭由首席仲裁员或者独任仲裁员宣布。首席仲裁员或者独任仲裁员应当宣布案由,宣读仲裁庭组成人员名单、仲裁庭纪律、当事人权利和义务,询问当事人是否申请仲裁员回避。

**第三十九条** 仲裁庭应当保障双方当事人平等陈述的机会,组织当事人、第三人、代理人陈述事实、意见、理由。

**第四十条** 当事人、第三人应当提供证据,对其主张加以证明。

与纠纷有关的证据由作为当事人一方的发包方等掌握管理的,该当事人应当在仲裁庭指定的期限内提供,逾期不提供的,应当承担不利后果。

**第四十一条** 仲裁庭自行调查收集的证据,应当在开庭时向双方当事人出示。

**第四十二条** 仲裁庭对专门性问题认为需要鉴定的,可以交由当事人约定的鉴定机构鉴定;当事人没有约定的,由仲裁庭指定的鉴定机构鉴定。

**第四十三条** 当事人申请证据保

全,应当向仲裁委员会书面提出。仲裁委员会应当自收到申请之日起二个工作日内,将申请提交证据所在地的基层人民法院。

**第四十四条** 当事人、第三人申请证人出庭作证的,仲裁庭应当准许,并告知证人的权利义务。

证人不得旁听案件审理。

**第四十五条** 证据应当在开庭时出示,但涉及国家秘密、商业秘密和个人隐私的证据不得在公开开庭时出示。

仲裁庭应当组织当事人、第三人交换证据,相互质证。

经仲裁庭许可,当事人、第三人可以向证人询问,证人应当据实回答。

根据当事人的请求或者仲裁庭的要求,鉴定机构应当派鉴定人参加开庭。经仲裁庭许可,当事人可以向鉴定人提问。

**第四十六条** 仲裁庭应当保障双方当事人平等行使辩论权,并对争议焦点组织辩论。

辩论终结时,首席仲裁员或者独任仲裁员应当征询双方当事人、第三人的最后意见。

**第四十七条** 对权利义务关系明确的纠纷,当事人可以向仲裁庭书面提出先行裁定申请,请求维持现状、恢复农业生产以及停止取土、占地等破坏性行为。仲裁庭应当自收到先行裁定申请之日起二个工作日内作出决定。

仲裁庭作出先行裁定的,应当制作先行裁定书,并告知先行裁定申请人可以向人民法院申请执行,但应当提供相应的担保。

先行裁定书应当载明先行裁定申请的内容、依据事实和理由、裁定结果和日期,由仲裁员签名,加盖仲裁委员会印章。

**第四十八条** 仲裁庭应当将开庭情况记入笔录。笔录由仲裁员、记录人员、当事人、第三人和其他仲裁参与人签名、盖章或者按指印。

当事人、第三人和其他仲裁参与人认为对自己的陈述记录有遗漏或者差错的,有权申请补正。仲裁庭不予补正的,应当向申请人说明情况,并记录该申请。

**第四十九条** 发生下列情形之一的,仲裁程序中止:

(一)一方当事人死亡,需要等待继承人表明是否参加仲裁的;

(二)一方当事人丧失行为能力,尚未确定法定代理人的;

(三)作为一方当事人的法人或者其他组织终止,尚未确定权利义务承受人的;

(四)一方当事人因不可抗拒的事由,不能参加仲裁的;

(五)本案必须以另一案的审理结果为依据,而另一案尚未审结的;

(六)其他应当中止仲裁程序的情形。

在仲裁庭组成前发生仲裁中止事由的,由仲裁委员会决定是否中止仲裁;仲裁庭组成后发生仲裁中止事由的,由仲裁庭决定是否中止仲裁。决定仲裁程序中止的,应当书面通知当事人。

仲裁程序中止的原因消除后,仲裁

委员会或者仲裁庭应当在三个工作日内作出恢复仲裁程序的决定,并通知当事人和第三人。

**第五十条**　发生下列情形之一的,仲裁程序终结:

(一)申请人死亡或者终止,没有继承人及权利义务承受人,或者继承人、权利义务承受人放弃权利的;

(二)被申请人死亡或者终止,没有可供执行的财产,也没有应当承担义务的人的;

(三)其他应当终结仲裁程序的。

终结仲裁程序的,仲裁委员会应当自发现终结仲裁程序情形之日起五个工作日内书面通知当事人、第三人,并说明理由。

## 第五章　裁决和送达

**第五十一条**　仲裁庭应当根据认定的事实和法律以及国家政策作出裁决,并制作裁决书。

首席仲裁员组织仲裁庭对案件进行评议,裁决依多数仲裁员意见作出。少数仲裁员的不同意见可以记入笔录。

仲裁庭不能形成多数意见时,应当按照首席仲裁员的意见作出裁决。

**第五十二条**　裁决书应当写明仲裁请求、争议事实、裁决理由和依据、裁决结果、裁决日期,以及当事人不服仲裁裁决的起诉权利和期限。

裁决书由仲裁员签名,加盖仲裁委员会印章。

**第五十三条**　对裁决书中的文字、计算错误,或者裁决书中有遗漏的事项,仲裁庭应当及时补正。补正构成裁决书的一部分。

**第五十四条**　仲裁庭应当自受理仲裁申请之日起六十日内作出仲裁裁决。受理日期以受理通知书上记载的日期为准。

案情复杂需要延长的,经仲裁委员会主任批准可以延长,但延长期限不得超过三十日。

延长期限的,应当自作出延期决定之日起三个工作日内书面通知当事人、第三人。

期限不包括仲裁程序中止、鉴定、当事人在庭外自行和解、补充申请材料和补正裁决的时间。

**第五十五条**　仲裁委员会应当在裁决作出之日起三个工作日内将裁决书送达当事人、第三人。

直接送达的,应当告知当事人、第三人下列事项:

(一)不服仲裁裁决的,可以在收到裁决书之日起三十日内向人民法院起诉,逾期不起诉的,裁决书即发生法律效力;

(二)一方当事人不履行生效的裁决书所确定义务的,另一方当事人可以向被申请人住所地或者财产所在地的基层人民法院申请执行。

**第五十六条**　仲裁文书应当直接送达当事人或者其代理人。受送达人是自然人,但本人不在场的,由其同住成年家属签收;受送达人是法人或者其他组织的,应当由法人的法定代表人、其他组织的主要负责人或者该法人、组织负责收件的人签收。

仲裁文书送达后,由受送达人在送达回证上签名、盖章或者按指印,受送达人在送达回证上的签收日期为送达日期。

受送达人或者其同住成年家属拒绝接收仲裁文书的,可以留置送达。送达人应当邀请有关基层组织或者受送达人所在单位的代表到场,说明情况,在送达回证上记明拒收理由和日期,由送达人、见证人签名、盖章或者按指印,将仲裁文书留在受送达人的住所,即视为已经送达。

直接送达有困难的,可以邮寄送达。邮寄送达的,以当事人签收日期为送达日期。

当事人下落不明,或者以前款规定的送达方式无法送达的,可以公告送达,自发出公告之日起,经过六十日,即视为已经送达。

## 第六章 附　　则

**第五十七条** 独任仲裁可以适用简易程序。简易程序的仲裁规则由仲裁委员会依照本规则制定。

**第五十八条** 期间包括法定期间和仲裁庭指定的期间。

期间以日、月、年计算,期间开始日不计算在期间内。

期间最后一日是法定节假日的,以法定节假日后的第一个工作日为期间的最后一日。

**第五十九条** 对不通晓当地通用语言文字的当事人、第三人,仲裁委员会应当为其提供翻译。

**第六十条** 仲裁文书格式由农业部、国家林业局共同制定。

**第六十一条** 农村土地承包经营纠纷仲裁不得向当事人收取费用,仲裁工作经费依法纳入财政预算予以保障。

当事人委托代理人、申请鉴定等发生的费用由当事人负担。

**第六十二条** 本规则自2010年1月1日起施行。

# 最高人民法院关于审理涉及农村土地承包纠纷案件适用法律问题的解释

1. 2005年3月29日最高人民法院审判委员会第1346次会议通过、2005年7月29日公布、自2005年9月1日起施行(法释〔2005〕6号)
2. 根据2020年12月23日最高人民法院审判委员会第1823次会议通过、2020年12月29日公布、自2021年1月1日起施行的《最高人民法院关于修改〈最高人民法院关于在民事审判工作中适用《中华人民共和国工会法》若干问题的解释〉等二十七件民事类司法解释的决定》(法释〔2020〕17号)修正

为正确审理农村土地承包纠纷案

件，依法保护当事人的合法权益，根据《中华人民共和国民法典》《中华人民共和国农村土地承包法》《中华人民共和国土地管理法》《中华人民共和国民事诉讼法》等法律的规定，结合民事审判实践，制定本解释。

## 一、受理与诉讼主体

**第一条**　下列涉及农村土地承包民事纠纷，人民法院应当依法受理：

（一）承包合同纠纷；

（二）承包经营权侵权纠纷；

（三）土地经营权侵权纠纷；

（四）承包经营权互换、转让纠纷；

（五）土地经营权流转纠纷；

（六）承包地征收补偿费用分配纠纷；

（七）承包经营权继承纠纷；

（八）土地经营权继承纠纷。

农村集体经济组织成员因未实际取得土地承包经营权提起民事诉讼的，人民法院应当告知其向有关行政主管部门申请解决。

农村集体经济组织成员就用于分配的土地补偿费数额提起民事诉讼的，人民法院不予受理。

**第二条**　当事人自愿达成书面仲裁协议的，受诉人民法院应当参照《最高人民法院关于适用〈中华人民共和国民事诉讼法〉的解释》第二百一十五条、第二百一十六条的规定处理。

当事人未达成书面仲裁协议，一方当事人向农村土地承包仲裁机构申请仲裁，另一方当事人提起诉讼的，人民法院应予受理，并书面通知仲裁机构。但另一方当事人接受仲裁管辖后又起诉的，人民法院不予受理。

当事人对仲裁裁决不服并在收到裁决书之日起三十日内提起诉讼的，人民法院应予受理。

**第三条**　承包合同纠纷，以发包方和承包方为当事人。

前款所称承包方是指以家庭承包方式承包本集体经济组织农村土地的农户，以及以其他方式承包农村土地的组织或者个人。

**第四条**　农户成员为多人的，由其代表人进行诉讼。

农户代表人按照下列情形确定：

（一）土地承包经营权证等证书上记载的人；

（二）未依法登记取得土地承包经营权证等证书的，为在承包合同上签名的人；

（三）前两项规定的人死亡、丧失民事行为能力或者因其他原因无法进行诉讼的，为农户成员推选的人。

## 二、家庭承包纠纷案件的处理

**第五条**　承包合同中有关收回、调整承包地的约定违反农村土地承包法第二十七条、第二十八条、第三十一条规定的，应当认定该约定无效。

**第六条**　因发包方违法收回、调整承包地，或者因发包方收回承包方弃耕、撂荒的承包地产生的纠纷，按照下列情形，分别处理：

（一）发包方未将承包地另行发包，

承包方请求返还承包地的,应予支持;

(二)发包方已将承包地另行发包给第三人,承包方以发包方和第三人为共同被告,请求确认其所签订的承包合同无效、返还承包地并赔偿损失的,应予支持。但属于承包方弃耕、撂荒情形的,对其赔偿损失的诉讼请求,不予支持。

前款第(二)项所称的第三人,请求受益方补偿其在承包地上的合理投入的,应予支持。

**第七条** 承包合同约定或者土地承包经营权证等证书记载的承包期限短于农村土地承包法规定的期限,承包方请求延长的,应予支持。

**第八条** 承包方违反农村土地承包法第十八条规定,未经依法批准将承包地用于非农建设或者对承包地造成永久性损害,发包方请求承包方停止侵害、恢复原状或者赔偿损失的,应予支持。

**第九条** 发包方根据农村土地承包法第二十七条规定收回承包地前,承包方已经以出租、入股或者其他形式将其土地经营权流转给第三人,且流转期限尚未届满,因流转价款收取产生的纠纷,按照下列情形,分别处理:

(一)承包方已经一次性收取了流转价款,发包方请求承包方返还剩余流转期限的流转价款的,应予支持;

(二)流转价款为分期支付,发包方请求第三人按照流转合同的约定支付流转价款的,应予支持。

**第十条** 承包方交回承包地不符合农村土地承包法第三十条规定程序的,不得认定其为自愿交回。

**第十一条** 土地经营权流转中,本集体经济组织成员在流转价款、流转期限等主要内容相同的条件下主张优先权的,应予支持。但下列情形除外:

(一)在书面公示的合理期限内未提出优先权主张的;

(二)未经书面公示,在本集体经济组织以外的人开始使用承包地两个月内未提出优先权主张的。

**第十二条** 发包方胁迫承包方将土地经营权流转给第三人,承包方请求撤销其与第三人签订的流转合同的,应予支持。

发包方阻碍承包方依法流转土地经营权,承包方请求排除妨碍、赔偿损失的,应予支持。

**第十三条** 承包方未经发包方同意,转让其土地承包经营权的,转让合同无效。但发包方无法定理由不同意或者拖延表态的除外。

**第十四条** 承包方依法采取出租、入股或者其他方式流转土地经营权,发包方仅以该土地经营权流转合同未报其备案为由,请求确认合同无效的,不予支持。

**第十五条** 因承包方不收取流转价款或者向对方支付费用的约定产生纠纷,当事人协商变更无法达成一致,且继续履行又显失公平的,人民法院可以根据发生变更的客观情况,按照公平原则处理。

**第十六条** 当事人对出租地流转期限没有约定或者约定不明的,参照民法典第七百三十条规定处理。除当事人另有约定或者属于林地承包经营外，承包地交回的时间应当在农作物收获期结束后或者下一耕种期开始前。

对提高土地生产能力的投入，对方当事人请求承包方给予相应补偿的，应予支持。

**第十七条** 发包方或者其他组织、个人擅自截留、扣缴承包收益或者土地经营权流转收益，承包方请求返还的，应予支持。

发包方或者其他组织、个人主张抵销的，不予支持。

## 三、其他方式承包纠纷的处理

**第十八条** 本集体经济组织成员在承包费、承包期限等主要内容相同的条件下主张优先承包的，应予支持。但在发包方将农村土地发包给本集体经济组织以外的组织或者个人，已经法律规定的民主议定程序通过，并由乡(镇)人民政府批准后主张优先承包的，不予支持。

**第十九条** 发包方就同一土地签订两个以上承包合同，承包方均主张取得土地经营权的，按照下列情形，分别处理：

(一)已经依法登记的承包方，取得土地经营权；

(二)均未依法登记的，生效在先合同的承包方取得土地经营权；

(三)依前两项规定无法确定的，已经根据承包合同合法占有使用承包地的人取得土地经营权，但争议发生后一方强行先占承包地的行为和事实，不得作为确定土地经营权的依据。

## 四、土地征收补偿费用分配及土地承包经营权继承纠纷的处理

**第二十条** 承包地被依法征收，承包方请求发包方给付已经收到的地上附着物和青苗的补偿费的，应予支持。

承包方已将土地经营权以出租、入股或者其他方式流转给第三人的，除当事人另有约定外，青苗补偿费归实际投入人所有，地上附着物补偿费归附着物所有人所有。

**第二十一条** 承包地被依法征收，放弃统一安置的家庭承包方，请求发包方给付已经收到的安置补助费的，应予支持。

**第二十二条** 农村集体经济组织或者村民委员会、村民小组，可以依照法律规定的民主议定程序，决定在本集体经济组织内部分配已经收到的土地补偿费。征地补偿安置方案确定时已经具有本集体经济组织成员资格的人，请求支付相应份额的，应予支持。但已报全国人大常委会、国务院备案的地方性法规、自治条例和单行条例、地方政府规章对土地补偿费在农村集体经济组织内部的分配办法另有规定的除外。

**第二十三条** 林地家庭承包中，承包方的继承人请求在承包期内继续承包的，应予支持。

其他方式承包中，承包方的继承人或者权利义务承受者请求在承包期内继续承包的，应予支持。

## 五、其 他 规 定

**第二十四条** 人民法院在审理涉及

本解释第五条、第六条第一款第(二)项及第二款、第十五条的纠纷案件时,应当着重进行调解。必要时可以委托人民调解组织进行调解。

**第二十五条** 本解释自2005年9月1日起施行。施行后受理的第一审案件,适用本解释的规定。

施行前已经生效的司法解释与本解释不一致的,以本解释为准。

## 最高人民法院关于审理涉及农村土地承包经营纠纷调解仲裁案件适用法律若干问题的解释

1. 2013年12月27日最高人民法院审判委员会第1601次会议通过、2014年1月9日公布、自2014年1月24日起施行(法释〔2014〕1号)
2. 根据2020年12月23日最高人民法院审判委员会第1823次会议通过、2020年12月29日公布、自2021年1月1日起施行的《最高人民法院关于修改〈最高人民法院关于在民事审判工作中适用《中华人民共和国工会法》若干问题的解释〉等二十七件民事类司法解释的决定》(法释〔2020〕17号)修正

为正确审理涉及农村土地承包经营纠纷调解仲裁案件,根据《中华人民共和国农村土地承包法》《中华人民共和国农村土地承包经营纠纷调解仲裁法》《中华人民共和国民事诉讼法》等法律的规定,结合民事审判实践,就审理涉及农村土地承包经营纠纷调解仲裁案件适用法律的若干问题,制定本解释。

**第一条** 农村土地承包仲裁委员会根据农村土地承包经营纠纷调解仲裁法第十八条规定,以超过申请仲裁的时效期间为由驳回申请后,当事人就同一纠纷提起诉讼的,人民法院应予受理。

**第二条** 当事人在收到农村土地承包仲裁委员会作出的裁决书之日起三十日后或者签收农村土地承包仲裁委员会作出的调解书后,就同一纠纷向人民法院提起诉讼的,裁定不予受理;已经受理的,裁定驳回起诉。

**第三条** 当事人在收到农村土地承包仲裁委员会作出的裁决书之日起三十日内,向人民法院提起诉讼,请求撤销仲裁裁决的,人民法院应当告知当事人就原纠纷提起诉讼。

**第四条** 农村土地承包仲裁委员会依法向人民法院提交当事人财产保全申请的,申请财产保全的当事人为申请人。

农村土地承包仲裁委员会应当提交下列材料:

(一)财产保全申请书;

(二)农村土地承包仲裁委员会发出的受理案件通知书;

(三)申请人的身份证明;

(四)申请保全财产的具体情况。

人民法院采取保全措施,可以责令申请人提供担保,申请人不提供担保的,

裁定驳回申请。

**第五条**　人民法院对农村土地承包仲裁委员会提交的财产保全申请材料，应当进行审查。符合前条规定的，应予受理；申请材料不齐全或不符合规定的，人民法院应当告知农村土地承包仲裁委员会需要补齐的内容。

人民法院决定受理的，应当于三日内向当事人送达受理通知书并告知农村土地承包仲裁委员会。

**第六条**　人民法院受理财产保全申请后，应当在十日内作出裁定。因特殊情况需要延长的，经本院院长批准，可以延长五日。

人民法院接受申请后，对情况紧急的，必须在四十八小时内作出裁定；裁定采取保全措施的，应当立即开始执行。

**第七条**　农村土地承包经营纠纷仲裁中采取的财产保全措施，在申请保全的当事人依法提起诉讼后，自动转为诉讼中的财产保全措施，并适用《最高人民法院关于适用〈中华人民共和国民事诉讼法〉的解释》第四百八十七条关于查封、扣押、冻结期限的规定。

**第八条**　农村土地承包仲裁委员会依法向人民法院提交当事人证据保全申请的，应当提供下列材料：

（一）证据保全申请书；

（二）农村土地承包仲裁委员会发出的受理案件通知书；

（三）申请人的身份证明；

（四）申请保全证据的具体情况。

对证据保全的具体程序事项，适用本解释第五、六、七条关于财产保全的规定。

**第九条**　农村土地承包仲裁委员会作出先行裁定后，一方当事人依法向被执行人住所地或者被执行的财产所在地基层人民法院申请执行的，人民法院应予受理和执行。

申请执行先行裁定的，应当提供以下材料：

（一）申请执行书；

（二）农村土地承包仲裁委员会作出的先行裁定书；

（三）申请执行人的身份证明；

（四）申请执行人提供的担保情况；

（五）其他应当提交的文件或证件。

**第十条**　当事人根据农村土地承包经营纠纷调解仲裁法第四十九条规定，向人民法院申请执行调解书、裁决书，符合《最高人民法院关于人民法院执行工作若干问题的规定（试行）》第十六条规定条件的，人民法院应予受理和执行。

**第十一条**　当事人因不服农村土地承包仲裁委员会作出的仲裁裁决向人民法院提起诉讼的，起诉期从其收到裁决书的次日起计算。

**第十二条**　本解释施行后，人民法院尚未审结的一审、二审案件适用本解释规定。本解释施行前已经作出生效裁判的案件，本解释施行后依法再审的，不适用本解释规定。

## 中华人民共和国
## 农村土地承包经营权证管理办法

1. 2003 年 11 月 14 日农业部令第 33 号公布
2. 自 2004 年 1 月 1 日起施行

**第一条** 为稳定和完善农村土地承包关系,维护承包方依法取得的土地承包经营权,加强农村土地承包经营权证管理,根据《中华人民共和国农村土地承包法》,制定本办法。

**第二条** 农村土地承包经营权证是农村土地承包合同生效后,国家依法确认承包方享有土地承包经营权的法律凭证。

农村土地承包经营权证只限承包方使用。

**第三条** 承包耕地、园地、荒山、荒沟、荒丘、荒滩等农村土地从事种植业生产活动,承包方依法取得农村土地承包经营权后,应颁发农村土地承包经营权证予以确认。

承包草原、水面、滩涂从事养殖业生产活动的,依照《中华人民共和国草原法》、《中华人民共和国渔业法》等有关规定确权发证。

**第四条** 实行家庭承包经营的承包方,由县级以上地方人民政府颁发农村土地承包经营权证。

实行其他方式承包经营的承包方,经依法登记,由县级以上地方人民政府颁发农村土地承包经营权证。

县级以上地方人民政府农业行政主管部门负责农村土地承包经营权证的备案、登记、发放等具体工作。

**第五条** 农村土地承包经营权证所载明的权利有效期限,应与依法签订的土地承包合同约定的承包期一致。

**第六条** 农村土地承包经营权证应包括以下内容:

(一)名称和编号;

(二)发证机关及日期;

(三)承包期限和起止日期;

(四)承包土地名称、坐落、面积、用途;

(五)农村土地承包经营权变动情况;

(六)其他应当注明的事项。

**第七条** 实行家庭承包的,按下列程序颁发农村土地承包经营权证:

(一)土地承包合同生效后,发包方应在 30 个工作日内,将土地承包方案、承包方及承包土地的详细情况、土地承包合同等材料一式两份报乡(镇)人民政府农村经营管理部门。

(二)乡(镇)人民政府农村经营管理部门对发包方报送的材料予以初审。材料符合规定的,及时登记造册,由乡(镇)人民政府向县级以上地方人民政府提出颁发农村土地承包经营权证的书面申请;材料不符合规定的,应在 15 个工作日内补正。

(三)县级以上地方人民政府农业

行政主管部门对乡(镇)人民政府报送的申请材料予以审核。申请材料符合规定的,编制农村土地承包经营权证登记簿,报同级人民政府颁发农村土地承包经营权证;申请材料不符合规定的,书面通知乡(镇)人民政府补正。

**第八条** 实行招标、拍卖、公开协商等方式承包农村土地的,按下列程序办理农村土地承包经营权证:

(一)土地承包合同生效后,承包方填写农村土地承包经营权证登记申请书,报承包土地所在乡(镇)人民政府农村经营管理部门。

(二)乡(镇)人民政府农村经营管理部门对发包方和承包方的资格、发包程序、承包期限、承包地用途等予以初审,并在农村土地承包经营权证登记申请书上签署初审意见。

(三)承包方持乡(镇)人民政府初审通过的农村土地承包经营权登记申请书,向县级以上地方人民政府申请农村土地承包经营权证登记。

(四)县级以上地方人民政府农业行政主管部门对登记申请予以审核。申请材料符合规定的,编制农村土地承包经营权证登记簿,报请同级人民政府颁发农村土地承包经营权证;申请材料不符合规定的,书面通知申请人补正。

**第九条** 农村土地承包经营权证登记簿记载农村土地承包经营权的基本内容。农村土地承包经营权证、农村土地承包合同、农村土地承包经营权证登记簿记载的事项应一致。

**第十条** 农村土地承包经营权证登记簿、承包合同登记及其他登记材料,由县级以上地方农业行政主管部门管理。

农村土地承包方有权查阅、复制农村土地承包经营权证登记簿和其他登记材料。县级以上农业行政主管部门不得限制和阻挠。

**第十一条** 农村土地承包当事人认为农村土地承包经营权证和登记簿记载错误的,有权申请更正。

**第十二条** 乡(镇)农村经营管理部门和县级以上地方人民政府农业行政主管部门在办理农村土地承包经营权证过程中应当履行下列职责:

(一)查验申请人提交的有关材料;

(二)就有关登记事项询问申请人;

(三)如实、及时地登记有关事项;

(四)需要实地查看的,应进行查验。在实地查验过程中,申请人有义务给予协助。

**第十三条** 乡(镇)人民政府农村经营管理部门领取农村土地承包经营权证后,应在30个工作日内将农村土地承包经营权证发给承包方。发包方不得为承包方保存农村土地承包经营权证。

**第十四条** 承包期内,承包方采取转包、出租、入股方式流转土地承包经营权的,不须办理农村土地承包经营权证变更。

采取转让、互换方式流转土地承包经营权的,当事人可以要求办理农村土地承包经营权证变更登记。

因转让、互换以外的其他方式导致农村土地承包经营权分立、合并的，应当办理农村土地承包经营权证变更。

**第十五条** 办理农村土地承包经营权变更申请应提交以下材料：

（一）变更的书面请求；

（二）已变更的农村土地承包合同或其它证明材料；

（三）农村土地承包经营权证原件。

**第十六条** 乡（镇）人民政府农村经营管理部门受理变更申请后，应及时对申请材料进行审核。符合规定的，报请原发证机关办理变更手续，并在农村土地承包经营权证登记簿上记载。

**第十七条** 农村土地承包经营权证严重污损、毁坏、遗失的，承包方应向乡（镇）人民政府农村经营管理部门申请换发、补发。

经乡（镇）人民政府农村经营管理部门审核后，报请原发证机关办理换发、补发手续。

**第十八条** 办理农村土地承包经营权证换发、补发手续，应以农村土地经营权证登记簿记载的内容为准。

**第十九条** 农村土地承包经营权证换发、补发，应当在农村土地承包经营权证上注明"换发"、"补发"字样。

**第二十条** 承包期内，发生下列情形之一的，应依法收回农村土地承包经营权证：

（一）承包期内，承包方全家迁入设区的市，转为非农业户口的。

（二）承包期内，承包方提出书面申请，自愿放弃全部承包土地的。

（三）承包土地被依法征用、占用，导致农村土地承包经营权全部丧失的。

（四）其他收回土地承包经营权证的情形。

**第二十一条** 符合本办法第二十条规定，承包方无正当理由拒绝交回农村土地承包经营权证的，由原发证机关注销该证（包括编号），并予以公告。

**第二十二条** 收回的农村土地承包经营权证，应退回原发证机关，加盖"作废"章。

**第二十三条** 县级人民政府农业行政主管部门和乡（镇）人民政府要完善农村土地承包方案、农村土地承包合同、农村土地承包经营权证及其相关文件档案的管理制度，建立健全农村土地承包信息化管理系统。

**第二十四条** 地方各级人民政府农业行政主管部门要加强对农村土地承包经营权证的发放管理，确保农村土地承包经营权证全部落实到户。

**第二十五条** 对不按规定及时发放农村土地承包经营权证的责任人，予以批评教育；造成严重后果的，应追究行政责任。

**第二十六条** 颁发农村土地承包经营权证，除工本费外，不得向承包方收取任何费用。

农村土地承包经营权证工本费的支出要严格执行国家有关财务管理的规定。

**第二十七条** 本办法实施以前颁

发的农村土地承包经营权证，符合《农村土地承包法》有关规定，并已加盖县级以上地方人民政府印章的，继续有效。个别条款如承包期限、承包方承担义务等违反《农村土地承包法》规定的，该条款无效，是否换发新证，由承包方决定。

未加盖县级以上地方人民政府印章的，应按本《办法》规定重新颁发。重新颁发农村土地承包经营权证，土地承包期限应符合《农村土地承包法》的有关规定，不得借机调整土地。

**第二十八条**　农村土地承包经营权证由农业部监制，由省级人民政府农业行政主管部门统一组织印制，加盖县级以上地方人民政府印章。

**第二十九条**　本办法由农业部负责解释。

**第三十条**　本办法自2004年1月1日起正式施行。

附件1：农村土地承包经营权证（样本）（略）

附件2：农村土地承包经营权证申请书（家庭承包方式样本）（略）

附件3：农村土地承包经营权证登记申请书（其他承包方式样本）（略）

附件4：农村土地承包经营权证登记簿（样本）（略）

# 农村土地经营权流转管理办法

1. 2021年1月26日农业农村部令2021年第1号公布
2. 自2021年3月1日起施行

## 第一章　总　　则

**第一条**　为了规范农村土地经营权（以下简称土地经营权）流转行为，保障流转当事人合法权益，加快农业农村现代化，维护农村社会和谐稳定，根据《中华人民共和国农村土地承包法》等法律及有关规定，制定本办法。

**第二条**　土地经营权流转应当坚持农村土地农民集体所有、农户家庭承包经营的基本制度，保持农村土地承包关系稳定并长久不变，遵循依法、自愿、有偿原则，任何组织和个人不得强迫或者阻碍承包方流转土地经营权。

**第三条**　土地经营权流转不得损害农村集体经济组织和利害关系人的合法权益，不得破坏农业综合生产能力和农业生态环境，不得改变承包土地的所有权性质及其农业用途，确保农地农用，优先用于粮食生产，制止耕地“非农化”、防止耕地“非粮化”。

**第四条**　土地经营权流转应当因地制宜、循序渐进，把握好流转、集中、规模经营的度，流转规模应当与城镇化进程和农村劳动力转移规模相适应，与农业科技进步和生产手段改进程度相适应，与农业社会化服务水平提高相适应，鼓励各地建立多种形式的土地经营权流转风险防范和保障机制。

**第五条** 农业农村部负责全国土地经营权流转及流转合同管理的指导。

县级以上地方人民政府农业农村主管（农村经营管理）部门依照职责，负责本行政区域内土地经营权流转及流转合同管理。

乡（镇）人民政府负责本行政区域内土地经营权流转及流转合同管理。

## 第二章 流转当事人

**第六条** 承包方在承包期限内有权依法自主决定土地经营权是否流转，以及流转对象、方式、期限等。

**第七条** 土地经营权流转收益归承包方所有，任何组织和个人不得擅自截留、扣缴。

**第八条** 承包方自愿委托发包方、中介组织或者他人流转其土地经营权的，应当由承包方出具流转委托书。委托书应当载明委托的事项、权限和期限等，并由委托人和受托人签字或者盖章。

没有承包方的书面委托，任何组织和个人无权以任何方式决定流转承包方的土地经营权。

**第九条** 土地经营权流转的受让方应当为具有农业经营能力或者资质的组织和个人。在同等条件下，本集体经济组织成员享有优先权。

**第十条** 土地经营权流转的方式、期限、价款和具体条件，由流转双方平等协商确定。流转期限届满后，受让方享有以同等条件优先续约的权利。

**第十一条** 受让方应当依照有关法律法规保护土地，禁止改变土地的农业用途。禁止闲置、荒芜耕地，禁止占用耕地建窑、建坟或者擅自在耕地上建房、挖砂、采石、采矿、取土等。禁止占用永久基本农田发展林果业和挖塘养鱼。

**第十二条** 受让方将流转取得的土地经营权再流转以及向金融机构融资担保的，应当事先取得承包方书面同意，并向发包方备案。

**第十三条** 经承包方同意，受让方依法投资改良土壤，建设农业生产附属、配套设施，及农业生产中直接用于作物种植和畜禽水产养殖设施的，土地经营权流转合同到期或者未到期由承包方依法提前收回承包土地时，受让方有权获得合理补偿。具体补偿办法可在土地经营权流转合同中约定或者由双方协商确定。

## 第三章 流转方式

**第十四条** 承包方可以采取出租（转包）、入股或者其他符合有关法律和国家政策规定的方式流转土地经营权。

出租（转包），是指承包方将部分或者全部土地经营权，租赁给他人从事农业生产经营。

入股，是指承包方将部分或者全部土地经营权作价出资，成为公司、合作经济组织等股东或者成员，并用于农业生产经营。

**第十五条** 承包方依法采取出租(转包)、入股或者其他方式将土地经营权部分或者全部流转的,承包方与发包方的承包关系不变,双方享有的权利和承担的义务不变。

**第十六条** 承包方自愿将土地经营权入股公司发展农业产业化经营的,可以采取优先股等方式降低承包方风险。公司解散时入股土地应当退回原承包方。

## 第四章 流转合同

**第十七条** 承包方流转土地经营权,应当与受让方在协商一致的基础上签订书面流转合同,并向发包方备案。

承包方将土地交由他人代耕不超过一年的,可以不签订书面合同。

**第十八条** 承包方委托发包方、中介组织或者他人流转土地经营权的,流转合同应当由承包方或者其书面委托的受托人签订。

**第十九条** 土地经营权流转合同一般包括以下内容:

(一)双方当事人的姓名或者名称、住所、联系方式等;

(二)流转土地的名称、四至、面积、质量等级、土地类型、地块代码等;

(三)流转的期限和起止日期;

(四)流转方式;

(五)流转土地的用途;

(六)双方当事人的权利和义务;

(七)流转价款或者股份分红,以及支付方式和支付时间;

(八)合同到期后地上附着物及相关设施的处理;

(九)土地被依法征收、征用、占用时有关补偿费的归属;

(十)违约责任。

土地经营权流转合同示范文本由农业农村部制定。

**第二十条** 承包方不得单方解除土地经营权流转合同,但受让方有下列情形之一的除外:

(一)擅自改变土地的农业用途;

(二)弃耕抛荒连续两年以上;

(三)给土地造成严重损害或者严重破坏土地生态环境;

(四)其他严重违约行为。

有以上情形,承包方在合理期限内不解除土地经营权流转合同的,发包方有权要求终止土地经营权流转合同。

受让方对土地和土地生态环境造成的损害应当依法予以赔偿。

## 第五章 流转管理

**第二十一条** 发包方对承包方流转土地经营权、受让方再流转土地经营权以及承包方、受让方利用土地经营权融资担保的,应当办理备案,并报告乡(镇)人民政府农村土地承包管理部门。

**第二十二条** 乡(镇)人民政府农村土地承包管理部门应当向达成流转意向的双方提供统一文本格式的流转合同,并指导签订。流转合同中有违反法律法规的,应当及时予以纠正。

**第二十三条** 乡(镇)人民政府农村土地承包管理部门应当建立土地经营权流转台账,及时准确记载流转情况。

**第二十四条** 乡(镇)人民政府农村土地承包管理部门应当对土地经营权流转有关文件、资料及流转合同等进行归档并妥善保管。

**第二十五条** 鼓励各地建立土地经营权流转市场或者农村产权交易市场。县级以上地方人民政府农业农村主管(农村经营管理)部门应当加强业务指导,督促其建立健全运行规则,规范开展土地经营权流转政策咨询、信息发布、合同签订、交易鉴证、权益评估、融资担保、档案管理等服务。

**第二十六条** 县级以上地方人民政府农业农村主管(农村经营管理)部门应当按照统一标准和技术规范建立国家、省、市、县等互联互通的农村土地承包信息应用平台,健全土地经营权流转合同网签制度,提升土地经营权流转规范化、信息化管理水平。

**第二十七条** 县级以上地方人民政府农业农村主管(农村经营管理)部门应当加强对乡(镇)人民政府农村土地承包管理部门工作的指导。乡(镇)人民政府农村土地承包管理部门应当依法开展土地经营权流转的指导和管理工作。

**第二十八条** 县级以上地方人民政府农业农村主管(农村经营管理)部门应当加强服务,鼓励受让方发展粮食生产;鼓励和引导工商企业等社会资本(包括法人、非法人组织或者自然人等)发展适合企业化经营的现代种养业。

县级以上地方人民政府农业农村主管(农村经营管理)部门应当根据自然经济条件、农村劳动力转移情况、农业机械化水平等因素,引导受让方发展适度规模经营,防止垒大户。

**第二十九条** 县级以上地方人民政府对工商企业等社会资本流转土地经营权,依法建立分级资格审查和项目审核制度。审查审核的一般程序如下:

(一)受让主体与承包方就流转面积、期限、价款等进行协商并签订流转意向协议书。涉及未承包到户集体土地等集体资源的,应当按照法定程序经本集体经济组织成员的村民会议三分之二以上成员或者三分之二以上村民代表的同意,并与集体经济组织签订流转意向协议书。

(二)受让主体按照分级审查审核规定,分别向乡(镇)人民政府农村土地承包管理部门或者县级以上地方人民政府农业农村主管(农村经营管理)部门提出申请,并提交流转意向协议书、农业经营能力或者资质证明、流转项目规划等相关材料。

(三)县级以上地方人民政府或者乡(镇)人民政府应当依法组织相关职能部门、农村集体经济组织代表、农民代表、专家等就土地用途、受让主体农业经营能力,以及经营项目是否符合粮食生产等产业规划等进行审查审核,并于受理之日起20个工作日内作出审查审核意见。

（四）审查审核通过的，受让主体与承包方签订土地经营权流转合同。未按规定提交审查审核申请或者审查审核未通过的，不得开展土地经营权流转活动。

**第三十条**　县级以上地方人民政府依法建立工商企业等社会资本通过流转取得土地经营权的风险防范制度，加强事中事后监管，及时查处纠正违法违规行为。

鼓励承包方和受让方在土地经营权流转市场或者农村产权交易市场公开交易。

对整村（组）土地经营权流转面积较大、涉及农户较多、经营风险较高的项目，流转双方可以协商设立风险保障金。

鼓励保险机构为土地经营权流转提供流转履约保证保险等多种形式保险服务。

**第三十一条**　农村集体经济组织为工商企业等社会资本流转土地经营权提供服务的，可以收取适量管理费用。收取管理费用的金额和方式应当由农村集体经济组织、承包方和工商企业等社会资本三方协商确定。管理费用应当纳入农村集体经济组织会计核算和财务管理，主要用于农田基本建设或者其他公益性支出。

**第三十二条**　县级以上地方人民政府可以根据本办法，结合本行政区域实际，制定工商企业等社会资本通过流转取得土地经营权的资格审查、项目审核和风险防范实施细则。

**第三十三条**　土地经营权流转发生争议或者纠纷的，当事人可以协商解决，也可以请求村民委员会、乡（镇）人民政府等进行调解。

当事人不愿意协商、调解或者协商、调解不成的，可以向农村土地承包仲裁机构申请仲裁，也可以直接向人民法院提起诉讼。

## 第六章　附　　则

**第三十四条**　本办法所称农村土地，是指除林地、草地以外的，农民集体所有和国家所有依法由农民集体使用的耕地和其他用于农业的土地。

本办法所称农村土地经营权流转，是指在承包方与发包方承包关系保持不变的前提下，承包方依法在一定期限内将土地经营权部分或者全部交由他人自主开展农业生产经营的行为。

**第三十五条**　通过招标、拍卖和公开协商等方式承包荒山、荒沟、荒丘、荒滩等农村土地，经依法登记取得权属证书的，可以流转土地经营权，其流转管理参照本办法执行。

**第三十六条**　本办法自 2021 年 3 月 1 日起施行。农业部 2005 年 1 月 19 日发布的《农村土地承包经营权流转管理办法》（农业部令第 47 号）同时废止。

# 中共中央、国务院关于保持土地承包关系稳定并长久不变的意见

2019年11月16日发布

党的十九大提出，保持土地承包关系稳定并长久不变，第二轮土地承包到期后再延长三十年。为充分保障农民土地承包权益，进一步完善农村土地承包经营制度，推进实施乡村振兴战略，现就保持农村土地（指承包耕地）承包关系稳定并长久不变（以下简称“长久不变”）提出如下意见。

## 一、重要意义

自实行家庭承包经营以来，党中央、国务院一直坚持稳定农村土地承包关系的方针政策，先后两次延长承包期限，不断健全相关制度体系，依法维护农民承包土地的各项权利。在中国特色社会主义进入新时代的关键时期，党中央提出保持土地承包关系稳定并长久不变，是对党的农村土地政策的继承和发展，意义重大、影响深远。

（一）实行“长久不变”有利于巩固和完善农村基本经营制度。在农村实行以家庭承包经营为基础、统分结合的双层经营体制，是改革开放的重大成果，是农村基本经营制度。这一制度符合我国国情和农业生产特点，具有广泛适应性和强大生命力。承包关系稳定，有利于增强农民发展生产的信心、保障农村长治久安。实行“长久不变”，顺应了农民愿望，将为巩固农村基本经营制度奠定更为坚实基础，展现持久制度活力。

（二）实行“长久不变”有利于促进中国特色现代农业发展。土地承包关系是农村生产关系的集中体现，需要适应生产力发展的要求不断巩固完善。改革开放初期实行家庭联产承包制，成功解决了亿万农民的温饱问题。随着工业化、城镇化发展和农村劳动力大量转移，农业物质装备水平大幅提升，农业经营规模扩大成为可能。实行“长久不变”，促进形成农村土地“三权”分置格局，稳定承包权，维护广大农户的承包权益，放活经营权，发挥新型农业经营主体引领作用，有利于实现小农户和现代农业发展有机衔接，有利于发展多种形式适度规模经营，推进中国特色农业现代化。

（三）实行“长久不变”有利于推动实施乡村振兴战略。当前，我国发展不平衡不充分问题在乡村最为突出。实施乡村振兴战略是决胜全面建成小康社会、全面建设社会主义现代化国家的重大历史任务。改革是乡村全面振兴的法宝。推动乡村全面振兴，必须以完善产权制度和要素市场化配置为重点，强化制度性供给。实行“长久不变”，完善承包经营制度，有利于强化农户土地承包权益保护，有利于推进农村土地资源优化配置，有利于激活主体、激活要素、激活市场，为实现乡村振兴提供更加有力

的制度保障。

（四）实行“长久不变”有利于保持农村社会和谐稳定。土地问题贯穿农村改革全过程，涉及亿万农民切身利益，平衡好各方土地权益，是党的执政能力和国家治理水平的重要体现。实行“长久不变”，进一步明晰集体与农户、农户与农户、农户与新型农业经营主体之间在承包土地上的权利义务关系，有利于发挥社会主义集体经济的优越性，通过起点公平、机会公平，合理调节利益关系，消除土地纠纷隐患，促进社会公平正义，进一步巩固党在农村的执政基础。

**二、总体要求**

（一）指导思想。以习近平新时代中国特色社会主义思想为指导，全面贯彻党的十九大和十九届二中、三中全会精神，认真落实党中央、国务院决策部署，紧紧围绕统筹推进“五位一体”总体布局和协调推进“四个全面”战略布局，牢固树立和贯彻落实新发展理念，紧扣处理好农民和土地关系这一主线，坚持农户家庭承包经营，坚持承包关系长久稳定，赋予农民更加充分而有保障的土地权利，巩固和完善农村基本经营制度，为提高农业农村现代化水平、推动乡村全面振兴、保持社会和谐稳定奠定制度基础。

（二）基本原则

——稳定基本经营制度。坚持农村土地农民集体所有，确保集体经济组织成员平等享有土地权益，不断探索具体实现形式，不搞土地私有化；坚持家庭承包经营基础性地位，不论经营权如何流转，不论新型农业经营主体如何发展，都不能动摇农民家庭土地承包地位、侵害农民承包权益。

——尊重农民主体地位。尊重农民意愿，把选择权交给农民，依靠农民解决好自己最关心最现实的利益问题；尊重农民首创精神，充分发挥其主动性和创造性，凝聚广大农民智慧和力量，破解改革创新中的难题；加强示范引导，允许农民集体在法律政策范围内通过民主协商自主调节利益关系。

——推进农业农村现代化。顺应新形势完善生产关系，立足建设现代农业、实现乡村振兴，引导土地经营权有序流转，提高土地资源利用效率，形成多种形式农业适度规模经营，既解决好农业问题也解决好农民问题，既重视新型农业经营主体也不忽视普通农户，走出一条中国特色社会主义乡村振兴道路。

——维护农村社会稳定。以农村社会稳定为前提，稳慎有序实施，尊重历史、照顾现实、前后衔接、平稳过渡，不搞强迫命令；从各地实际出发，统筹考虑、综合平衡、因地制宜、分类施策，不搞一刀切；保持历史耐心，循序渐进、步步为营，既解决好当前矛盾又为未来留有空间。

**三、准确把握“长久不变”政策内涵**

（一）保持土地集体所有、家庭承包经营的基本制度长久不变。农村土地集体所有、家庭承包经营的基本制度有利于调动集体和农民积极性，对保障国家粮食安全和农产品有效供给具有重要作用，必须毫不动摇地长久坚持，确保农民集体有效行使集体土地所有权、集体成员平等享有土地承包权。要从我国经济社会发展阶段和各地发展不平衡的实际出发，积极探索和不断丰富集体所有、家庭承包经营的具体实现形式，不断推进农村基本经营制度完善和发展。

（二）保持农户依法承包集体土地的基本权利长久不变。家庭经营在农业生产经营中居于基础性地位，要长久保障和实现农户依法承包集体土地的基本权利。农村集体经济组织成员有权依法承包集体土地，任何组织和个人都不能剥夺和非法限制。同时，要根据时代发展需要，不断强化对土地承包权的物权保护，依法保障农民对承包地占有、使用、收益、流转及承包土地的经营权抵押、担保权利，不断赋予其更加完善的权能。

（三）保持农户承包地稳定。农民家庭是土地承包经营的法定主体，农村集体土地由集体经济组织内农民家庭承包，家庭成员依法平等享有承包土地的各项权益。农户承包地要保持稳定，发包方及其他经济组织和个人不得违法调整。鼓励承包农户增加投入，保护和提升地力。各地可在农民自愿前提下结合农田基本建设，组织开展互换并地，发展连片种植。支持新型农业经营主体通过流转农户承包地进行农田整理，提升农业综合生产能力。

**四、稳妥推进“长久不变”实施**

（一）稳定土地承包关系。第二轮土地承包到期后应坚持延包原则，不得将承包地打乱重分，确保绝大多数农户原有承包地继续保持稳定。对少数存在承包地因自然灾害毁损等特殊情形且群众普遍要求调地的村组，届时可按照大稳定、小调整的原则，由农民集体民主协商，经本集体经济组织成员的村民会议三分之二以上成员或者三分之二以上村民代表同意，并报乡（镇）政府和县级政府农业等行政主管部门批准，可在个别农户间作适当调整，但要依法依规从严掌握。

（二）第二轮土地承包到期后再延长三十年。土地承包期再延长三十年，使农村土地承包关系从第一轮承包开始保持稳定长达七十五年，是实行“长久不变”的重大举措。现有承包地在第二轮土地承包到期后由农户继续承包，承包期再延长三十年，以各地第二轮土地承包到期为起点计算。以承包地确权登记颁证为基础，已颁发的土地承包权利证书，在新的承包期继续有效且不变不换，证书记载的承包期限届时作统一变更。对个别调地的，在合同、登记簿和证书上作相应变更处理。

（三）继续提倡“增人不增地、减人不减地”。为避免承包地的频繁变动，防止耕地经营规模不断细分，进入新的承包期后，因承包方家庭人口增加、缺地少地导致生活困难的，要帮助其提高就业技能，提供就业服务，做好社会保障工作。因家庭成员全部死亡而导致承包方消亡的，发包方应当依法收回承包地，另行发包。通过家庭承包取得土地承包权的,承包方应得的承包收益,依照继承法的规定继承。

（四）建立健全土地承包权依法自愿有偿转让机制。维护进城农户土地承包权益,现阶段不得以退出土地承包权作为农户进城落户的条件。对承包农户进城落户的,引导支持其按照自愿有偿原则依法在本集体经济组织内转让土地承包权或将承包地退还集体经济组织,也可鼓励其多种形式流转承包地经营权。对长期弃耕抛荒承包地的,发包方可以依法采取措施防止和纠正弃耕抛荒行为。

**五、切实做好“长久不变”基础工作**

（一）做好承包地确权登记颁证工作。承包地确权登记颁证是稳定农村土地承包关系的重大举措,也是落实“长久不变”的重要前提和基本依据。在2018年年底前基本完成确权登记颁证工作的基础上,继续做好收尾工作、化解遗留问题,健全承包合同取得权利、登记记载权利、证书证明权利的确权登记制度,并做好与不动产统一登记工作的衔接,赋予农民更有保障的土地承包权益,为实行“长久不变”奠定坚实基础。

（二）完善落实农村土地所有权、承包权、经营权“三权”分置政策体系。不断探索农村土地集体所有制的有效实现形式,充分发挥所有权、承包权、经营权的各自功能和整体效用,形成层次分明、结构合理、平等保护的格局。深入研究农民集体和承包农户在承包地上、承包农户和经营主体在土地流转中的权利边界及相互权利关系等问题,充分维护农户承包地的各项权能。完善土地经营权流转市场,健全土地流转规范管理制度,探索更多放活土地经营权的有效途径。

（三）健全农村土地承包相关法律政策。按照党中央确定的政策,抓紧修改相关法律,建立健全实行“长久不变”、维护农户土地承包权益等方面的制度体系。在第二轮土地承包到期前,中央农办、农业农村部等部门应研究出台配套政策,指导各地明确第二轮土地承包到期后延包的具体办法,确保政策衔接、平稳过渡。

（四）高度重视政策宣传引导工作。各地区各有关部门要加大宣传力度,各新闻媒体要积极发挥作用,做好“长久不变”政策解读和业务培训,及时、充分、有针对性地发布信息,使广大农民和基层干部群众全面准确了解党和国家的农村土地承包政策。密切关注政策落实中出现的新情况新问题,积极应对、妥善处理,重大问题要及时报告。

各省（自治区、直辖市）党委和政府要充分认识实行“长久不变”的重要性、系统性、长期性,按照党中央、国务院要求,切实加强领导,落实工作责任,研究解决实行“长久不变”的重点难点问题,保障“长久不变”和第二轮土地承包到期后再延长三十年政策在本地顺利实施。实行县级党委和政府负责制,县级要针对具体问题制定工作方案,结合本地实际周密组织实施，确保“长久不变”政策落实、承包延期平稳过渡，保持农村社会和谐稳定。各有关部门要按照职责分工，主动支持配合，形成工作合力，健全齐抓共管的工作机制，维护好、实现好农民承包土地的各项权利，保证农村长治久安。

## 中共中央办公厅、国务院办公厅关于完善农村土地所有权承包权经营权分置办法的意见

2016年10月30日发布

为进一步健全农村土地产权制度，推动新型工业化、信息化、城镇化、农业现代化同步发展，现就完善农村土地所有权、承包权、经营权分置（以下简称“三权分置”）办法提出以下意见。

**一、重要意义**

改革开放之初，在农村实行家庭联产承包责任制，将土地所有权和承包经营权分设，所有权归集体，承包经营权归农户，极大地调动了亿万农民积极性，有效解决了温饱问题，农村改革取得重大成果。现阶段深化农村土地制度改革，顺应农民保留土地承包权、流转土地经营权的意愿，将土地承包经营权分为承包权和经营权，实行所有权、承包权、经营权（以下简称“三权”）分置并行，着力推进农业现代化，是继家庭联产承包责任制后农村改革又一重大制度创新。“三权分置”是农村基本经营制度的自我完善，符合生产关系适应生产力发展的客观规律，展现了农村基本经营制度的持久活力，有利于明晰土地产权关系，更好地维护农民集体、承包农户、经营主体的权益；有利于促进土地资源合理利用，构建新型农业经营体系，发展多种形式适度规模经营，提高土地产出率、劳动生产率和资源利用率，推动现代农业发展。各地区各有关部门要充分认识“三权分置”的重要意义，妥善处理“三权”的相互关系，正确运用“三权分置”理论指导改革实践，不断探索和丰富“三权分置”的具体实现形式。

**二、总体要求**

（一）指导思想。全面贯彻党的十八大和十八届三中、四中、五中全会精神，深入学习贯彻习近平总书记系列重要讲话精神，紧紧围绕统筹推进“五位一体”总体布局和协调推进“四个全面”战略布局，牢固树立新发展理念，认真落实党中央、国务院决策部署，围绕正确处理农民和土地关系这一改革主线，科学界定“三权”内涵、权利边界及相互关系，逐步建立规范高效的“三权”运行机制，不断健全归属清晰、权能完整、流转顺畅、保护严格的农村土地产权制度，优化土地资源配置，培育新型经营主体，促进适度规模经营发展，进一步巩固和完善农村基本经营制度，为发展现代农业、增加农民收入、建设社会主义新农村提供坚实保障。

（二）基本原则

——尊重农民意愿。坚持农民主体地位，维护农民合法权益，把选择权交给农民，发挥其主动性和创造性，加强示范引导，不搞强迫命令、不搞一刀切。

——守住政策底线。坚持和完善农村基本经营制度，坚持农村土地集体所有，坚持家庭经营基础性地位，坚持稳定土地承包关系，不能把农村土地集体所有制改垮了，不能把耕地改少了，不能把粮食生产能力改弱了，不能把农民利益损害了。

——坚持循序渐进。充分认识农村土地制度改革的长期性和复杂性，保持足够历史耐心，审慎稳妥推进改革，由点及面开展，不操之过急，逐步将实践经验上升为制度安排。

——坚持因地制宜。充分考虑各地资源禀赋和经济社会发展差异，鼓励进行符合实际的实践探索和制度创新，总结形成适合不同地区的“三权分置”具体路径和办法。

**三、逐步形成“三权分置”格局**

完善“三权分置”办法，不断探索农村土地集体所有制的有效实现形式，落实集体所有权，稳定农户承包权，放活土地经营权，充分发挥“三权”的各自功能和整体效用，形成层次分明、结构合理、平等保护的格局。

（一）始终坚持农村土地集体所有权的根本地位。农村土地农民集体所有，是农村基本经营制度的根本，必须得到充分体现和保障，不能虚置。土地集体所有权人对集体土地依法享有占有、使用、收益和处分的权利。农民集体是土地集体所有权的权利主体，在完善“三权分置”办法过程中，要充分维护农民集体对承包地发包、调整、监督、收回等各项权能，发挥土地集体所有的优势和作用。农民集体有权依法发包集体土地，任何组织和个人不得非法干预；有权因自然灾害严重毁损等特殊情形依法调整承包地；有权对承包农户和经营主体使用承包地进行监督，并采取措施防止和纠正长期抛荒、毁损土地、非法改变土地用途等行为。承包农户转让土地承包权的，应在本集体经济组织内进行，并经农民集体同意；流转土地经营权的，须向农民集体书面备案。集体土地被征收的，农民集体有权就征地补偿安置方案等提出意见并依法获得补偿。通过建立健全集体经济组织民主议事机制，切实保障集体成员的知情权、决策权、监督权，确保农民集体有效行使集体土地所有权，防止少数人私相授受、谋取私利。

（二）严格保护农户承包权。农户享有土地承包权是农村基本经营制度的基础，要稳定现有土地承包关系并保持长久不变。土地承包权人对承包土地依法享有占有、使用和收益的权利。农村集体土地由作为本集体经济组织成员的农民家庭承包，不论经营权如何流转，集体土地承包权都属于农民家庭。任何组织和个人都不能取代农民家庭的土地承包地位，都不能非法剥夺和限制农户的土地承包权。在完善“三权分置”办法过程中，要充分维护承包农户使用、流转、抵押、退出承包地等各项权能。承包农户有权占有、使用承包地，依法依规建设必要的农业生产、附属、配套设施，自主组织生产经营和处置产品并获得收益；有权通过转让、互换、出租（转包）、入股或其他方式流转承包地并获得收益，任何组织和个人不得强迫或限制其流转土地；有权依法依规就承包土地经营权设定抵押、自愿有偿退出承包地，具备条件的可以因保护承包地获得相关补贴。承包土地被征收的，承包农户有权依法获得相应补偿，符合条件的有权获得社会保障费用等。不得违法调整农户承包地，不得以退出土地承包权作为农民进城落户的条件。

（三）加快放活土地经营权。赋予经营主体更有保障的土地经营权，是完善农村基本经营制度的关键。土地经营权人对流转土地依法享有在一定期限内占有、耕作并取得相应收益的权利。在依法保护集体所有权和农户承包权的前提下，平等保护经营主体依流转合同取得的土地经营权，保障其有稳定的经营预期。在完善“三权分置”办法过程中，要依法维护经营主体从事农业生产所需的各项权利，使土地资源得到更有效合理的利用。经营主体有权使用流转土地自主从事农业生产经营并获得相应收益，经承包农户同意，可依法依规改良土壤、提升地力，建设农业生产、附属、配套设施，并依照流转合同约定获得合理补偿；有权在流转合同到期后按照同等条件优先续租承包土地。经营主体再流转土地经营权或依法依规设定抵押，须经承包农户或其委托代理人书面同意，并向农民集体书面备案。流转土地被征收的，地上附着物及青苗补偿费应按照流转合同约定确定其归属。承包农户流转出土地经营权的，不应妨碍经营主体行使合法权利。加强对土地经营权的保护，引导土地经营权流向种田能手和新型经营主体。支持新型经营主体提升地力、改善农业生产条件、依法依规开展土地经营权抵押融资。鼓励采用土地股份合作、土地托管、代耕代种等多种经营方式，探索更多放活土地经营权的有效途径。

（四）逐步完善“三权”关系。农村土地集体所有权是土地承包权的前提，农户享有承包经营权是集体所有的具体实现形式，在土地流转中，农户承包经营权派生出土地经营权。支持在实践中积极探索农民集体依法依规行使集体所有权、监督承包农户和经营主体规范利用土地等的具体方式。鼓励在理论上深入研究农民集体和承包农户在承包土地上、承包农户和经营主体在土地流转中的权利边界及相互权利关系等问题。通过实践探索和理论创新，逐步完善“三权”关系，为实施“三权分置”提供有力支撑。

## 四、确保“三权分置”有序实施

完善“三权分置”办法涉及多方权益，是一个渐进过程和系统性工程，要坚持统筹谋划、稳步推进，确保“三权分置”有序实施。

（一）扎实做好农村土地确权登记颁证工作。确认“三权”权利主体，明确权利归属，稳定土地承包关系，才能确保“三权分置”得以确立和稳步实施。要坚持和完善土地用途管制制度，在集体土地所有权确权登记颁证工作基本完成的基础上，进一步完善相关政策，及时提供确权登记成果，切实保护好农民的集体土地权益。加快推进农村承包地确权登记颁证，形成承包合同网签管理系统，健全承包合同取得权利、登记记载权利、证书证明权利的确权登记制度。提倡通过流转合同鉴证、交易鉴证等多种方式对土地经营权予以确认，促进土地经营权功能更好实现。

（二）建立健全土地流转规范管理制度。规范土地经营权流转交易，因地制宜加强农村产权交易市场建设，逐步实现涉农县（市、区、旗）全覆盖。健全市场运行规范，提高服务水平，为流转双方提供信息发布、产权交易、法律咨询、权益评估、抵押融资等服务。加强流转合同管理，引导流转双方使用合同示范文本。完善工商资本租赁农地监管和风险防范机制，严格准入门槛，确保土地经营权规范有序流转，更好地与城镇化进程和农村劳动力转移规模相适应，与农业科技进步和生产手段改进程度相适应，与农业社会化服务水平相适应。加强农村土地承包经营纠纷调解仲裁体系建设，完善基层农村土地承包调解机制，妥善化解土地承包经营纠纷，有效维护各权利主体的合法权益。

（三）构建新型经营主体政策扶持体系。完善新型经营主体财政、信贷保险、用地、项目扶持等政策。积极创建示范家庭农场、农民专业合作社示范社、农业产业化示范基地、农业示范服务组织，加快培育新型经营主体。引导新型经营主体与承包农户建立紧密利益联结机制，带动普通农户分享农业规模经营收益。支持新型经营主体相互融合，鼓励家庭农场、农民专业合作社、农业产业化龙头企业等联合与合作，依法组建行业组织或联盟。依托现代农业人才支撑计划，健全新型职业农民培育制度。

（四）完善“三权分置”法律法规。积极开展土地承包权有偿退出、土地经营权抵押贷款、土地经营权入股农业产业化经营等试点，总结形成可推广、可复制的做法和经验，在此基础上完善法律制度。加快农村土地承包法等相关法律修订完善工作。认真研究农村集体经济组织、家庭农场发展等相关法律问题。研究健全农村土地经营权流转、抵押贷款和农村土地承包权退出等方面的具体办法。

实施“三权分置”是深化农村土地制度改革的重要举措。各地区各有关部门要认真贯彻本意见要求，研究制定具体落实措施。加大政策宣传力度，统一思想认识，加强干部培训，提高执行政策能力和水平。坚持问题导向，对实践中出现的新情况新问题要密切关注，及时总结，适时调整完善措施。加强工作指导，建立检查监督机制，督促各项任务稳步开展。农业部、中央农办要切实承担起牵头责任，健全沟通协调机制，及时向党中央、国务院报告工作进展情况。各相关部门要主动支持配合，形成工作合力，更好推动“三权分置”有序实施。

# 三、生产经营

## 中华人民共和国农业法

1. 1993年7月2日第八届全国人民代表大会常务委员会第二次会议通过
2. 2002年12月28日第九届全国人民代表大会常务委员会第三十一次会议修订
3. 根据2009年8月27日第十一届全国人民代表大会常务委员会第十次会议《关于修改部分法律的决定》第一次修正
4. 根据2012年12月28日第十一届全国人民代表大会常务委员会第三十次会议《关于修改〈中华人民共和国农业法〉的决定》第二次修正

目　　录



### 第一章　总　　则

**第一条**　为了巩固和加强农业在国民经济中的基础地位，深化农村改革，发展农业生产力，推进农业现代化，维护农民和农业生产经营组织的合法权益，增加农民收入，提高农民科学文化素质，促进农业和农村经济的持续、稳定、健康发展，实现全面建设小康社会的目标，制定本法。

**第二条**　本法所称农业，是指种植业、林业、畜牧业和渔业等产业，包括与其直接相关的产前、产中、产后服务。

本法所称农业生产经营组织，是指农村集体经济组织、农民专业合作经济组织、农业企业和其他从事农业生产经营的组织。

**第三条**　国家把农业放在发展国民经济的首位。

农业和农村经济发展的基本目标是：建立适应发展社会主义市场经济要求的农村经济体制，不断解放和发展农村生产力，提高农业的整体素质和效益，确保农产品供应和质量，满足国民经济发展和人口增长、生活改善的需求，提高农民的收入和生活水平，促进农村富余劳动力向非农产业和城镇转移，缩小城乡差别和区域差别，建设富裕、民主、文明的社会主义新农村，逐步实现农业和农村现代化。

**第四条** 国家采取措施，保障农业更好地发挥在提供食物、工业原料和其他农产品，维护和改善生态环境，促进农村经济社会发展等多方面的作用。

**第五条** 国家坚持和完善公有制为主体、多种所有制经济共同发展的基本经济制度，振兴农村经济。

国家长期稳定农村以家庭承包经营为基础、统分结合的双层经营体制，发展社会化服务体系，壮大集体经济实力，引导农民走共同富裕的道路。

国家在农村坚持和完善以按劳分配为主体、多种分配方式并存的分配制度。

**第六条** 国家坚持科教兴农和农业可持续发展的方针。

国家采取措施加强农业和农村基础设施建设，调整、优化农业和农村经济结构，推进农业产业化经营，发展农业科技、教育事业，保护农业生态环境，促进农业机械化和信息化，提高农业综合生产能力。

**第七条** 国家保护农民和农业生产经营组织的财产及其他合法权益不受侵犯。

各级人民政府及其有关部门应当采取措施增加农民收入，切实减轻农民负担。

**第八条** 全社会应当高度重视农业，支持农业发展。

国家对发展农业和农村经济有显著成绩的单位和个人，给予奖励。

**第九条** 各级人民政府对农业和农村经济发展工作统一负责，组织各有关部门和全社会做好发展农业和为发展农业服务的各项工作。

国务院农业行政主管部门主管全国农业和农村经济发展工作，国务院林业行政主管部门和其他有关部门在各自的职责范围内，负责有关的农业和农村经济发展工作。

县级以上地方人民政府各农业行政主管部门负责本行政区域内的种植业、畜牧业、渔业等农业和农村经济发展工作，林业行政主管部门负责本行政区域内的林业工作。县级以上地方人民政府其他有关部门在各自的职责范围内，负责本行政区域内有关的为农业生产经营服务的工作。

## 第二章 农业生产经营体制

**第十条** 国家实行农村土地承包经营制度，依法保障农村土地承包关系的长期稳定，保护农民对承包土地的使用权。

农村土地承包经营的方式、期限、发包方和承包方的权利义务、土地承包经营权的保护和流转等，适用《中华人民共和国土地管理法》和《中华人民共和国农村土地承包法》。

农村集体经济组织应当在家庭承包经营的基础上，依法管理集体资产，为其成员提供生产、技术、信息等服务，组织合理开发、利用集体资源，壮大经济实力。

**第十一条** 国家鼓励农民在家庭承包经营的基础上自愿组成各类专业合作

经济组织。

农民专业合作经济组织应当坚持为成员服务的宗旨，按照加入自愿、退出自由、民主管理、盈余返还的原则，依法在其章程规定的范围内开展农业生产经营和服务活动。

农民专业合作经济组织可以有多种形式，依法成立、依法登记。任何组织和个人不得侵犯农民专业合作经济组织的财产和经营自主权。

**第十二条**　农民和农业生产经营组织可以自愿按照民主管理、按劳分配和按股分红相结合的原则，以资金、技术、实物等入股，依法兴办各类企业。

**第十三条**　国家采取措施发展多种形式的农业产业化经营，鼓励和支持农民和农业生产经营组织发展生产、加工、销售一体化经营。

国家引导和支持从事农产品生产、加工、流通服务的企业、科研单位和其他组织，通过与农民或者农民专业合作经济组织订立合同或者建立各类企业等形式，形成收益共享、风险共担的利益共同体，推进农业产业化经营，带动农业发展。

**第十四条**　农民和农业生产经营组织可以按照法律、行政法规成立各种农产品行业协会，为成员提供生产、营销、信息、技术、培训等服务，发挥协调和自律作用，提出农产品贸易救济措施的申请，维护成员和行业的利益。

## 第三章　农 业 生 产

**第十五条**　县级以上人民政府根据国民经济和社会发展的中长期规划、农业和农村经济发展的基本目标和农业资源区划，制定农业发展规划。

省级以上人民政府农业行政主管部门根据农业发展规划，采取措施发挥区域优势，促进形成合理的农业生产区域布局，指导和协调农业和农村经济结构调整。

**第十六条**　国家引导和支持农民和农业生产经营组织结合本地实际按照市场需求，调整和优化农业生产结构，协调发展种植业、林业、畜牧业和渔业，发展优质、高产、高效益的农业，提高农产品国际竞争力。

种植业以优化品种、提高质量、增加效益为中心，调整作物结构、品种结构和品质结构。

加强林业生态建设，实施天然林保护、退耕还林和防沙治沙工程，加强防护林体系建设，加速营造速生丰产林、工业原料林和薪炭林。

加强草原保护和建设，加快发展畜牧业，推广圈养和舍饲，改良畜禽品种，积极发展饲料工业和畜禽产品加工业。

渔业生产应当保护和合理利用渔业资源，调整捕捞结构，积极发展水产养殖业、远洋渔业和水产品加工业。

县级以上人民政府应当制定政策，安排资金，引导和支持农业结构调整。

**第十七条**　各级人民政府应当采取措施，加强农业综合开发和农田水利、农业生态环境保护、乡村道路、农村能源和电网、农产品仓储和流通、渔港、草原围栏、动植物原种良种基地等农业和农村基础设施建设，改善农业生产条件，保护和提高农业综合生产能力。

**第十八条** 国家扶持动植物品种的选育、生产、更新和良种的推广使用，鼓励品种选育和生产、经营相结合，实施种子工程和畜禽良种工程。国务院和省、自治区、直辖市人民政府设立专项资金，用于扶持动植物良种的选育和推广工作。

**第十九条** 各级人民政府和农业生产经营组织应当加强农田水利设施建设，建立健全农田水利设施的管理制度，节约用水，发展节水型农业，严格依法控制非农业建设占用灌溉水源，禁止任何组织和个人非法占用或者毁损农田水利设施。

国家对缺水地区发展节水型农业给予重点扶持。

**第二十条** 国家鼓励和支持农民和农业生产经营组织使用先进、适用的农业机械，加强农业机械安全管理，提高农业机械化水平。

国家对农民和农业生产经营组织购买先进农业机械给予扶持。

**第二十一条** 各级人民政府应当支持为农业服务的气象事业的发展，提高对气象灾害的监测和预报水平。

**第二十二条** 国家采取措施提高农产品的质量，建立健全农产品质量标准体系和质量检验检测监督体系，按照有关技术规范、操作规程和质量卫生安全标准，组织农产品的生产经营，保障农产品质量安全。

**第二十三条** 国家支持依法建立健全优质农产品认证和标志制度。

国家鼓励和扶持发展优质农产品生产。县级以上地方人民政府应当结合本地情况，按照国家有关规定采取措施，发展优质农产品生产。

符合国家规定标准的优质农产品可以依照法律或者行政法规的规定申请使用有关的标志。符合规定产地及生产规范要求的农产品可以依照有关法律或者行政法规的规定申请使用农产品地理标志。

**第二十四条** 国家实行动植物防疫、检疫制度，健全动植物防疫、检疫体系，加强对动物疫病和植物病、虫、杂草、鼠害的监测、预警、防治，建立重大动物疫情和植物病虫害的快速扑灭机制，建设动物无规定疫病区，实施植物保护工程。

**第二十五条** 农药、兽药、饲料和饲料添加剂、肥料、种子、农业机械等可能危害人畜安全的农业生产资料的生产经营，依照相关法律、行政法规的规定实行登记或者许可制度。

各级人民政府应当建立健全农业生产资料的安全使用制度，农民和农业生产经营组织不得使用国家明令淘汰和禁止使用的农药、兽药、饲料添加剂等农业生产资料和其他禁止使用的产品。

农业生产资料的生产者、销售者应当对其生产、销售的产品的质量负责，禁止以次充好、以假充真、以不合格的产品冒充合格的产品；禁止生产和销售国家明令淘汰的农药、兽药、饲料添加剂、农业机械等农业生产资料。

## 第四章 农产品流通与加工

**第二十六条** 农产品的购销实行市场调节。国家对关系国计民生的重要农产品的购销活动实行必要的宏观调控，建立中央和地方分级储备调节制度，完善仓储运输体系，做到保证供应，稳定市场。

**第二十七条** 国家逐步建立统一、开放、竞争、有序的农产品市场体系，制定农产品批发市场发展规划。对农村集体经济组织和农民专业合作经济组织建立农产品批发市场和农产品集贸市场，国家给予扶持。

县级以上人民政府工商行政管理部门和其他有关部门按照各自的职责，依法管理农产品批发市场，规范交易秩序，防止地方保护与不正当竞争。

**第二十八条** 国家鼓励和支持发展多种形式的农产品流通活动。支持农民和农民专业合作经济组织按照国家有关规定从事农产品收购、批发、贮藏、运输、零售和中介活动。鼓励供销合作社和其他从事农产品购销的农业生产经营组织提供市场信息，开拓农产品流通渠道，为农产品销售服务。

县级以上人民政府应当采取措施，督促有关部门保障农产品运输畅通，降低农产品流通成本。有关行政管理部门应当简化手续，方便鲜活农产品的运输，除法律、行政法规另有规定外，不得扣押鲜活农产品的运输工具。

**第二十九条** 国家支持发展农产品加工业和食品工业，增加农产品的附加值。县级以上人民政府应当制定农产品加工业和食品工业发展规划，引导农产品加工企业形成合理的区域布局和规模结构，扶持农民专业合作经济组织和乡镇企业从事农产品加工和综合开发利用。

国家建立健全农产品加工制品质量标准，完善检测手段，加强农产品加工过程中的质量安全管理和监督，保障食品安全。

**第三十条** 国家鼓励发展农产品进出口贸易。

国家采取加强国际市场研究、提供信息和营销服务等措施，促进农产品出口。

为维护农产品产销秩序和公平贸易，建立农产品进口预警制度，当某些进口农产品已经或者可能对国内相关农产品的生产造成重大的不利影响时，国家可以采取必要的措施。

## 第五章 粮食安全

**第三十一条** 国家采取措施保护和提高粮食综合生产能力，稳步提高粮食生产水平，保障粮食安全。

国家建立耕地保护制度，对基本农田依法实行特殊保护。

**第三十二条** 国家在政策、资金、技术等方面对粮食主产区给予重点扶持，建设稳定的商品粮生产基地，改善粮食收贮及加工设施，提高粮食主产区的粮食生产、加工水平和经济效益。

国家支持粮食主产区与主销区建立稳定的购销合作关系。

**第三十三条** 在粮食的市场价格过低时，国务院可以决定对部分粮食品种实行保护价制度。保护价应当根据有利于保护农民利益、稳定粮食生产的原则确定。

农民按保护价制度出售粮食，国家委托的收购单位不得拒收。

县级以上人民政府应当组织财政、金融等部门以及国家委托的收购单位及时筹足粮食收购资金，任何部门、单位或者个人不得截留或者挪用。

**第三十四条** 国家建立粮食安全预警制度，采取措施保障粮食供给。国务院应当制定粮食安全保障目标与粮食储备数量指标，并根据需要组织有关主管部门进行耕地、粮食库存情况的核查。

国家对粮食实行中央和地方分级储备调节制度，建设仓储运输体系。承担国家粮食储备任务的企业应当按照国家规定保证储备粮的数量和质量。

**第三十五条** 国家建立粮食风险基金，用于支持粮食储备、稳定粮食市场和保护农民利益。

**第三十六条** 国家提倡珍惜和节约粮食，并采取措施改善人民的食物营养结构。

## 第六章 农业投入与支持保护

**第三十七条** 国家建立和完善农业支持保护体系，采取财政投入、税收优惠、金融支持等措施，从资金投入、科研与技术推广、教育培训、农业生产资料供应、市场信息、质量标准、检验检疫、社会化服务以及灾害救助等方面扶持农民和农业生产经营组织发展农业生产，提高农民的收入水平。

在不与我国缔结或加入的有关国际条约相抵触的情况下，国家对农民实施收入支持政策，具体办法由国务院制定。

**第三十八条** 国家逐步提高农业投入的总体水平。中央和县级以上地方财政每年对农业总投入的增长幅度应当高于其财政经常性收入的增长幅度。

各级人民政府在财政预算内安排的各项用于农业的资金应当主要用于：加强农业基础设施建设；支持农业结构调整，促进农业产业化经营；保护粮食综合生产能力，保障国家粮食安全；健全动植物检疫、防疫体系，加强动物疫病和植物病、虫、杂草、鼠害防治；建立健全农产品质量标准和检验检测监督体系、农产品市场及信息服务体系；支持农业科研教育、农业技术推广和农民培训；加强农业生态环境保护建设；扶持贫困地区发展；保障农民收入水平等。

县级以上各级财政用于种植业、林业、畜牧业、渔业、农田水利的农业基本建设投入应当统筹安排，协调增长。

国家为加快西部开发，增加对西部地区农业发展和生态环境保护的投入。

**第三十九条** 县级以上人民政府每年财政预算内安排的各项用于农业的资

金应当及时足额拨付。各级人民政府应当加强对国家各项农业资金分配、使用过程的监督管理，保证资金安全，提高资金的使用效率。

任何单位和个人不得截留、挪用用于农业的财政资金和信贷资金。审计机关应当依法加强对用于农业的财政和信贷等资金的审计监督。

**第四十条** 国家运用税收、价格、信贷等手段，鼓励和引导农民和农业生产经营组织增加农业生产经营性投入和小型农田水利等基本建设投入。

国家鼓励和支持农民和农业生产经营组织在自愿的基础上依法采取多种形式，筹集农业资金。

**第四十一条** 国家鼓励社会资金投向农业，鼓励企业事业单位、社会团体和个人捐资设立各种农业建设和农业科技、教育基金。

国家采取措施，促进农业扩大利用外资。

**第四十二条** 各级人民政府应当鼓励和支持企业事业单位及其他各类经济组织开展农业信息服务。

县级以上人民政府农业行政主管部门及其他有关部门应当建立农业信息搜集、整理和发布制度，及时向农民和农业生产经营组织提供市场信息等服务。

**第四十三条** 国家鼓励和扶持农用工业的发展。

国家采取税收、信贷等手段鼓励和扶持农业生产资料的生产和贸易，为农业生产稳定增长提供物质保障。

国家采取宏观调控措施，使化肥、农药、农用薄膜、农业机械和农用柴油等主要农业生产资料和农产品之间保持合理的比价。

**第四十四条** 国家鼓励供销合作社、农村集体经济组织、农民专业合作经济组织、其他组织和个人发展多种形式的农业生产产前、产中、产后的社会化服务事业。县级以上人民政府及其各有关部门应当采取措施对农业社会化服务事业给予支持。

对跨地区从事农业社会化服务的，农业、工商管理、交通运输、公安等有关部门应当采取措施给予支持。

**第四十五条** 国家建立健全农村金融体系，加强农村信用制度建设，加强农村金融监管。

有关金融机构应当采取措施增加信贷投入，改善农村金融服务，对农民和农业生产经营组织的农业生产经营活动提供信贷支持。

农村信用合作社应当坚持为农业、农民和农村经济发展服务的宗旨，优先为当地农民的生产经营活动提供信贷服务。

国家通过贴息等措施，鼓励金融机构向农民和农业生产经营组织的农业生产经营活动提供贷款。

**第四十六条** 国家建立和完善农业保险制度。

国家逐步建立和完善政策性农业保险制度。鼓励和扶持农民和农业生产经营组织建立为农业生产经营活动服务的互助合作保险组织，鼓励商业性保险公司开展农业保险业务。

农业保险实行自愿原则。任何组织和个人不得强制农民和农业生产经营组织参加农业保险。

**第四十七条** 各级人民政府应当采取措施，提高农业防御自然灾害的能力，做好防灾、抗灾和救灾工作，帮助灾民恢复生产，组织生产自救，开展社会互助互济；对没有基本生活保障的灾民给予救济和扶持。

## 第七章 农业科技与农业教育

**第四十八条** 国务院和省级人民政府应当制定农业科技、农业教育发展规划，发展农业科技、教育事业。

县级以上人民政府应当按照国家有关规定逐步增加农业科技经费和农业教育经费。

国家鼓励、吸引企业等社会力量增加农业科技投入，鼓励农民、农业生产经营组织、企业事业单位等依法举办农业科技、教育事业。

**第四十九条** 国家保护植物新品种、农产品地理标志等知识产权，鼓励和引导农业科研、教育单位加强农业科学技术的基础研究和应用研究，传播和普及农业科学技术知识，加速科技成果转化与产业化，促进农业科学技术进步。

国务院有关部门应当组织农业重大关键技术的科技攻关。国家采取措施促进国际农业科技、教育合作与交流，鼓励引进国外先进技术。

**第五十条** 国家扶持农业技术推广事业，建立政府扶持和市场引导相结合，有偿与无偿服务相结合，国家农业技术推广机构和社会力量相结合的农业技术推广体系，促使先进的农业技术尽快应用于农业生产。

**第五十一条** 国家设立的农业技术推广机构应当以农业技术试验示范基地为依托，承担公共所需的关键性技术的推广和示范等公益性职责，为农民和农业生产经营组织提供无偿农业技术服务。

县级以上人民政府应当根据农业生产发展需要，稳定和加强农业技术推广队伍，保障农业技术推广机构的工作经费。

各级人民政府应当采取措施，按照国家规定保障和改善从事农业技术推广工作的专业科技人员的工作条件、工资待遇和生活条件，鼓励他们为农业服务。

**第五十二条** 农业科研单位、有关学校、农民专业合作社、涉农企业、群众性科技组织及有关科技人员，根据农民和农业生产经营组织的需要，可以提供无偿服务，也可以通过技术转让、技术服务、技术承包、技术咨询和技术入股等形式，提供有偿服务，取得合法收益。农业科研单位、有关学校、农民专业合作社、涉农企业、群众性科技组织及有关科技人员应当提高服务水平，保证服务质量。

对农业科研单位、有关学校、农业技术推广机构举办的为农业服务的企业，国家在税收、信贷等方面给予优惠。

国家鼓励和支持农民、供销合作社、其他企业事业单位等参与农业技术推广工作。

**第五十三条**　国家建立农业专业技术人员继续教育制度。县级以上人民政府农业行政主管部门会同教育、人事等有关部门制定农业专业技术人员继续教育计划，并组织实施。

**第五十四条**　国家在农村依法实施义务教育，并保障义务教育经费。国家在农村举办的普通中小学校教职工工资由县级人民政府按照国家规定统一发放，校舍等教学设施的建设和维护经费由县级人民政府按照国家规定统一安排。

**第五十五条**　国家发展农业职业教育。国务院有关部门按照国家职业资格证书制度的统一规定，开展农业行业的职业分类、职业技能鉴定工作，管理农业行业的职业资格证书。

**第五十六条**　国家采取措施鼓励农民采用先进的农业技术，支持农民举办各种科技组织，开展农业实用技术培训、农民绿色证书培训和其他就业培训，提高农民的文化技术素质。

## 第八章　农业资源与农业环境保护

**第五十七条**　发展农业和农村经济必须合理利用和保护土地、水、森林、草原、野生动植物等自然资源，合理开发和利用水能、沼气、太阳能、风能等可再生能源和清洁能源，发展生态农业，保护和改善生态环境。

县级以上人民政府应当制定农业资源区划或者农业资源合理利用和保护的区划，建立农业资源监测制度。

**第五十八条**　农民和农业生产经营组织应当保养耕地，合理使用化肥、农药、农用薄膜，增加使用有机肥料，采用先进技术，保护和提高地力，防止农用地的污染、破坏和地力衰退。

县级以上人民政府农业行政主管部门应当采取措施，支持农民和农业生产经营组织加强耕地质量建设，并对耕地质量进行定期监测。

**第五十九条**　各级人民政府应当采取措施，加强小流域综合治理，预防和治理水土流失。从事可能引起水土流失的生产建设活动的单位和个人，必须采取预防措施，并负责治理因生产建设活动造成的水土流失。

各级人民政府应当采取措施，预防土地沙化，治理沙化土地。国务院和沙化土地所在地区的县级以上地方人民政府应当按照法律规定制定防沙治沙规划，并组织实施。

**第六十条**　国家实行全民义务植树制度。各级人民政府应当采取措施，组织群众植树造林，保护林地和林木，预防森林火灾，防治森林病虫害，制止滥伐、盗伐林木，提高森林覆盖率。

国家在天然林保护区域实行禁伐或者限伐制度，加强造林护林。

**第六十一条**　有关地方人民政府，应当加强草原的保护、建设和管理，指导、组织农（牧）民和农（牧）业生产经营组织建设人工草场、饲草饲料基地和改良天然草原，实行以草定畜，控制载畜量，推行划区轮牧、休牧和禁牧制度，保护草原植被，防止草原退化沙化和盐渍化。

**第六十二条** 禁止毁林毁草开垦、烧山开垦以及开垦国家禁止开垦的陡坡地，已经开垦的应当逐步退耕还林、还草。

禁止围湖造田以及围垦国家禁止围垦的湿地。已经围垦的，应当逐步退耕还湖、还湿地。

对在国务院批准规划范围内实施退耕的农民，应当按照国家规定予以补助。

**第六十三条** 各级人民政府应当采取措施，依法执行捕捞限额和禁渔、休渔制度，增殖渔业资源，保护渔业水域生态环境。

国家引导、支持从事捕捞业的农(渔)民和农(渔)业生产经营组织从事水产养殖业或者其他职业，对根据当地人民政府统一规划转产转业的农(渔)民，应当按照国家规定予以补助。

**第六十四条** 国家建立与农业生产有关的生物物种资源保护制度，保护生物多样性，对稀有、濒危、珍贵生物资源及其原生地实行重点保护。从境外引进生物物种资源应当依法进行登记或者审批，并采取相应安全控制措施。

农业转基因生物的研究、试验、生产、加工、经营及其他应用，必须依照国家规定严格实行各项安全控制措施。

**第六十五条** 各级农业行政主管部门应当引导农民和农业生产经营组织采取生物措施或者使用高效低毒低残留农药、兽药，防治动植物病、虫、杂草、鼠害。

农产品采收后的秸秆及其他剩余物质应当综合利用，妥善处理，防止造成环境污染和生态破坏。

从事畜禽等动物规模养殖的单位和个人应当对粪便、废水及其他废弃物进行无害化处理或者综合利用，从事水产养殖的单位和个人应当合理投饵、施肥、使用药物，防止造成环境污染和生态破坏。

**第六十六条** 县级以上人民政府应当采取措施，督促有关单位进行治理，防治废水、废气和固体废弃物对农业生态环境的污染。排放废水、废气和固体废弃物造成农业生态环境污染事故的，由环境保护行政主管部门或者农业行政主管部门依法调查处理；给农民和农业生产经营组织造成损失的，有关责任者应当依法赔偿。

## 第九章 农民权益保护

**第六十七条** 任何机关或者单位向农民或者农业生产经营组织收取行政、事业性费用必须依据法律、法规的规定。收费的项目、范围和标准应当公布。没有法律、法规依据的收费，农民和农业生产经营组织有权拒绝。

任何机关或者单位对农民或者农业生产经营组织进行罚款处罚必须依据法律、法规、规章的规定。没有法律、法规、规章依据的罚款，农民和农业生产经营组织有权拒绝。

任何机关或者单位不得以任何方式向农民或者农业生产经营组织进行摊派。除法律、法规另有规定外，任何机关或者单位以任何方式要求农民或者农业生产经营组织提供人力、财力、物力的，属于摊派。农民和农业生产经营组织有权拒绝任何方式的摊派。

**第六十八条** 各级人民政府及其有关部门和所属单位不得以任何方式向农民或者农业生产经营组织集资。

没有法律、法规依据或者未经国务院批准，任何机关或者单位不得在农村进行任何形式的达标、升级、验收活动。

**第六十九条** 农民和农业生产经营组织依照法律、行政法规的规定承担纳税义务。税务机关及代扣、代收税款的单位应当依法征税，不得违法摊派税款及以其他违法方法征税。

**第七十条** 农村义务教育除按国务院规定收取的费用外，不得向农民和学生收取其他费用。禁止任何机关或者单位通过农村中小学校向农民收费。

**第七十一条** 国家依法征收农民集体所有的土地，应当保护农民和农村集体经济组织的合法权益，依法给予农民和农村集体经济组织征地补偿，任何单位和个人不得截留、挪用征地补偿费用。

**第七十二条** 各级人民政府、农村集体经济组织或者村民委员会在农业和农村经济结构调整、农业产业化经营和土地承包经营权流转等过程中，不得侵犯农民的土地承包经营权，不得干涉农民自主安排的生产经营项目，不得强迫农民购买指定的生产资料或者按指定的渠道销售农产品。

**第七十三条** 农村集体经济组织或者村民委员会为发展生产或者兴办公益事业，需要向其成员（村民）筹资筹劳的，应当经成员（村民）会议或者成员（村民）代表会议过半数通过后，方可进行。

农村集体经济组织或者村民委员会依照前款规定筹资筹劳的，不得超过省级以上人民政府规定的上限控制标准，禁止强行以资代劳。

农村集体经济组织和村民委员会对涉及农民利益的重要事项，应当向农民公开，并定期公布财务账目，接受农民的监督。

**第七十四条** 任何单位和个人向农民或者农业生产经营组织提供生产、技术、信息、文化、保险等有偿服务，必须坚持自愿原则，不得强迫农民和农业生产经营组织接受服务。

**第七十五条** 农产品收购单位在收购农产品时，不得压级压价，不得在支付的价款中扣缴任何费用。法律、行政法规规定代扣、代收税款的，依照法律、行政法规的规定办理。

农产品收购单位与农产品销售者因农产品的质量等级发生争议的，可以委托具有法定资质的农产品质量检验机构检验。

**第七十六条** 农业生产资料使用者因生产资料质量问题遭受损失的，出售该生产资料的经营者应当予以赔偿,赔偿额包括购货价款、有关费用和可得利益损失。

**第七十七条** 农民或者农业生产经营组织为维护自身的合法权益,有向各级人民政府及其有关部门反映情况和提出合法要求的权利,人民政府及其有关部门对农民或者农业生产经营组织提出的合理要求,应当按照国家规定及时给予答复。

**第七十八条** 违反法律规定,侵犯农民权益的,农民或者农业生产经营组织可以依法申请行政复议或者向人民法院提起诉讼,有关人民政府及其有关部门或者人民法院应当依法受理。

人民法院和司法行政主管机关应当依照有关规定为农民提供法律援助。

## 第十章 农村经济发展

**第七十九条** 国家坚持城乡协调发展的方针,扶持农村第二、第三产业发展,调整和优化农村经济结构,增加农民收入,促进农村经济全面发展,逐步缩小城乡差别。

**第八十条** 各级人民政府应当采取措施,发展乡镇企业,支持农业的发展,转移富余的农业劳动力。

国家完善乡镇企业发展的支持措施,引导乡镇企业优化结构,更新技术,提高素质。

**第八十一条** 县级以上地方人民政府应当根据当地的经济发展水平、区位优势和资源条件,按照合理布局、科学规划、节约用地的原则,有重点地推进农村小城镇建设。

地方各级人民政府应当注重运用市场机制,完善相应政策,吸引农民和社会资金投资小城镇开发建设,发展第二、第三产业,引导乡镇企业相对集中发展。

**第八十二条** 国家采取措施引导农村富余劳动力在城乡、地区间合理有序流动。地方各级人民政府依法保护进入城镇就业的农村劳动力的合法权益,不得设置不合理限制,已经设置的应当取消。

**第八十三条** 国家逐步完善农村社会救济制度,保障农村五保户、贫困残疾农民、贫困老年农民和其他丧失劳动能力的农民的基本生活。

**第八十四条** 国家鼓励、支持农民巩固和发展农村合作医疗和其他医疗保障形式,提高农民健康水平。

**第八十五条** 国家扶持贫困地区改善经济发展条件,帮助进行经济开发。省级人民政府根据国家关于扶持贫困地区的总体目标和要求,制定扶贫开发规划,并组织实施。

各级人民政府应当坚持开发式扶贫方针,组织贫困地区的农民和农业生产经营组织合理使用扶贫资金,依靠自身力量改变贫穷落后面貌,引导贫困地区的农民调整经济结构、开发当地资源。扶贫开发应当坚持与资源保护、生态建设相结合,促进贫困地区经济、社会的协调发展和全面进步。

**第八十六条** 中央和省级财政应当

把扶贫开发投入列入年度财政预算，并逐年增加，加大对贫困地区的财政转移支付和建设资金投入。

国家鼓励和扶持金融机构、其他企业事业单位和个人投入资金支持贫困地区开发建设。

禁止任何单位和个人截留、挪用扶贫资金。审计机关应当加强扶贫资金的审计监督。

## 第十一章　执法监督

**第八十七条**　县级以上人民政府应当采取措施逐步完善适应社会主义市场经济发展要求的农业行政管理体制。

县级以上人民政府农业行政主管部门和有关行政主管部门应当加强规划、指导、管理、协调、监督、服务职责，依法行政，公正执法。

县级以上地方人民政府农业行政主管部门应当在其职责范围内健全行政执法队伍，实行综合执法，提高执法效率和水平。

**第八十八条**　县级以上人民政府农业行政主管部门及其执法人员履行执法监督检查职责时，有权采取下列措施：

（一）要求被检查单位或者个人说明情况，提供有关文件、证照、资料；

（二）责令被检查单位或者个人停止违反本法的行为，履行法定义务。

农业行政执法人员在履行监督检查职责时，应当向被检查单位或者个人出示行政执法证件，遵守执法程序。有关单位或者个人应当配合农业行政执法人员依法执行职务，不得拒绝和阻碍。

**第八十九条**　农业行政主管部门与农业生产、经营单位必须在机构、人员、财务上彻底分离。农业行政主管部门及其工作人员不得参与和从事农业生产经营活动。

## 第十二章　法律责任

**第九十条**　违反本法规定，侵害农民和农业生产经营组织的土地承包经营权等财产权或者其他合法权益的，应当停止侵害，恢复原状；造成损失、损害的，依法承担赔偿责任。

国家工作人员利用职务便利或者以其他名义侵害农民和农业生产经营组织的合法权益的，应当赔偿损失，并由其所在单位或者上级主管机关给予行政处分。

**第九十一条**　违反本法第十九条、第二十五条、第六十二条、第七十一条规定的，依照相关法律或者行政法规的规定予以处罚。

**第九十二条**　有下列行为之一的，由上级主管机关责令限期归还被截留、挪用的资金，没收非法所得，并由上级主管机关或者所在单位给予直接负责的主管人员和其他直接责任人员行政处分；构成犯罪的，依法追究刑事责任：

（一）违反本法第三十三条第三款规定，截留、挪用粮食收购资金的；

（二）违反本法第三十九条第二款规定，截留、挪用用于农业的财政资金和信贷资金的；

（三）违反本法第八十六条第三款规定，截留、挪用扶贫资金的。

**第九十三条** 违反本法第六十七条规定，向农民或者农业生产经营组织违法收费、罚款、摊派的，上级主管机关应当予以制止，并予公告；已经收取钱款或者已经使用人力、物力的，由上级主管机关责令限期归还已经收取的钱款或者折价偿还已经使用的人力、物力，并由上级主管机关或者所在单位给予直接负责的主管人员和其他直接责任人员行政处分；情节严重，构成犯罪的，依法追究刑事责任。

**第九十四条** 有下列行为之一的，由上级主管机关责令停止违法行为，并给予直接负责的主管人员和其他直接责任人员行政处分，责令退还违法收取的集资款、税款或者费用：

（一）违反本法第六十八条规定，非法在农村进行集资、达标、升级、验收活动的；

（二）违反本法第六十九条规定，以违法方法向农民征税的；

（三）违反本法第七十条规定，通过农村中小学校向农民超额、超项目收费的。

**第九十五条** 违反本法第七十三条第二款规定，强迫农民以资代劳的，由乡（镇）人民政府责令改正，并退还违法收取的资金。

**第九十六条** 违反本法第七十四条规定，强迫农民和农业生产经营组织接受有偿服务的，由有关人民政府责令改正，并返还其违法收取的费用；情节严重的，给予直接负责的主管人员和其他直接责任人员行政处分；造成农民和农业生产经营组织损失的，依法承担赔偿责任。

**第九十七条** 县级以上人民政府农业行政主管部门的工作人员违反本法规定参与和从事农业生产经营活动的，依法给予行政处分；构成犯罪的，依法追究刑事责任。

## 第十三章 附 则

**第九十八条** 本法有关农民的规定，适用于国有农场、牧场、林场、渔场等企业事业单位实行承包经营的职工。

**第九十九条** 本法自2003年3月1日起施行。

# 农药管理条例

1. 1997年5月8日中华人民共和国国务院令第216号发布
2. 根据2001年11月29日《国务院关于修改〈农药管理条例〉的决定》第一次修订
3. 2017年2月8日国务院第164次常务会议修订通过
4. 根据2022年3月29日《国务院关于修改和废止部分行政法规的决定》第二次修订

## 第一章 总 则

**第一条** 为了加强农药管理，保证

农药质量，保障农产品质量安全和人畜安全，保护农业、林业生产和生态环境，制定本条例。

**第二条**　本条例所称农药，是指用于预防、控制危害农业、林业的病、虫、草、鼠和其他有害生物以及有目的地调节植物、昆虫生长的化学合成或者来源于生物、其他天然物质的一种物质或者几种物质的混合物及其制剂。

前款规定的农药包括用于不同目的、场所的下列各类：

（一）预防、控制危害农业、林业的病、虫（包括昆虫、蜱、螨）、草、鼠、软体动物和其他有害生物；

（二）预防、控制仓储以及加工场所的病、虫、鼠和其他有害生物；

（三）调节植物、昆虫生长；

（四）农业、林业产品防腐或者保鲜；

（五）预防、控制蚊、蝇、蜚蠊、鼠和其他有害生物；

（六）预防、控制危害河流堤坝、铁路、码头、机场、建筑物和其他场所的有害生物。

**第三条**　国务院农业主管部门负责全国的农药监督管理工作。

县级以上地方人民政府农业主管部门负责本行政区域的农药监督管理工作。

县级以上人民政府其他有关部门在各自职责范围内负责有关的农药监督管理工作。

**第四条**　县级以上地方人民政府应当加强对农药监督管理工作的组织领导，将农药监督管理经费列入本级政府预算，保障农药监督管理工作的开展。

**第五条**　农药生产企业、农药经营者应当对其生产、经营的农药的安全性、有效性负责，自觉接受政府监管和社会监督。

农药生产企业、农药经营者应当加强行业自律，规范生产、经营行为。

**第六条**　国家鼓励和支持研制、生产、使用安全、高效、经济的农药，推进农药专业化使用，促进农药产业升级。

对在农药研制、推广和监督管理等工作中作出突出贡献的单位和个人，按照国家有关规定予以表彰或者奖励。

## 第二章　农药登记

**第七条**　国家实行农药登记制度。农药生产企业、向中国出口农药的企业应当依照本条例的规定申请农药登记，新农药研制者可以依照本条例的规定申请农药登记。

国务院农业主管部门所属的负责农药检定工作的机构负责农药登记具体工作。省、自治区、直辖市人民政府农业主管部门所属的负责农药检定工作的机构协助做好本行政区域的农药登记具体工作。

**第八条**　国务院农业主管部门组织成立农药登记评审委员会，负责农药登记评审。

农药登记评审委员会由下列人员组成：

（一）国务院农业、林业、卫生、环境保护、粮食、工业行业管理、安全生产监督管理等有关部门和供销合作总社等单位推荐的农药产品化学、药效、毒理、残留、环境、质量标准和检测等方面的专家；

（二）国家食品安全风险评估专家委员会的有关专家；

（三）国务院农业、林业、卫生、环境保护、粮食、工业行业管理、安全生产监督管理等有关部门和供销合作总社等单位的代表。

农药登记评审规则由国务院农业主管部门制定。

**第九条** 申请农药登记的，应当进行登记试验。

农药的登记试验应当报所在地省、自治区、直辖市人民政府农业主管部门备案。

**第十条** 登记试验应当由国务院农业主管部门认定的登记试验单位按照国务院农业主管部门的规定进行。

与已取得中国农药登记的农药组成成分、使用范围和使用方法相同的农药，免予残留、环境试验，但已取得中国农药登记的农药依照本条例第十五条的规定在登记资料保护期内的，应当经农药登记证持有人授权同意。

登记试验单位应当对登记试验报告的真实性负责。

**第十一条** 登记试验结束后，申请人应当向所在地省、自治区、直辖市人民政府农业主管部门提出农药登记申请，并提交登记试验报告、标签样张和农药产品质量标准及其检验方法等申请资料；申请新农药登记的，还应当提供农药标准品。

省、自治区、直辖市人民政府农业主管部门应当自受理申请之日起20个工作日内提出初审意见，并报送国务院农业主管部门。

向中国出口农药的企业申请农药登记的，应当持本条第一款规定的资料、农药标准品以及在有关国家（地区）登记、使用的证明材料，向国务院农业主管部门提出申请。

**第十二条** 国务院农业主管部门受理申请或者收到省、自治区、直辖市人民政府农业主管部门报送的申请资料后，应当组织审查和登记评审，并自收到评审意见之日起20个工作日内作出审批决定，符合条件的，核发农药登记证；不符合条件的，书面通知申请人并说明理由。

**第十三条** 农药登记证应当载明农药名称、剂型、有效成分及其含量、毒性、使用范围、使用方法和剂量、登记证持有人、登记证号以及有效期等事项。

农药登记证有效期为5年。有效期届满，需要继续生产农药或者向中国出口农药的，农药登记证持有人应当在有效期届满90日前向国务院农业主管部门申请延续。

农药登记证载明事项发生变化的，农药登记证持有人应当按照国务院农业主管部门的规定申请变更农药登记证。

国务院农业主管部门应当及时公告农药登记证核发、延续、变更情况以及有关的农药产品质量标准号、残留限量规定、检验方法、经核准的标签等信息。

**第十四条**　新农药研制者可以转让其已取得登记的新农药的登记资料；农药生产企业可以向具有相应生产能力的农药生产企业转让其已取得登记的农药的登记资料。

**第十五条**　国家对取得首次登记的、含有新化合物的农药的申请人提交的其自己所取得且未披露的试验数据和其他数据实施保护。

自登记之日起6年内，对其他申请人未经已取得登记的申请人同意，使用前款规定的数据申请农药登记的，登记机关不予登记；但是，其他申请人提交其自己所取得的数据的除外。

除下列情况外，登记机关不得披露本条第一款规定的数据：

（一）公共利益需要；

（二）已采取措施确保该类信息不会被不正当地进行商业使用。

## 第三章　农药生产

**第十六条**　农药生产应当符合国家产业政策。国家鼓励和支持农药生产企业采用先进技术和先进管理规范，提高农药的安全性、有效性。

**第十七条**　国家实行农药生产许可制度。农药生产企业应当具备下列条件，并按照国务院农业主管部门的规定向省、自治区、直辖市人民政府农业主管部门申请农药生产许可证：

（一）有与所申请生产农药相适应的技术人员；

（二）有与所申请生产农药相适应的厂房、设施；

（三）有对所申请生产农药进行质量管理和质量检验的人员、仪器和设备；

（四）有保证所申请生产农药质量的规章制度。

省、自治区、直辖市人民政府农业主管部门应当自受理申请之日起20个工作日内作出审批决定，必要时应当进行实地核查。符合条件的，核发农药生产许可证；不符合条件的，书面通知申请人并说明理由。

安全生产、环境保护等法律、行政法规对企业生产条件有其他规定的，农药生产企业还应当遵守其规定。

**第十八条**　农药生产许可证应当载明农药生产企业名称、住所、法定代表人（负责人）、生产范围、生产地址以及有效期等事项。

农药生产许可证有效期为5年。有效期届满，需要继续生产农药的，农药生产企业应当在有效期届满90日前向省、自治区、直辖市人民政府农业主管部门申请延续。

农药生产许可证载明事项发生变化的，农药生产企业应当按照国务院农业主管部门的规定申请变更农药生产许可证。

**第十九条**　委托加工、分装农药的，委托人应当取得相应的农药登记证，受托人应当取得农药生产许可证。

委托人应当对委托加工、分装的农药质量负责。

**第二十条** 农药生产企业采购原材料,应当查验产品质量检验合格证和有关许可证明文件,不得采购、使用未依法附具产品质量检验合格证、未依法取得有关许可证明文件的原材料。

农药生产企业应当建立原材料进货记录制度,如实记录原材料的名称、有关许可证明文件编号、规格、数量、供货人名称及其联系方式、进货日期等内容。原材料进货记录应当保存2年以上。

**第二十一条** 农药生产企业应当严格按照产品质量标准进行生产,确保农药产品与登记农药一致。农药出厂销售,应当经质量检验合格并附具产品质量检验合格证。

农药生产企业应当建立农药出厂销售记录制度,如实记录农药的名称、规格、数量、生产日期和批号、产品质量检验信息、购货人名称及其联系方式、销售日期等内容。农药出厂销售记录应当保存2年以上。

**第二十二条** 农药包装应当符合国家有关规定,并印制或者贴有标签。国家鼓励农药生产企业使用可回收的农药包装材料。

农药标签应当按照国务院农业主管部门的规定,以中文标注农药的名称、剂型、有效成分及其含量、毒性及其标识、使用范围、使用方法和剂量、使用技术要求和注意事项、生产日期、可追溯电子信息码等内容。

剧毒、高毒农药以及使用技术要求严格的其他农药等限制使用农药的标签还应当标注“限制使用”字样,并注明使用的特别限制和特殊要求。用于食用农产品的农药的标签还应当标注安全间隔期。

**第二十三条** 农药生产企业不得擅自改变经核准的农药的标签内容,不得在农药的标签中标注虚假、误导使用者的内容。

农药包装过小,标签不能标注全部内容的,应当同时附具说明书,说明书的内容应当与经核准的标签内容一致。

## 第四章 农药经营

**第二十四条** 国家实行农药经营许可制度,但经营卫生用农药的除外。农药经营者应当具备下列条件,并按照国务院农业主管部门的规定向县级以上地方人民政府农业主管部门申请农药经营许可证:

(一)有具备农药和病虫害防治专业知识,熟悉农药管理规定,能够指导安全合理使用农药的经营人员;

(二)有与其他商品以及饮用水水源、生活区域等有效隔离的营业场所和仓储场所,并配备与所申请经营农药相适应的防护设施;

(三)有与所申请经营农药相适应的质量管理、台账记录、安全防护、应急处置、仓储管理等制度。

经营限制使用农药的,还应当配备

相应的用药指导和病虫害防治专业技术人员，并按照所在地省、自治区、直辖市人民政府农业主管部门的规定实行定点经营。

县级以上地方人民政府农业主管部门应当自受理申请之日起20个工作日内作出审批决定。符合条件的，核发农药经营许可证；不符合条件的，书面通知申请人并说明理由。

**第二十五条**　农药经营许可证应当载明农药经营者名称、住所、负责人、经营范围以及有效期等事项。

农药经营许可证有效期为5年。有效期届满，需要继续经营农药的，农药经营者应当在有效期届满90日前向发证机关申请延续。

农药经营许可证载明事项发生变化的，农药经营者应当按照国务院农业主管部门的规定申请变更农药经营许可证。

取得农药经营许可证的农药经营者设立分支机构的，应当依法申请变更农药经营许可证，并向分支机构所在地县级以上地方人民政府农业主管部门备案，其分支机构免予办理农药经营许可证。农药经营者应当对其分支机构的经营活动负责。

**第二十六条**　农药经营者采购农药应当查验产品包装、标签、产品质量检验合格证以及有关许可证明文件，不得向未取得农药生产许可证的农药生产企业或者未取得农药经营许可证的其他农药经营者采购农药。

农药经营者应当建立采购台账，如实记录农药的名称、有关许可证明文件编号、规格、数量、生产企业和供货人名称及其联系方式、进货日期等内容。采购台账应当保存2年以上。

**第二十七条**　农药经营者应当建立销售台账，如实记录销售农药的名称、规格、数量、生产企业、购买人、销售日期等内容。销售台账应当保存2年以上。

农药经营者应当向购买人询问病虫害发生情况并科学推荐农药，必要时应当实地查看病虫害发生情况，并正确说明农药的使用范围、使用方法和剂量、使用技术要求和注意事项，不得误导购买人。

经营卫生用农药的，不适用本条第一款、第二款的规定。

**第二十八条**　农药经营者不得加工、分装农药，不得在农药中添加任何物质，不得采购、销售包装和标签不符合规定，未附具产品质量检验合格证，未取得有关许可证明文件的农药。

经营卫生用农药的，应当将卫生用农药与其他商品分柜销售；经营其他农药的，不得在农药经营场所内经营食品、食用农产品、饲料等。

**第二十九条**　境外企业不得直接在中国销售农药。境外企业在中国销售农药的，应当依法在中国设立销售机构或者委托符合条件的中国代理机构销售。

向中国出口的农药应当附具中文标签、说明书，符合产品质量标准，并经出入境检验检疫部门依法检验合格。禁止进口未取得农药登记证的农药。

办理农药进出口海关申报手续，应当按照海关总署的规定出示相关证明文件。

## 第五章 农药使用

**第三十条** 县级以上人民政府农业主管部门应当加强农药使用指导、服务工作，建立健全农药安全、合理使用制度，并按照预防为主、综合防治的要求，组织推广农药科学使用技术，规范农药使用行为。林业、粮食、卫生等部门应当加强对林业、储粮、卫生用农药安全、合理使用的技术指导，环境保护主管部门应当加强对农药使用过程中环境保护和污染防治的技术指导。

**第三十一条** 县级人民政府农业主管部门应当组织植物保护、农业技术推广等机构向农药使用者提供免费技术培训，提高农药安全、合理使用水平。

国家鼓励农业科研单位、有关学校、农民专业合作社、供销合作社、农业社会化服务组织和专业人员为农药使用者提供技术服务。

**第三十二条** 国家通过推广生物防治、物理防治、先进施药器械等措施，逐步减少农药使用量。

县级人民政府应当制定并组织实施本行政区域的农药减量计划；对实施农药减量计划、自愿减少农药使用量的农药使用者，给予鼓励和扶持。

县级人民政府农业主管部门应当鼓励和扶持设立专业化病虫害防治服务组织，并对专业化病虫害防治和限制使用农药的配药、用药进行指导、规范和管理，提高病虫害防治水平。

县级人民政府农业主管部门应当指导农药使用者有计划地轮换使用农药，减缓危害农业、林业的病、虫、草、鼠和其他有害生物的抗药性。

乡、镇人民政府应当协助开展农药使用指导、服务工作。

**第三十三条** 农药使用者应当遵守国家有关农药安全、合理使用制度，妥善保管农药，并在配药、用药过程中采取必要的防护措施，避免发生农药使用事故。

限制使用农药的经营者应当为农药使用者提供用药指导，并逐步提供统一用药服务。

**第三十四条** 农药使用者应当严格按照农药的标签标注的使用范围、使用方法和剂量、使用技术要求和注意事项使用农药，不得扩大使用范围、加大用药剂量或者改变使用方法。

农药使用者不得使用禁用的农药。

标签标注安全间隔期的农药，在农产品收获前应当按照安全间隔期的要求停止使用。

剧毒、高毒农药不得用于防治卫生害虫，不得用于蔬菜、瓜果、茶叶、菌类、中草药材的生产，不得用于水生植物的病虫害防治。

**第三十五条** 农药使用者应当保护环境，保护有益生物和珍稀物种，不得在饮用水水源保护区、河道内丢弃农药、农药包装物或者清洗施药器械。

严禁在饮用水水源保护区内使用农药，严禁使用农药毒鱼、虾、鸟、兽等。

**第三十六条**　农产品生产企业、食品和食用农产品仓储企业、专业化病虫害防治服务组织和从事农产品生产的农民专业合作社等应当建立农药使用记录，如实记录使用农药的时间、地点、对象以及农药名称、用量、生产企业等。农药使用记录应当保存2年以上。

国家鼓励其他农药使用者建立农药使用记录。

**第三十七条**　国家鼓励农药使用者妥善收集农药包装物等废弃物；农药生产企业、农药经营者应当回收农药废弃物，防止农药污染环境和农药中毒事故的发生。具体办法由国务院环境保护主管部门会同国务院农业主管部门、国务院财政部门等部门制定。

**第三十八条**　发生农药使用事故，农药使用者、农药生产企业、农药经营者和其他有关人员应当及时报告当地农业主管部门。

接到报告的农业主管部门应当立即采取措施，防止事故扩大，同时通知有关部门采取相应措施。造成农药中毒事故的，由农业主管部门和公安机关依照职责权限组织调查处理，卫生主管部门应当按照国家有关规定立即对受到伤害的人员组织医疗救治；造成环境污染事故的，由环境保护等有关部门依法组织调查处理；造成储粮药剂使用事故和农作物药害事故的，分别由粮食、农业等部门组织技术鉴定和调查处理。

**第三十九条**　因防治突发重大病虫害等紧急需要，国务院农业主管部门可以决定临时生产、使用规定数量的未取得登记或者禁用、限制使用的农药，必要时应当会同国务院对外贸易主管部门决定临时限制出口或者临时进口规定数量、品种的农药。

前款规定的农药，应当在使用地县级人民政府农业主管部门的监督和指导下使用。

## 第六章　监督管理

**第四十条**　县级以上人民政府农业主管部门应当定期调查统计农药生产、销售、使用情况，并及时通报本级人民政府有关部门。

县级以上地方人民政府农业主管部门应当建立农药生产、经营诚信档案并予以公布；发现违法生产、经营农药的行为涉嫌犯罪的，应当依法移送公安机关查处。

**第四十一条**　县级以上人民政府农业主管部门履行农药监督管理职责，可以依法采取下列措施：

（一）进入农药生产、经营、使用场所实施现场检查；

（二）对生产、经营、使用的农药实施抽查检测；

（三）向有关人员调查了解有关情况；

（四）查阅、复制合同、票据、账簿以及其他有关资料；

（五）查封、扣押违法生产、经营、使

用的农药,以及用于违法生产、经营、使用农药的工具、设备、原材料等;

(六)查封违法生产、经营、使用农药的场所。

**第四十二条** 国家建立农药召回制度。农药生产企业发现其生产的农药对农业、林业、人畜安全、农产品质量安全、生态环境等有严重危害或者较大风险的,应当立即停止生产,通知有关经营者和使用者,向所在地农业主管部门报告,主动召回产品,并记录通知和召回情况。

农药经营者发现其经营的农药有前款规定的情形的,应当立即停止销售,通知有关生产企业、供货人和购买人,向所在地农业主管部门报告,并记录停止销售和通知情况。

农药使用者发现其使用的农药有本条第一款规定的情形的,应当立即停止使用,通知经营者,并向所在地农业主管部门报告。

**第四十三条** 国务院农业主管部门和省、自治区、直辖市人民政府农业主管部门应当组织负责农药检定工作的机构、植物保护机构对已登记农药的安全性和有效性进行监测。

发现已登记农药对农业、林业、人畜安全、农产品质量安全、生态环境等有严重危害或者较大风险的,国务院农业主管部门应当组织农药登记评审委员会进行评审,根据评审结果撤销、变更相应的农药登记证,必要时应当决定禁用或者限制使用并予以公告。

**第四十四条** 有下列情形之一的,认定为假农药:

(一)以非农药冒充农药;

(二)以此种农药冒充他种农药;

(三)农药所含有效成分种类与农药的标签、说明书标注的有效成分不符。

禁用的农药,未依法取得农药登记证而生产、进口的农药,以及未附具标签的农药,按照假农药处理。

**第四十五条** 有下列情形之一的,认定为劣质农药:

(一)不符合农药产品质量标准;

(二)混有导致药害等有害成分。

超过农药质量保证期的农药,按照劣质农药处理。

**第四十六条** 假农药、劣质农药和回收的农药废弃物等应当交由具有危险废物经营资质的单位集中处置,处置费用由相应的农药生产企业、农药经营者承担;农药生产企业、农药经营者不明确的,处置费用由所在地县级人民政府财政列支。

**第四十七条** 禁止伪造、变造、转让、出租、出借农药登记证、农药生产许可证、农药经营许可证等许可证明文件。

**第四十八条** 县级以上人民政府农业主管部门及其工作人员和负责农药检定工作的机构及其工作人员,不得参与农药生产、经营活动。

## 第七章 法律责任

**第四十九条** 县级以上人民政府农业主管部门及其工作人员有下列行为之一的,由本级人民政府责令改正;对负有责任的领导人员和直接责任人员，依法给予处分；负有责任的领导人员和直接责任人员构成犯罪的，依法追究刑事责任：

（一）不履行监督管理职责，所辖行政区域的违法农药生产、经营活动造成重大损失或者恶劣社会影响；

（二）对不符合条件的申请人准予许可或者对符合条件的申请人拒不准予许可；

（三）参与农药生产、经营活动；

（四）有其他徇私舞弊、滥用职权、玩忽职守行为。

**第五十条** 农药登记评审委员会组成人员在农药登记评审中谋取不正当利益的，由国务院农业主管部门从农药登记评审委员会除名；属于国家工作人员的，依法给予处分；构成犯罪的，依法追究刑事责任。

**第五十一条** 登记试验单位出具虚假登记试验报告的，由省、自治区、直辖市人民政府农业主管部门没收违法所得，并处5万元以上10万元以下罚款；由国务院农业主管部门从登记试验单位中除名，5年内不再受理其登记试验单位认定申请；构成犯罪的，依法追究刑事责任。

**第五十二条** 未取得农药生产许可证生产农药或者生产假农药的，由县级以上地方人民政府农业主管部门责令停止生产，没收违法所得、违法生产的产品和用于违法生产的工具、设备、原材料等，违法生产的产品货值金额不足1万元的，并处5万元以上10万元以下罚款，货值金额1万元以上的，并处货值金额10倍以上20倍以下罚款，由发证机关吊销农药生产许可证和相应的农药登记证；构成犯罪的，依法追究刑事责任。

取得农药生产许可证的农药生产企业不再符合规定条件继续生产农药的，由县级以上地方人民政府农业主管部门责令限期整改；逾期拒不整改或者整改后仍不符合规定条件的，由发证机关吊销农药生产许可证。

农药生产企业生产劣质农药的，由县级以上地方人民政府农业主管部门责令停止生产，没收违法所得、违法生产的产品和用于违法生产的工具、设备、原材料等，违法生产的产品货值金额不足1万元的，并处1万元以上5万元以下罚款，货值金额1万元以上的，并处货值金额5倍以上10倍以下罚款；情节严重的，由发证机关吊销农药生产许可证和相应的农药登记证；构成犯罪的，依法追究刑事责任。

委托未取得农药生产许可证的受托人加工、分装农药，或者委托加工、分装假农药、劣质农药的，对委托人和受托人均依照本条第一款、第三款的规定处罚。

**第五十三条** 农药生产企业有下列行为之一的，由县级以上地方人民政府农业主管部门责令改正，没收违法所得、违法生产的产品和用于违法生产的原材料等，违法生产的产品货值金额不足1万元的，并处1万元以上2万元以下罚款，货值金额1万元以上的，并处货值金额2倍以上5倍以下罚款；拒不改正或者情节严重的，由发证机关吊销农药生产许可证和相应的农药登记证：

（一）采购、使用未依法附具产品质量检验合格证、未依法取得有关许可证明文件的原材料；

（二）出厂销售未经质量检验合格并附具产品质量检验合格证的农药；

（三）生产的农药包装、标签、说明书不符合规定；

（四）不召回依法应当召回的农药。

**第五十四条**　农药生产企业不执行原材料进货、农药出厂销售记录制度，或者不履行农药废弃物回收义务的，由县级以上地方人民政府农业主管部门责令改正，处1万元以上5万元以下罚款；拒不改正或者情节严重的，由发证机关吊销农药生产许可证和相应的农药登记证。

**第五十五条**　农药经营者有下列行为之一的，由县级以上地方人民政府农业主管部门责令停止经营，没收违法所得、违法经营的农药和用于违法经营的工具、设备等，违法经营的农药货值金额不足1万元的，并处5000元以上5万元以下罚款，货值金额1万元以上的，并处货值金额5倍以上10倍以下罚款；构成犯罪的，依法追究刑事责任：

（一）违反本条例规定，未取得农药经营许可证经营农药；

（二）经营假农药；

（三）在农药中添加物质。

有前款第二项、第三项规定的行为，情节严重的，还应当由发证机关吊销农药经营许可证。

取得农药经营许可证的农药经营者不再符合规定条件继续经营农药的，由县级以上地方人民政府农业主管部门责令限期整改；逾期拒不整改或者整改后仍不符合规定条件的，由发证机关吊销农药经营许可证。

**第五十六条**　农药经营者经营劣质农药的，由县级以上地方人民政府农业主管部门责令停止经营，没收违法所得、违法经营的农药和用于违法经营的工具、设备等，违法经营的农药货值金额不足1万元的，并处2000元以上2万元以下罚款，货值金额1万元以上的，并处货值金额2倍以上5倍以下罚款；情节严重的，由发证机关吊销农药经营许可证；构成犯罪的，依法追究刑事责任。

**第五十七条**　农药经营者有下列行为之一的，由县级以上地方人民政府农业主管部门责令改正，没收违法所得和违法经营的农药，并处5000元以上5万元以下罚款；拒不改正或者情节严重的，由发证机关吊销农药经营许可证：

（一）设立分支机构未依法变更农药经营许可证，或者未向分支机构所在地县级以上地方人民政府农业主管部门备案；

（二）向未取得农药生产许可证的农药生产企业或者未取得农药经营许可证的其他农药经营者采购农药；

（三）采购、销售未附具产品质量检验合格证或者包装、标签不符合规定的农药；

（四）不停止销售依法应当召回的农药。

**第五十八条**　农药经营者有下列行为之一的，由县级以上地方人民政府农业主管部门责令改正；拒不改正或者情节严重的，处2000元以上2万元以下罚款，并由发证机关吊销农药经营许可证：

（一）不执行农药采购台账、销售台账制度；

（二）在卫生用农药以外的农药经营场所内经营食品、食用农产品、饲料等；

（三）未将卫生用农药与其他商品分柜销售；

（四）不履行农药废弃物回收义务。

**第五十九条**　境外企业直接在中国销售农药的，由县级以上地方人民政府农业主管部门责令停止销售，没收违法所得、违法经营的农药和用于违法经营的工具、设备等，违法经营的农药货值金额不足5万元的，并处5万元以上50万元以下罚款，货值金额5万元以上的，并处货值金额10倍以上20倍以下罚款，由发证机关吊销农药登记证。

取得农药登记证的境外企业向中国出口劣质农药情节严重或者出口假农药的，由国务院农业主管部门吊销相应的农药登记证。

**第六十条**　农药使用者有下列行为之一的，由县级人民政府农业主管部门责令改正，农药使用者为农产品生产企业、食品和食用农产品仓储企业、专业化病虫害防治服务组织和从事农产品生产的农民专业合作社等单位的，处5万元以上10万元以下罚款，农药使用者为个人的，处1万元以下罚款；构成犯罪的，依法追究刑事责任：

（一）不按照农药的标签标注的使用范围、使用方法和剂量、使用技术要求和注意事项、安全间隔期使用农药；

（二）使用禁用的农药；

（三）将剧毒、高毒农药用于防治卫生害虫，用于蔬菜、瓜果、茶叶、菌类、中草药材生产或者用于水生植物的病虫害防治；

（四）在饮用水水源保护区内使用农药；

（五）使用农药毒鱼、虾、鸟、兽等；

（六）在饮用水水源保护区、河道内丢弃农药、农药包装物或者清洗施药器械。

有前款第二项规定的行为的，县级人民政府农业主管部门还应当没收禁用的农药。

**第六十一条**　农产品生产企业、食品和食用农产品仓储企业、专业化病虫害防治服务组织和从事农产品生产的农民专业合作社等不执行农药使用记录制度的，由县级人民政府农业主管部门责令改正；拒不改正或者情节严重的，处2000元以上2万元以下罚款。

**第六十二条**　伪造、变造、转让、出租、出借农药登记证、农药生产许可证、农药经营许可证等许可证明文件的，由发证机关收缴或者予以吊销，没收违法所得，并处1万元以上5万元以下罚款；构成犯罪的，依法追究刑事责任。

**第六十三条** 未取得农药生产许可证生产农药，未取得农药经营许可证经营农药，或者被吊销农药登记证、农药生产许可证、农药经营许可证的，其直接负责的主管人员10年内不得从事农药生产、经营活动。

农药生产企业、农药经营者招用前款规定的人员从事农药生产、经营活动的，由发证机关吊销农药生产许可证、农药经营许可证。

被吊销农药登记证的，国务院农业主管部门5年内不再受理其农药登记申请。

**第六十四条** 生产、经营的农药造成农药使用者人身、财产损害的，农药使用者可以向农药生产企业要求赔偿，也可以向农药经营者要求赔偿。属于农药生产企业责任的，农药经营者赔偿后有权向农药生产企业追偿；属于农药经营者责任的，农药生产企业赔偿后有权向农药经营者追偿。

## 第八章 附 则

**第六十五条** 申请农药登记的，申请人应当按照自愿有偿的原则，与登记试验单位协商确定登记试验费用。

**第六十六条** 本条例自2017年6月1日起施行。

# 农业生产发展资金管理办法

1. 2022年4月1日财政部、农业农村部修订
2. 财农〔2022〕25号

## 第一章 总 则

**第一条** 为加强和规范农业生产发展资金管理，推进资金统筹使用，提高资金使用效益，增强农业综合生产能力，根据《中华人民共和国预算法》、《中共中央 国务院关于全面实施预算绩效管理的意见》、《国务院关于探索建立涉农资金统筹整合长效机制的意见》（国发〔2017〕54号）等有关法律法规和制度规定，制定本办法。

**第二条** 本办法所称农业生产发展资金，是指中央财政安排用于促进农业生产、优化产业结构、推动产业融合、提高农业效益等的共同财政事权转移支付资金。

**第三条** 农业生产发展资金的分配、使用、管理和监督适用本办法。

**第四条** 在编制年度预算前或预算执行中，财政部会同农业农村部根据政策实施情况和工作需要，开展相关评估工作，根据评估结果完善资金管理政策。

农业生产发展资金实施期限至2025年，到期前由财政部会同农业农村部评估确定是否继续实施。

**第五条**　农业生产发展资金由财政部会同农业农村部按照“政策目标明确、分配办法科学、支出方向协调、绩效结果导向”的原则分配、使用和管理。

财政部负责农业生产发展资金中期财政规划和年度预算编制，会同农业农村部分配及下达资金预算，组织实施全过程预算绩效管理，对资金使用情况进行监督。

农业农村部负责相关产业发展规划编制，指导、推动和监督开展农业生产发展工作，会同财政部下达年度工作任务清单，做好资金测算、任务完成情况监督，对相关基础数据的真实性、准确性负责，按规定开展预算绩效管理工作，加强绩效管理结果应用等工作。

地方财政部门主要负责农业生产发展资金的预算分解下达、资金审核拨付、本地区预算绩效管理以及资金使用监督。

地方农业农村部门主要负责农业生产发展资金相关规划或实施方案编制、项目组织实施和监督等，研究提出资金和任务清单分解安排建议方案，做好本地区预算执行和绩效目标管理、绩效监控和绩效评价等工作。

## 第二章　资金支出范围

**第六条**　农业生产发展资金主要用于以下方面：

（一）耕地地力保护支出。主要用于支持保护耕地地力。对已作为畜牧养殖场使用的耕地、林地、草地、成片粮田转为设施农业用地、非农征（占）用耕地等已改变用途的耕地，以及抛荒地、占补平衡中“补”的面积和质量达不到耕种条件的耕地等不予补贴。

（二）农机购置与应用补贴支出。主要用于支持购置与应用先进适用农业机械，以及开展报废更新和相关创新试点等方面。

（三）农业绿色发展与技术服务支出。主要用于支持重点作物绿色高质高效、基层农技推广体系改革与建设、良种良法技术推广等方面。

（四）农业经营方式创新支出。主要用于支持新型农业经营主体培育、农业生产社会化服务、高素质农民培育、农产品产地冷藏保鲜设施建设、农业信贷担保业务补奖等方面。

（五）农业产业发展支出。主要用于支持优势特色产业集群、国家现代农业产业园和农业产业强镇等农村一二三产业融合发展，以及奶业振兴行动和畜禽健康养殖、种业发展、地理标志农产品保护等方面。

（六）党中央、国务院确定的支持农业生产发展的其他重点工作。

农业生产发展资金不得用于兴建楼堂馆所、弥补预算支出缺口等与农业生产发展无关的支出。

**第七条**　农业生产发展资金的支持对象主要是农民，新型农业经营主体，以及承担项目任务的单位和个人。

**第八条**　农业生产发展资金可以采取直接补助、政府购买服务、先建后补、以奖代补、资产折股量化、贷款贴息、担保补助等支持方式。具体由省级财政部门商农业农村部门确定。

## 第三章 资金分配和预算下达

**第九条** 农业生产发展资金主要采取因素法测算分配，并可根据绩效评价结果、地方财政支农投入、资金监督管理等因素进行适当调节。分配因素包括：

（一）基础资源因素，包括耕地面积、主要农产品产量、农作物播种面积、农林牧渔业产值等。

（二）政策任务因素，分为约束性任务和指导性任务，约束性任务主要包括党中央、国务院明确要求的涉及国计民生的事项、重大规划任务、新设试点任务以及对农牧民直接补贴等，其他任务为指导性任务。

（三）脱贫地区因素，包括832个脱贫县（原国家扶贫开发工作重点县和连片特困地区县）粮食播种面积和所在省脱贫人口等。

基础资源、政策任务、脱贫地区因素根据相关支出方向具体确定，并可根据党中央、国务院有关决策部署和农业发展实际需要适当调整。实行项目管理、承担的相关试点或据实结算的任务，以及计划单列市、新疆生产建设兵团、北大荒农垦集团有限公司、广东省农垦总局可根据需要采取定额测算分配方式。

**第十条** 财政部应当在全国人民代表大会审查批准中央预算后30日内将农业生产发展资金预算下达省级财政部门，同时抄送农业农村部、省级农业农村部门和财政部当地监管局，并同步下达区域绩效目标，作为开展绩效监控、绩效评价的依据。财政部应在每年10月31日前将下一年度农业生产发展资金预计数提前下达省级财政部门，同时抄送农业农村部、省级农业农村部门和财政部当地监管局。农业生产发展资金分配结果在资金预算下达文件印发后20日内向社会公开，涉及国家秘密的除外。

**第十一条** 农业生产发展资金的支付，按照国库集中支付制度有关规定执行。属于政府采购管理范围的，按照政府采购法律制度规定执行。用于耕地地力保护的资金，按规定通过粮食风险基金专户下达拨付。

## 第四章 资金使用和管理

**第十二条** 农业生产发展资金实行“大专项+任务清单”管理方式，并实施年度动态调整。任务清单主要包括农业生产发展资金支持的年度重点工作、支持方向、具体任务等，与资金预算同步下达。下达预算时可明确约束性任务对应资金额度。各地在完成约束性任务的前提下，可根据当地发展需要，区分轻重缓急，在农业生产发展资金项目内调剂使用资金，但不得跨转移支付项目整合资金，不得超出任务清单范围安排资金，不得将中央财政资金直接切块用于省级及以下地方性政策任务。

**第十三条** 各级财政、农业农村部门应当加快预算执行，提高资金使用效益。结转结余的农业生产发展资金，按照《中华人民共和国预算法》和财政部有关结转结余资金管理的相关规定处理。

**第十四条** 省级财政部门会同农业

农村部门，根据本办法和财政部、农业农村部下达的工作任务清单与绩效目标，结合本地区农业生产发展实际情况，制定本省年度资金使用方案，于每年6月30日前以正式文件报财政部、农业农村部备案，抄送财政部当地监管局。纳入直达资金管理范围的，按照有关要求做好备案工作。

**第十五条**　各级农业农村部门应当组织核实资金支持对象的资格、条件，督促检查工作任务清单完成情况，为财政部门按规定标准分配、审核拨付资金提供依据，对不符合法律、行政法规等有关规定，政策到期，以及已从中央基建投资等其他渠道获得中央财政资金支持的项目严格审核，不得申请农业生产发展资金支持。

**第十六条**　安排给832个脱贫县（原国家扶贫开发工作重点县和连片特困地区县）和国家乡村振兴重点帮扶县的资金，按照财政部等11部门《关于继续支持脱贫县统筹整合使用财政涉农资金工作的通知》（财农〔2021〕22号）有关规定执行。

## 第五章　监督和绩效管理

**第十七条**　各级财政、农业农村部门应当加强对农业生产发展资金分配、使用、管理情况的监督，发现问题及时纠正。财政部各地监管局根据农业生产发展资金的年度工作任务清单和区域绩效目标，加强资金预算执行监管，根据财政部计划安排开展监督和绩效评价，形成监管报告报送财政部，同时跟踪发现问题的整改情况并督促落实。

各级财政、农业农村部门应当按照防范和化解财政风险要求，强化流程控制、依法合规分配和使用资金，实行不相容岗位（职责）分离控制。

**第十八条**　农业生产发展资金实行全过程预算绩效管理，各级财政、农业农村部门按照《农业相关转移支付资金绩效管理办法》（财农〔2019〕48号）等有关制度规定，设定资金绩效目标、开展绩效目标执行情况监控和绩效评价等工作，绩效评价结果作为农业生产发展资金分配的重要依据。

**第十九条**　各级财政、农业农村部门及其工作人员在资金分配、审核等工作中，存在违反规定分配资金、向不符合条件的单位、个人（或项目）分配资金或者擅自超出规定的范围、标准分配或使用资金，以及存在其他滥用职权、玩忽职守、徇私舞弊等违法违规行为的，依法追究相应责任；涉嫌犯罪的，依法移送有关机关处理。

**第二十条**　资金使用单位和个人虚报冒领、骗取套取、挤占挪用农业生产发展资金，以及存在其他违反本办法规定行为的，依法追究相应责任。

## 第六章　附　　则

**第二十一条**　省级财政部门应当会同省级农业农村部门根据本办法制定实施细则，报送财政部和农业农村部备案，抄送财政部当地监管局。

**第二十二条**　本办法所称省是指省、自治区、直辖市、计划单列市、新疆生产建设兵团以及北大荒农垦集团有限公司、广东省农垦总局等。农业农村部门是指农业农村、农牧、畜牧兽医、渔业等行政主管部门。

**第二十三条** 本办法由财政部会同农业农村部负责解释。

**第二十四条** 本办法自印发之日起施行。

## 中华人民共和国种子法

1. 2000年7月8日第九届全国人民代表大会常务委员会第十六次会议通过
2. 根据2004年8月28日第十届全国人民代表大会常务委员会第十一次会议《关于修改〈中华人民共和国种子法〉的决定》第一次修正
3. 根据2013年6月29日第十二届全国人民代表大会常务委员会第三次会议《关于修改〈中华人民共和国文物保护法〉等十二部法律的决定》第二次修正
4. 2015年11月4日第十二届全国人民代表大会常务委员会第十七次会议修订
5. 根据2021年12月24日第十三届全国人民代表大会常务委员会第三十二次会议《关于修改〈中华人民共和国种子法〉的决定》第三次修正

目　　录



### 第一章　总　　则

**第一条** 为了保护和合理利用种质资源，规范品种选育、种子生产经营和管理行为，加强种业科学技术研究，鼓励育种创新，保护植物新品种权，维护种子生产经营者、使用者的合法权益，提高种子质量，发展现代种业，保障国家粮食安全，促进农业和林业的发展，制定本法。

**第二条** 在中华人民共和国境内从事品种选育、种子生产经营和管理等活动，适用本法。

本法所称种子，是指农作物和林木的种植材料或者繁殖材料，包括籽粒、果实、根、茎、苗、芽、叶、花等。

**第三条** 国务院农业农村、林业草原主管部门分别主管全国农作物种子和林木种子工作；县级以上地方人民政府农业农村、林业草原主管部门分别主管本行政区域内农作物种子和林木种子工作。

各级人民政府及其有关部门应当采取措施，加强种子执法和监督，依法惩处侵害农民权益的种子违法行为。

**第四条** 国家扶持种质资源保护工作和选育、生产、更新、推广使用良种，鼓励品种选育和种子生产经营相结合，奖励在种质资源保护工作和良种选育、推广等工作中成绩显著的单位和个人。

**第五条**　省级以上人民政府应当根据科教兴农方针和农业、林业发展的需要制定种业发展规划并组织实施。

**第六条**　省级以上人民政府建立种子储备制度，主要用于发生灾害时的生产需要及余缺调剂，保障农业和林业生产安全。对储备的种子应当定期检验和更新。种子储备的具体办法由国务院规定。

**第七条**　转基因植物品种的选育、试验、审定和推广应当进行安全性评价，并采取严格的安全控制措施。国务院农业农村、林业草原主管部门应当加强跟踪监管并及时公告有关转基因植物品种审定和推广的信息。具体办法由国务院规定。

## 第二章　种质资源保护

**第八条**　国家依法保护种质资源，任何单位和个人不得侵占和破坏种质资源。

禁止采集或者采伐国家重点保护的天然种质资源。因科研等特殊情况需要采集或者采伐的，应当经国务院或者省、自治区、直辖市人民政府的农业农村、林业草原主管部门批准。

**第九条**　国家有计划地普查、收集、整理、鉴定、登记、保存、交流和利用种质资源，重点收集珍稀、濒危、特有资源和特色地方品种，定期公布可供利用的种质资源目录。具体办法由国务院农业农村、林业草原主管部门规定。

**第十条**　国务院农业农村、林业草原主管部门应当建立种质资源库、种质资源保护区或者种质资源保护地。省、自治区、直辖市人民政府农业农村、林业草原主管部门可以根据需要建立种质资源库、种质资源保护区、种质资源保护地。种质资源库、种质资源保护区、种质资源保护地的种质资源属公共资源，依法开放利用。

占用种质资源库、种质资源保护区或者种质资源保护地的，需经原设立机关同意。

**第十一条**　国家对种质资源享有主权。任何单位和个人向境外提供种质资源，或者与境外机构、个人开展合作研究利用种质资源的，应当报国务院农业农村、林业草原主管部门批准，并同时提交国家共享惠益的方案。国务院农业农村、林业草原主管部门可以委托省、自治区、直辖市人民政府农业农村、林业草原主管部门接收申请材料。国务院农业农村、林业草原主管部门应当将批准情况通报国务院生态环境主管部门。

从境外引进种质资源的，依照国务院农业农村、林业草原主管部门的有关规定办理。

## 第三章　品种选育、审定与登记

**第十二条**　国家支持科研院所及高等院校重点开展育种的基础性、前沿性和应用技术研究以及生物育种技术研究，支持常规作物、主要造林树种育种和无性繁殖材料选育等公益性研究。

国家鼓励种子企业充分利用公益性研究成果，培育具有自主知识产权的优良品种；鼓励种子企业与科研院所及高等院校构建技术研发平台，开展主要粮食作物、重要经济作物育种攻关，建立以市场为导向、利益共享、风险共担的产学研相结合的种业技术创新体系。

国家加强种业科技创新能力建设，促进种业科技成果转化，维护种业科技人员的合法权益。

**第十三条** 由财政资金支持形成的育种发明专利权和植物新品种权，除涉及国家安全、国家利益和重大社会公共利益的外，授权项目承担者依法取得。

由财政资金支持为主形成的育种成果的转让、许可等应当依法公开进行，禁止私自交易。

**第十四条** 单位和个人因林业草原主管部门为选育林木良种建立测定林、试验林、优树收集区、基因库等而减少经济收入的，批准建立的林业草原主管部门应当按照国家有关规定给予经济补偿。

**第十五条** 国家对主要农作物和主要林木实行品种审定制度。主要农作物品种和主要林木品种在推广前应当通过国家级或者省级审定。由省、自治区、直辖市人民政府林业草原主管部门确定的主要林木品种实行省级审定。

申请审定的品种应当符合特异性、一致性、稳定性要求。

主要农作物品种和主要林木品种的审定办法由国务院农业农村、林业草原主管部门规定。审定办法应当体现公正、公开、科学、效率的原则，有利于产量、品质、抗性等的提高与协调，有利于适应市场和生活消费需要的品种的推广。在制定、修改审定办法时，应当充分听取育种者、种子使用者、生产经营者和相关行业代表意见。

**第十六条** 国务院和省、自治区、直辖市人民政府的农业农村、林业草原主管部门分别设立由专业人员组成的农作物品种和林木品种审定委员会。品种审定委员会承担主要农作物品种和主要林木品种的审定工作，建立包括申请文件、品种审定试验数据、种子样品、审定意见和审定结论等内容的审定档案，保证可追溯。在审定通过的品种依法公布的相关信息中应当包括审定意见情况，接受监督。

品种审定实行回避制度。品种审定委员会委员、工作人员及相关测试、试验人员应当忠于职守，公正廉洁。对单位和个人举报或者监督检查发现的上述人员的违法行为，省级以上人民政府农业农村、林业草原主管部门和有关机关应当及时依法处理。

**第十七条** 实行选育生产经营相结合，符合国务院农业农村、林业草原主管部门规定条件的种子企业，对其自主研发的主要农作物品种、主要林木品种可以按照审定办法自行完成试验，达到审定标准的，品种审定委员会应当颁发审定证书。种子企业对试验数据的真实性负责，保证可追溯，接受省级以上人民政府农业农村、林业草原主管部门和社会的监督。

**第十八条**　审定未通过的农作物品种和林木品种，申请人有异议的，可以向原审定委员会或者国家级审定委员会申请复审。

**第十九条**　通过国家级审定的农作物品种和林木良种由国务院农业农村、林业草原主管部门公告，可以在全国适宜的生态区域推广。通过省级审定的农作物品种和林木良种由省、自治区、直辖市人民政府农业农村、林业草原主管部门公告，可以在本行政区域内适宜的生态区域推广；其他省、自治区、直辖市属于同一适宜生态区的地域引种农作物品种、林木良种的，引种者应当将引种的品种和区域报所在省、自治区、直辖市人民政府农业农村、林业草原主管部门备案。

引种本地区没有自然分布的林木品种，应当按照国家引种标准通过试验。

**第二十条**　省、自治区、直辖市人民政府农业农村、林业草原主管部门应当完善品种选育、审定工作的区域协作机制，促进优良品种的选育和推广。

**第二十一条**　审定通过的农作物品种和林木良种出现不可克服的严重缺陷等情形不宜继续推广、销售的，经原审定委员会审核确认后，撤销审定，由原公告部门发布公告，停止推广、销售。

**第二十二条**　国家对部分非主要农作物实行品种登记制度。列入非主要农作物登记目录的品种在推广前应当登记。

实行品种登记的农作物范围应当严格控制，并根据保护生物多样性、保证消费安全和用种安全的原则确定。登记目录由国务院农业农村主管部门制定和调整。

申请者申请品种登记应当向省、自治区、直辖市人民政府农业农村主管部门提交申请文件和种子样品，并对其真实性负责，保证可追溯，接受监督检查。申请文件包括品种的种类、名称、来源、特性、育种过程以及特异性、一致性、稳定性测试报告等。

省、自治区、直辖市人民政府农业农村主管部门自受理品种登记申请之日起二十个工作日内，对申请者提交的申请文件进行书面审查，符合要求的，报国务院农业农村主管部门予以登记公告。

对已登记品种存在申请文件、种子样品不实的，由国务院农业农村主管部门撤销该品种登记，并将该申请者的违法信息记入社会诚信档案，向社会公布；给种子使用者和其他种子生产经营者造成损失的，依法承担赔偿责任。

对已登记品种出现不可克服的严重缺陷等情形的，由国务院农业农村主管部门撤销登记，并发布公告，停止推广。

非主要农作物品种登记办法由国务院农业农村主管部门规定。

**第二十三条**　应当审定的农作物品种未经审定的，不得发布广告、推广、销售。

应当审定的林木品种未经审定通过的，不得作为良种推广、销售，但生产确需使用的，应当经林木品种审定委员会认定。

应当登记的农作物品种未经登记的，不得发布广告、推广，不得以登记品种的名义销售。

**第二十四条** 在中国境内没有经常居所或者营业场所的境外机构、个人在境内申请品种审定或者登记的，应当委托具有法人资格的境内种子企业代理。

## 第四章 新品种保护

**第二十五条** 国家实行植物新品种保护制度。对国家植物品种保护名录内经过人工选育或者发现的野生植物加以改良，具备新颖性、特异性、一致性、稳定性和适当命名的植物品种，由国务院农业农村、林业草原主管部门授予植物新品种权，保护植物新品种权所有人的合法权益。植物新品种权的内容和归属、授予条件、申请和受理、审查与批准，以及期限、终止和无效等依照本法、有关法律和行政法规规定执行。

国家鼓励和支持种业科技创新、植物新品种培育及成果转化。取得植物新品种权的品种得到推广应用的，育种者依法获得相应的经济利益。

**第二十六条** 一个植物新品种只能授予一项植物新品种权。两个以上的申请人分别就同一个品种申请植物新品种权的，植物新品种权授予最先申请的人；同时申请的，植物新品种权授予最先完成该品种育种的人。

对违反法律，危害社会公共利益、生态环境的植物新品种，不授予植物新品种权。

**第二十七条** 授予植物新品种权的植物新品种名称，应当与相同或者相近的植物属或者种中已知品种的名称相区别。该名称经授权后即为该植物新品种的通用名称。

下列名称不得用于授权品种的命名：

（一）仅以数字表示的；

（二）违反社会公德的；

（三）对植物新品种的特征、特性或者育种者身份等容易引起误解的。

同一植物品种在申请新品种保护、品种审定、品种登记、推广、销售时只能使用同一个名称。生产推广、销售的种子应当与申请植物新品种保护、品种审定、品种登记时提供的样品相符。

**第二十八条** 植物新品种权所有人对其授权品种享有排他的独占权。植物新品种权所有人可以将植物新品种权许可他人实施，并按照合同约定收取许可使用费；许可使用费可以采取固定价款、从推广收益中提成等方式收取。

任何单位或者个人未经植物新品种权所有人许可，不得生产、繁殖和为繁殖而进行处理、许诺销售、销售、进口、出口以及为实施上述行为储存该授权品种的繁殖材料，不得为商业目的将该授权品种的繁殖材料重复使用于生产另一品种的繁殖材料。本法、有关法律、行政法规另有规定的除外。

实施前款规定的行为，涉及由未经许可使用授权品种的繁殖材料而获得的收获材料的，应当得到植物新品种权所有人的许可；但是，植物新品种权所有人对繁殖材料已有合理机会行使其权利的除外。

对实质性派生品种实施第二款、第三款规定行为的，应当征得原始品种的植物新品种权所有人的同意。

实质性派生品种制度的实施步骤和办法由国务院规定。

**第二十九条**　在下列情况下使用授权品种的，可以不经植物新品种权所有人许可，不向其支付使用费，但不得侵犯植物新品种权所有人依照本法、有关法律、行政法规享有的其他权利：

（一）利用授权品种进行育种及其他科研活动；

（二）农民自繁自用授权品种的繁殖材料。

**第三十条**　为了国家利益或者社会公共利益，国务院农业农村、林业草原主管部门可以作出实施植物新品种权强制许可的决定，并予以登记和公告。

取得实施强制许可的单位或者个人不享有独占的实施权，并且无权允许他人实施。

## 第五章　种子生产经营

**第三十一条**　从事种子进出口业务的种子生产经营许可证，由国务院农业农村、林业草原主管部门核发。国务院农业农村、林业草原主管部门可以委托省、自治区、直辖市人民政府农业农村、林业草原主管部门接收申请材料。

从事主要农作物杂交种子及其亲本种子、林木良种繁殖材料生产经营的，以及符合国务院农业农村主管部门规定条件的实行选育生产经营相结合的农作物种子企业的种子生产经营许可证，由省、自治区、直辖市人民政府农业农村、林业草原主管部门核发。

前两款规定以外的其他种子的生产经营许可证，由生产经营者所在地县级以上地方人民政府农业农村、林业草原主管部门核发。

只从事非主要农作物种子和非主要林木种子生产的，不需要办理种子生产经营许可证。

**第三十二条**　申请取得种子生产经营许可证的，应当具有与种子生产经营相适应的生产经营设施、设备及专业技术人员，以及法规和国务院农业农村、林业草原主管部门规定的其他条件。

从事种子生产的，还应当同时具有繁殖种子的隔离和培育条件，具有无检疫性有害生物的种子生产地点或者县级以上人民政府林业草原主管部门确定的采种林。

申请领取具有植物新品种权的种子生产经营许可证的，应当征得植物新品种权所有人的书面同意。

**第三十三条**　种子生产经营许可证应当载明生产经营者名称、地址、法定代表人、生产种子的品种、地点和种子经营的范围、有效期限、有效区域等事项。

前款事项发生变更的，应当自变更之日起三十日内，向原核发许可证机关申请变更登记。

除本法另有规定外，禁止任何单位和个人无种子生产经营许可证或者违反种子生产经营许可证的规定生产、经营种子。禁止伪造、变造、买卖、租借种子生产经营许可证。

**第三十四条** 种子生产应当执行种子生产技术规程和种子检验、检疫规程，保证种子符合净度、纯度、发芽率等质量要求和检疫要求。

县级以上人民政府农业农村、林业草原主管部门应当指导、支持种子生产经营者采用先进的种子生产技术，改进生产工艺，提高种子质量。

**第三十五条** 在林木种子生产基地内采集种子的，由种子生产基地的经营者组织进行，采集种子应当按照国家有关标准进行。

禁止抢采掠青、损坏母树，禁止在劣质林内、劣质母树上采集种子。

**第三十六条** 种子生产经营者应当建立和保存包括种子来源、产地、数量、质量、销售去向、销售日期和有关责任人员等内容的生产经营档案，保证可追溯。种子生产经营档案的具体载明事项，种子生产经营档案及种子样品的保存期限由国务院农业农村、林业草原主管部门规定。

**第三十七条** 农民个人自繁自用的常规种子有剩余的，可以在当地集贸市场上出售、串换，不需要办理种子生产经营许可证。

**第三十八条** 种子生产经营许可证的有效区域由发证机关在其管辖范围内确定。种子生产经营者在种子生产经营许可证载明的有效区域设立分支机构的，专门经营不再分装的包装种子的，或者受具有种子生产经营许可证的种子生产经营者以书面委托生产、代销其种子的，不需要办理种子生产经营许可证，但应当向当地农业农村、林业草原主管部门备案。

实行选育生产经营相结合，符合国务院农业农村、林业草原主管部门规定条件的种子企业的生产经营许可证的有效区域为全国。

**第三十九条** 销售的种子应当加工、分级、包装。但是不能加工、包装的除外。

大包装或者进口种子可以分装；实行分装的，应当标注分装单位，并对种子质量负责。

**第四十条** 销售的种子应当符合国家或者行业标准，附有标签和使用说明。标签和使用说明标注的内容应当与销售的种子相符。种子生产经营者对标注内容的真实性和种子质量负责。

标签应当标注种子类别、品种名称、品种审定或者登记编号、品种适宜种植区域及季节、生产经营者及注册地、质量指标、检疫证明编号、种子生产经营许可证编号和信息代码，以及国务院农业农村、林业草原主管部门规定的其他事项。

销售授权品种种子的，应当标注品种权号。

销售进口种子的，应当附有进口审批文号和中文标签。

销售转基因植物品种种子的，必须用明显的文字标注，并应当提示使用时的安全控制措施。

种子生产经营者应当遵守有关法律、法规的规定，诚实守信，向种子使用者提供种子生产者信息、种子的主要性状、主要栽培措施、适应性等使用条件的说明、风险提示与有关咨询服务，不得作虚假或者引人误解的宣传。

任何单位和个人不得非法干预种子生产经营者的生产经营自主权。

**第四十一条**　种子广告的内容应当符合本法和有关广告的法律、法规的规定，主要性状描述等应当与审定、登记公告一致。

**第四十二条**　运输或者邮寄种子应当依照有关法律、行政法规的规定进行检疫。

**第四十三条**　种子使用者有权按照自己的意愿购买种子，任何单位和个人不得非法干预。

**第四十四条**　国家对推广使用林木良种造林给予扶持。国家投资或者国家投资为主的造林项目和国有林业单位造林，应当根据林业草原主管部门制定的计划使用林木良种。

**第四十五条**　种子使用者因种子质量问题或者因种子的标签和使用说明标注的内容不真实，遭受损失的，种子使用者可以向出售种子的经营者要求赔偿，也可以向种子生产者或者其他经营者要求赔偿。赔偿额包括购种价款、可得利益损失和其他损失。属于种子生产者或者其他经营者责任的，出售种子的经营者赔偿后，有权向种子生产者或者其他经营者追偿；属于出售种子的经营者责任的，种子生产者或者其他经营者赔偿后，有权向出售种子的经营者追偿。

## 第六章　种子监督管理

**第四十六条**　农业农村、林业草原主管部门应当加强对种子质量的监督检查。种子质量管理办法、行业标准和检验方法，由国务院农业农村、林业草原主管部门制定。

农业农村、林业草原主管部门可以采用国家规定的快速检测方法对生产经营的种子品种进行检测，检测结果可以作为行政处罚依据。被检查人对检测结果有异议的，可以申请复检，复检不得采用同一检测方法。因检测结果错误给当事人造成损失的，依法承担赔偿责任。

**第四十七条**　农业农村、林业草原主管部门可以委托种子质量检验机构对种子质量进行检验。

承担种子质量检验的机构应当具备相应的检测条件、能力，并经省级以上人民政府有关主管部门考核合格。

种子质量检验机构应当配备种子检验员。种子检验员应当具有中专以上有关专业学历，具备相应的种子检验技术能力和水平。

**第四十八条** 禁止生产经营假、劣种子。农业农村、林业草原主管部门和有关部门依法打击生产经营假、劣种子的违法行为，保护农民合法权益，维护公平竞争的市场秩序。

下列种子为假种子：

（一）以非种子冒充种子或者以此种品种种子冒充其他品种种子的；

（二）种子种类、品种与标签标注的内容不符或者没有标签的。

下列种子为劣种子：

（一）质量低于国家规定标准的；

（二）质量低于标签标注指标的；

（三）带有国家规定的检疫性有害生物的。

**第四十九条** 农业农村、林业草原主管部门是种子行政执法机关。种子执法人员依法执行公务时应当出示行政执法证件。农业农村、林业草原主管部门依法履行种子监督检查职责时，有权采取下列措施：

（一）进入生产经营场所进行现场检查；

（二）对种子进行取样测试、试验或者检验；

（三）查阅、复制有关合同、票据、账簿、生产经营档案及其他有关资料；

（四）查封、扣押有证据证明违法生产经营的种子，以及用于违法生产经营的工具、设备及运输工具等；

（五）查封违法从事种子生产经营活动的场所。

农业农村、林业草原主管部门依照本法规定行使职权，当事人应当协助、配合，不得拒绝、阻挠。

农业农村、林业草原主管部门所属的综合执法机构或者受其委托的种子管理机构，可以开展种子执法相关工作。

**第五十条** 种子生产经营者依法自愿成立种子行业协会，加强行业自律管理，维护成员合法权益，为成员和行业发展提供信息交流、技术培训、信用建设、市场营销和咨询等服务。

**第五十一条** 种子生产经营者可自愿向具有资质的认证机构申请种子质量认证。经认证合格的，可以在包装上使用认证标识。

**第五十二条** 由于不可抗力原因，为生产需要必须使用低于国家或者地方规定标准的农作物种子的，应当经用种地县级以上地方人民政府批准。

**第五十三条** 从事品种选育和种子生产经营以及管理的单位和个人应当遵守有关植物检疫法律、行政法规的规定，防止植物危险性病、虫、杂草及其他有害生物的传播和蔓延。

禁止任何单位和个人在种子生产基地从事检疫性有害生物接种试验。

**第五十四条** 省级以上人民政府农业农村、林业草原主管部门应当在统一的政府信息发布平台上发布品种审定、品种登记、新品种保护、种子生产经营许可、监督管理等信息。

国务院农业农村、林业草原主管部门建立植物品种标准样品库，为种子监督管理提供依据。

**第五十五条**　农业农村、林业草原主管部门及其工作人员，不得参与和从事种子生产经营活动。

## 第七章　种子进出口和对外合作

**第五十六条**　进口种子和出口种子必须实施检疫，防止植物危险性病、虫、杂草及其他有害生物传入境内和传出境外，具体检疫工作按照有关植物进出境检疫法律、行政法规的规定执行。

**第五十七条**　从事种子进出口业务的，应当具备种子生产经营许可证；其中，从事农作物种子进出口业务的，还应当按照国家有关规定取得种子进出口许可。

从境外引进农作物、林木种子的审定权限，农作物种子的进口审批办法，引进转基因植物品种的管理办法，由国务院规定。

**第五十八条**　进口种子的质量，应当达到国家标准或者行业标准。没有国家标准或者行业标准的，可以按照合同约定的标准执行。

**第五十九条**　为境外制种进口种子的，可以不受本法第五十七条第一款的限制，但应当具有对外制种合同，进口的种子只能用于制种，其产品不得在境内销售。

从境外引进农作物或者林木试验用种，应当隔离栽培，收获物也不得作为种子销售。

**第六十条**　禁止进出口假、劣种子以及属于国家规定不得进出口的种子。

**第六十一条**　国家建立种业国家安全审查机制。境外机构、个人投资、并购境内种子企业，或者与境内科研院所、种子企业开展技术合作，从事品种研发、种子生产经营的审批管理依照有关法律、行政法规的规定执行。

## 第八章　扶持措施

**第六十二条**　国家加大对种业发展的支持。对品种选育、生产、示范推广、种质资源保护、种子储备以及制种大县给予扶持。

国家鼓励推广使用高效、安全制种采种技术和先进适用的制种采种机械，将先进适用的制种采种机械纳入农机具购置补贴范围。

国家积极引导社会资金投资种业。

**第六十三条**　国家加强种业公益性基础设施建设，保障育种科研设施用地合理需求。

对优势种子繁育基地内的耕地，划入永久基本农田。优势种子繁育基地由国务院农业农村主管部门商所在省、自治区、直辖市人民政府确定。

**第六十四条**　对从事农作物和林木品种选育、生产的种子企业，按照国家有关规定给予扶持。

**第六十五条**　国家鼓励和引导金融机构为种子生产经营和收储提供信贷支持。

**第六十六条**　国家支持保险机构开展种子生产保险。省级以上人民政府可以采取保险费补贴等措施，支持发展种业生产保险。

**第六十七条** 国家鼓励科研院所及高等院校与种子企业开展育种科技人员交流，支持本单位的科技人员到种子企业从事育种成果转化活动；鼓励育种科研人才创新创业。

**第六十八条** 国务院农业农村、林业草原主管部门和异地繁育种子所在地的省、自治区、直辖市人民政府应当加强对异地繁育种子工作的管理和协调，交通运输部门应当优先保证种子的运输。

## 第九章 法律责任

**第六十九条** 农业农村、林业草原主管部门不依法作出行政许可决定，发现违法行为或者接到对违法行为的举报不予查处，或者有其他未依照本法规定履行职责的行为的，由本级人民政府或者上级人民政府有关部门责令改正，对负有责任的主管人员和其他直接责任人员依法给予处分。

违反本法第五十五条规定，农业农村、林业草原主管部门工作人员从事种子生产经营活动的，依法给予处分。

**第七十条** 违反本法第十六条规定，品种审定委员会委员和工作人员不依法履行职责，弄虚作假、徇私舞弊的，依法给予处分；自处分决定作出之日起五年内不得从事品种审定工作。

**第七十一条** 品种测试、试验和种子质量检验机构伪造测试、试验、检验数据或者出具虚假证明的，由县级以上人民政府农业农村、林业草原主管部门责令改正，对单位处五万元以上十万元以下罚款，对直接负责的主管人员和其他直接责任人员处一万元以上五万元以下罚款；有违法所得的，并处没收违法所得；给种子使用者和其他种子生产经营者造成损失的，与种子生产经营者承担连带责任；情节严重的，由省级以上人民政府有关主管部门取消种子质量检验资格。

**第七十二条** 违反本法第二十八条规定，有侵犯植物新品种权行为的，由当事人协商解决，不愿协商或者协商不成的，植物新品种权所有人或者利害关系人可以请求县级以上人民政府农业农村、林业草原主管部门进行处理，也可以直接向人民法院提起诉讼。

县级以上人民政府农业农村、林业草原主管部门，根据当事人自愿的原则，对侵犯植物新品种权所造成的损害赔偿可以进行调解。调解达成协议的，当事人应当履行；当事人不履行协议或者调解未达成协议的，植物新品种权所有人或者利害关系人可以依法向人民法院提起诉讼。

侵犯植物新品种权的赔偿数额按照权利人因被侵权所受到的实际损失确定；实际损失难以确定的，可以按照侵权人因侵权所获得的利益确定。权利人的损失或者侵权人获得的利益难以确定的，可以参照该植物新品种权许可使用费的倍数合理确定。故意侵犯植物新品种权，情节严重的，可以在按照上述方法确定数额的一倍以上五倍以下确定赔偿数额。

权利人的损失、侵权人获得的利益和植物新品种权许可使用费均难以确定的，人民法院可以根据植物新品种权的类型、侵权行为的性质和情节等因素，确定给予五百万元以下的赔偿。

赔偿数额应当包括权利人为制止侵权行为所支付的合理开支。

县级以上人民政府农业农村、林业草原主管部门处理侵犯植物新品种权案件时，为了维护社会公共利益，责令侵权人停止侵权行为，没收违法所得和种子；货值金额不足五万元的，并处一万元以上二十五万元以下罚款；货值金额五万元以上的，并处货值金额五倍以上十倍以下罚款。

假冒授权品种的，由县级以上人民政府农业农村、林业草原主管部门责令停止假冒行为，没收违法所得和种子；货值金额不足五万元的，并处一万元以上二十五万元以下罚款；货值金额五万元以上的，并处货值金额五倍以上十倍以下罚款。

**第七十三条**　当事人就植物新品种的申请权和植物新品种权的权属发生争议的，可以向人民法院提起诉讼。

**第七十四条**　违反本法第四十八条规定，生产经营假种子的，由县级以上人民政府农业农村、林业草原主管部门责令停止生产经营，没收违法所得和种子，吊销种子生产经营许可证；违法生产经营的货值金额不足二万元的，并处二万元以上二十万元以下罚款；货值金额二万元以上的，并处货值金额十倍以上二十倍以下罚款。

因生产经营假种子犯罪被判处有期徒刑以上刑罚的，种子企业或者其他单位的法定代表人、直接负责的主管人员自刑罚执行完毕之日起五年内不得担任种子企业的法定代表人、高级管理人员。

**第七十五条**　违反本法第四十八条规定，生产经营劣种子的，由县级以上人民政府农业农村、林业草原主管部门责令停止生产经营，没收违法所得和种子；违法生产经营的货值金额不足二万元的，并处一万元以上十万元以下罚款；货值金额二万元以上的，并处货值金额五倍以上十倍以下罚款；情节严重的，吊销种子生产经营许可证。

因生产经营劣种子犯罪被判处有期徒刑以上刑罚的，种子企业或者其他单位的法定代表人、直接负责的主管人员自刑罚执行完毕之日起五年内不得担任种子企业的法定代表人、高级管理人员。

**第七十六条**　违反本法第三十二条、第三十三条、第三十四条规定，有下列行为之一的，由县级以上人民政府农业农村、林业草原主管部门责令改正，没收违法所得和种子；违法生产经营的货值金额不足一万元的，并处三千元以上三万元以下罚款；货值金额一万元以上的，并处货值金额三倍以上五倍以下罚款；可以吊销种子生产经营许可证：

（一）未取得种子生产经营许可证生产经营种子的；

（二）以欺骗、贿赂等不正当手段取

得种子生产经营许可证的；

（三）未按照种子生产经营许可证的规定生产经营种子的；

（四）伪造、变造、买卖、租借种子生产经营许可证的；

（五）不再具有繁殖种子的隔离和培育条件，或者不再具有无检疫性有害生物的种子生产地点或者县级以上人民政府林业草原主管部门确定的采种林，继续从事种子生产的；

（六）未执行种子检验、检疫规程生产种子的。

被吊销种子生产经营许可证的单位，其法定代表人、直接负责的主管人员自处罚决定作出之日起五年内不得担任种子企业的法定代表人、高级管理人员。

**第七十七条** 违反本法第二十一条、第二十二条、第二十三条规定，有下列行为之一的，由县级以上人民政府农业农村、林业草原主管部门责令停止违法行为，没收违法所得和种子，并处二万元以上二十万元以下罚款：

（一）对应当审定未经审定的农作物品种进行推广、销售的；

（二）作为良种推广、销售应当审定未经审定的林木品种的；

（三）推广、销售应当停止推广、销售的农作物品种或者林木良种的；

（四）对应当登记未经登记的农作物品种进行推广，或者以登记品种的名义进行销售的；

（五）对已撤销登记的农作物品种进行推广，或者以登记品种的名义进行销售的。

违反本法第二十三条、第四十一条规定，对应当审定未经审定或者应当登记未经登记的农作物品种发布广告，或者广告中有关品种的主要性状描述的内容与审定、登记公告不一致的，依照《中华人民共和国广告法》的有关规定追究法律责任。

**第七十八条** 违反本法第五十七条、第五十九条、第六十条规定，有下列行为之一的，由县级以上人民政府农业农村、林业草原主管部门责令改正，没收违法所得和种子；违法生产经营的货值金额不足一万元的，并处三千元以上三万元以下罚款；货值金额一万元以上的，并处货值金额三倍以上五倍以下罚款；情节严重的，吊销种子生产经营许可证：

（一）未经许可进出口种子的；

（二）为境外制种的种子在境内销售的；

（三）从境外引进农作物或者林木种子进行引种试验的收获物作为种子在境内销售的；

（四）进出口假、劣种子或者属于国家规定不得进出口的种子的。

**第七十九条** 违反本法第三十六条、第三十八条、第三十九条、第四十条规定，有下列行为之一的，由县级以上人民政府农业农村、林业草原主管部门责令改正，处二千元以上二万元以下罚款：

（一）销售的种子应当包装而没有包装的；

（二）销售的种子没有使用说明或

者标签内容不符合规定的；

（三）涂改标签的；

（四）未按规定建立、保存种子生产经营档案的；

（五）种子生产经营者在异地设立分支机构、专门经营不再分装的包装种子或者受委托生产、代销种子，未按规定备案的。

**第八十条**　违反本法第八条规定，侵占、破坏种质资源，私自采集或者采伐国家重点保护的天然种质资源的，由县级以上人民政府农业农村、林业草原主管部门责令停止违法行为，没收种质资源和违法所得，并处五千元以上五万元以下罚款；造成损失的，依法承担赔偿责任。

**第八十一条**　违反本法第十一条规定，向境外提供或者从境外引进种质资源，或者与境外机构、个人开展合作研究利用种质资源的，由国务院或者省、自治区、直辖市人民政府的农业农村、林业草原主管部门没收种质资源和违法所得，并处二万元以上二十万元以下罚款。

未取得农业农村、林业草原主管部门的批准文件携带、运输种质资源出境的，海关应当将该种质资源扣留，并移送省、自治区、直辖市人民政府农业农村、林业草原主管部门处理。

**第八十二条**　违反本法第三十五条规定，抢采掠青、损坏母树或者在劣质林内、劣质母树上采种的，由县级以上人民政府林业草原主管部门责令停止采种行为，没收所采种子，并处所采种子货值金额二倍以上五倍以下罚款。

**第八十三条**　违反本法第十七条规定，种子企业有造假行为的，由省级以上人民政府农业农村、林业草原主管部门处一百万元以上五百万元以下罚款；不得再依照本法第十七条的规定申请品种审定；给种子使用者和其他种子生产经营者造成损失的，依法承担赔偿责任。

**第八十四条**　违反本法第四十四条规定，未根据林业草原主管部门制定的计划使用林木良种的，由同级人民政府林业草原主管部门责令限期改正；逾期未改正的，处三千元以上三万元以下罚款。

**第八十五条**　违反本法第五十三条规定，在种子生产基地进行检疫性有害生物接种试验的，由县级以上人民政府农业农村、林业草原主管部门责令停止试验，处五千元以上五万元以下罚款。

**第八十六条**　违反本法第四十九条规定，拒绝、阻挠农业农村、林业草原主管部门依法实施监督检查的，处二千元以上五万元以下罚款，可以责令停产停业整顿；构成违反治安管理行为的，由公安机关依法给予治安管理处罚。

**第八十七条**　违反本法第十三条规定，私自交易育种成果，给本单位造成经济损失的，依法承担赔偿责任。

**第八十八条**　违反本法第四十三条规定，强迫种子使用者违背自己的意愿购买、使用种子，给使用者造成损失的，应当承担赔偿责任。

**第八十九条**　违反本法规定，构成

犯罪的，依法追究刑事责任。

## 第十章 附 则

**第九十条** 本法下列用语的含义是：

（一）种质资源是指选育植物新品种的基础材料，包括各种植物的栽培种、野生种的繁殖材料以及利用上述繁殖材料人工创造的各种植物的遗传材料。

（二）品种是指经过人工选育或者发现并经过改良，形态特征和生物学特性一致，遗传性状相对稳定的植物群体。

（三）主要农作物是指稻、小麦、玉米、棉花、大豆。

（四）主要林木由国务院林业草原主管部门确定并公布；省、自治区、直辖市人民政府林业草原主管部门可以在国务院林业草原主管部门确定的主要林木之外确定其他八种以下的主要林木。

（五）林木良种是指通过审定的主要林木品种，在一定的区域内，其产量、适应性、抗性等方面明显优于当前主栽材料的繁殖材料和种植材料。

（六）新颖性是指申请植物新品种权的品种在申请日前，经申请权人自行或者同意销售、推广其种子，在中国境内未超过一年；在境外，木本或者藤本植物未超过六年，其他植物未超过四年。

本法施行后新列入国家植物品种保护名录的植物的属或者种，从名录公布之日起一年内提出植物新品种权申请的，在境内销售、推广该品种种子未超过四年的，具备新颖性。

除销售、推广行为丧失新颖性外，下列情形视为已丧失新颖性：

1. 品种经省、自治区、直辖市人民政府农业农村、林业草原主管部门依据播种面积确认已经形成事实扩散的；

2. 农作物品种已审定或者登记两年以上未申请植物新品种权的。

（七）特异性是指一个植物品种有一个以上性状明显区别于已知品种。

（八）一致性是指一个植物品种的特性除可预期的自然变异外，群体内个体间相关的特征或者特性表现一致。

（九）稳定性是指一个植物品种经过反复繁殖后或者在特定繁殖周期结束时，其主要性状保持不变。

（十）实质性派生品种是指由原始品种实质性派生，或者由该原始品种的实质性派生品种派生出来的品种，与原始品种有明显区别，并且除派生引起的性状差异外，在表达由原始品种基因型或者基因型组合产生的基本性状方面与原始品种相同。

（十一）已知品种是指已受理申请或者已通过品种审定、品种登记、新品种保护，或者已经销售、推广的植物品种。

（十二）标签是指印制、粘贴、固定或者附着在种子、种子包装物表面的特定图案及文字说明。

**第九十一条** 国家加强中药材种质资源保护，支持开展中药材育种科学技术研究。

草种、烟草种、中药材种、食用菌菌种的种质资源管理和选育、生产经营、管理等活动，参照本法执行。

**第九十二条**　本法自 2016 年 1 月 1 日起施行。

## 中华人民共和国
## 乡村振兴促进法

1．2021 年 4 月 29 日第十三届全国人民代表大会常务委员会第二十八次会议通过
2．2021 年 4 月 29 日中华人民共和国主席令第 77 号公布
3．自 2021 年 6 月 1 日起施行

目　　录



### 第一章　总　　则

**第一条**　为了全面实施乡村振兴战略，促进农业全面升级、农村全面进步、农民全面发展，加快农业农村现代化，全面建设社会主义现代化国家，制定本法。

**第二条**　全面实施乡村振兴战略，开展促进乡村产业振兴、人才振兴、文化振兴、生态振兴、组织振兴，推进城乡融合发展等活动，适用本法。

本法所称乡村，是指城市建成区以外具有自然、社会、经济特征和生产、生活、生态、文化等多重功能的地域综合体，包括乡镇和村庄等。

**第三条**　促进乡村振兴应当按照产业兴旺、生态宜居、乡风文明、治理有效、生活富裕的总要求，统筹推进农村经济建设、政治建设、文化建设、社会建设、生态文明建设和党的建设，充分发挥乡村在保障农产品供给和粮食安全、保护生态环境、传承发展中华民族优秀传统文化等方面的特有功能。

**第四条**　全面实施乡村振兴战略，应当坚持中国共产党的领导，贯彻创新、协调、绿色、开放、共享的新发展理念，走中国特色社会主义乡村振兴道路，促进共同富裕，遵循以下原则：

（一）坚持农业农村优先发展，在干部配备上优先考虑，在要素配置上优先满足，在资金投入上优先保障，在公共服务上优先安排；

（二）坚持农民主体地位，充分尊重农民意愿，保障农民民主权利和其他合法权益，调动农民的积极性、主动性、创造性，维护农民根本利益；

（三）坚持人与自然和谐共生，统筹山水林田湖草沙系统治理，推动绿色发展，推进生态文明建设；

（四）坚持改革创新，充分发挥市场在资源配置中的决定性作用，更好发挥

政府作用，推进农业供给侧结构性改革和高质量发展，不断解放和发展乡村社会生产力，激发农村发展活力；

（五）坚持因地制宜、规划先行、循序渐进，顺应村庄发展规律，根据乡村的历史文化、发展现状、区位条件、资源禀赋、产业基础分类推进。

**第五条**　国家巩固和完善以家庭承包经营为基础、统分结合的双层经营体制，发展壮大农村集体所有制经济。

**第六条**　国家建立健全城乡融合发展的体制机制和政策体系，推动城乡要素有序流动、平等交换和公共资源均衡配置，坚持以工补农、以城带乡，推动形成工农互促、城乡互补、协调发展、共同繁荣的新型工农城乡关系。

**第七条**　国家坚持以社会主义核心价值观为引领，大力弘扬民族精神和时代精神，加强乡村优秀传统文化保护和公共文化服务体系建设，繁荣发展乡村文化。

每年农历秋分日为中国农民丰收节。

**第八条**　国家实施以我为主、立足国内、确保产能、适度进口、科技支撑的粮食安全战略，坚持藏粮于地、藏粮于技，采取措施不断提高粮食综合生产能力，建设国家粮食安全产业带，完善粮食加工、流通、储备体系，确保谷物基本自给、口粮绝对安全，保障国家粮食安全。

国家完善粮食加工、储存、运输标准，提高粮食加工出品率和利用率，推动节粮减损。

**第九条**　国家建立健全中央统筹、省负总责、市县乡抓落实的乡村振兴工作机制。

各级人民政府应当将乡村振兴促进工作纳入国民经济和社会发展规划，并建立乡村振兴考核评价制度、工作年度报告制度和监督检查制度。

**第十条**　国务院农业农村主管部门负责全国乡村振兴促进工作的统筹协调、宏观指导和监督检查；国务院其他有关部门在各自职责范围内负责有关的乡村振兴促进工作。

县级以上地方人民政府农业农村主管部门负责本行政区域内乡村振兴促进工作的统筹协调、指导和监督检查；县级以上地方人民政府其他有关部门在各自职责范围内负责有关的乡村振兴促进工作。

**第十一条**　各级人民政府及其有关部门应当采取多种形式，广泛宣传乡村振兴促进相关法律法规和政策，鼓励、支持人民团体、社会组织、企事业单位等社会各方面参与乡村振兴促进相关活动。

对在乡村振兴促进工作中作出显著成绩的单位和个人，按照国家有关规定给予表彰和奖励。

## 第二章　产业发展

**第十二条**　国家完善农村集体产权制度，增强农村集体所有制经济发展活力，促进集体资产保值增值，确保农民受益。

各级人民政府应当坚持以农民为主体，以乡村优势特色资源为依托，支持、促进农村一二三产业融合发展，推动建立现代农业产业体系、生产体系和经营体系，推进数字乡村建设，培育新产业、新业态、新模式和新型农业经营主体，促进小农户和现代农业发展有机衔接。

**第十三条** 国家采取措施优化农业生产力布局，推进农业结构调整，发展优势特色产业，保障粮食和重要农产品有效供给和质量安全，推动品种培优、品质提升、品牌打造和标准化生产，推动农业对外开放，提高农业质量、效益和竞争力。

国家实行重要农产品保障战略，分品种明确保障目标，构建科学合理、安全高效的重要农产品供给保障体系。

**第十四条** 国家建立农用地分类管理制度，严格保护耕地，严格控制农用地转为建设用地，严格控制耕地转为林地、园地等其他类型农用地。省、自治区、直辖市人民政府应当采取措施确保耕地总量不减少、质量有提高。

国家实行永久基本农田保护制度，建设粮食生产功能区、重要农产品生产保护区，建设并保护高标准农田。

地方各级人民政府应当推进农村土地整理和农用地科学安全利用，加强农田水利等基础设施建设，改善农业生产条件。

**第十五条** 国家加强农业种质资源保护利用和种质资源库建设，支持育种基础性、前沿性和应用技术研究，实施农作物和畜禽等良种培育、育种关键技术攻关，鼓励种业科技成果转化和优良品种推广，建立并实施种业国家安全审查机制，促进种业高质量发展。

**第十六条** 国家采取措施加强农业科技创新，培育创新主体，构建以企业为主体、产学研协同的创新机制，强化高等学校、科研机构、农业企业创新能力，建立创新平台，加强新品种、新技术、新装备、新产品研发，加强农业知识产权保护，推进生物种业、智慧农业、设施农业、农产品加工、绿色农业投入品等领域创新，建设现代农业产业技术体系，推动农业农村创新驱动发展。

国家健全农业科研项目评审、人才评价、成果产权保护制度，保障对农业科技基础性、公益性研究的投入，激发农业科技人员创新积极性。

**第十七条** 国家加强农业技术推广体系建设，促进建立有利于农业科技成果转化推广的激励机制和利益分享机制，鼓励企业、高等学校、职业学校、科研机构、科学技术社会团体、农民专业合作社、农业专业化社会化服务组织、农业科技人员等创新推广方式，开展农业技术推广服务。

**第十八条** 国家鼓励农业机械生产研发和推广应用，推进主要农作物生产全程机械化，提高设施农业、林草业、畜牧业、渔业和农产品初加工的装备水平，推动农机农艺融合、机械化信息化融合，促进机械化生产与农田建设相适应、服务模式与农业适度规模经营相适应。

国家鼓励农业信息化建设，加强农业信息监测预警和综合服务，推进农业生产经营信息化。

**第十九条** 各级人民政府应当发挥农村资源和生态优势，支持特色农业、休闲农业、现代农产品加工业、乡村手工业、绿色建材、红色旅游、乡村旅游、康养和乡村物流、电子商务等乡村产业的发展；引导新型经营主体通过特色化、专业化经营，合理配置生产要素，促进乡村产业深度融合；支持特色农产品优势区、现代农业产业园、农业科技园、农村创业园、休闲农业和乡村旅游重点村镇等的建设；统筹农产品生产地、集散地、销售地市场建设，加强农产品流通骨干网络和冷链物流体系建设；鼓励企业获得国际通行的农产品认证，增强乡村产业竞争力。

发展乡村产业应当符合国土空间规划和产业政策、环境保护的要求。

**第二十条** 各级人民政府应当完善扶持政策，加强指导服务，支持农民、返乡入乡人员在乡村创业创新，促进乡村产业发展和农民就业。

**第二十一条** 各级人民政府应当建立健全有利于农民收入稳定增长的机制，鼓励支持农民拓宽增收渠道，促进农民增加收入。

国家采取措施支持农村集体经济组织发展，为本集体成员提供生产生活服务，保障成员从集体经营收入中获得收益分配的权利。

国家支持农民专业合作社、家庭农场和涉农企业、电子商务企业、农业专业化社会化服务组织等以多种方式与农民建立紧密型利益联结机制，让农民共享全产业链增值收益。

**第二十二条** 各级人民政府应当加强国有农（林、牧、渔）场规划建设，推进国有农（林、牧、渔）场现代农业发展，鼓励国有农（林、牧、渔）场在农业农村现代化建设中发挥示范引领作用。

**第二十三条** 各级人民政府应当深化供销合作社综合改革；鼓励供销合作社加强与农民利益联结，完善市场运作机制，强化为农服务功能，发挥其为农服务综合性合作经济组织的作用。

## 第三章 人才支撑

**第二十四条** 国家健全乡村人才工作体制机制，采取措施鼓励和支持社会各方面提供教育培训、技术支持、创业指导等服务，培养本土人才，引导城市人才下乡，推动专业人才服务乡村，促进农业农村人才队伍建设。

**第二十五条** 各级人民政府应当加强农村教育工作统筹，持续改善农村学校办学条件，支持开展网络远程教育，提高农村基础教育质量，加大乡村教师培养力度，采取公费师范教育等方式吸引高等学校毕业生到乡村任教，对长期在乡村任教的教师在职称评定等方面给予优待，保障和改善乡村教师待遇，提高乡村教师学历水平、整体素质和乡村教育现代化水平。

各级人民政府应当采取措施加强乡村医疗卫生队伍建设，支持县乡村医疗卫生人员参加培训、进修，建立县乡村上下贯通的职业发展机制，对在乡村工作的医疗卫生人员实行优惠待遇，鼓励医学院校毕业生到乡村工作，支持医师到乡村医疗卫生机构执业、开办乡村诊所、普及医疗卫生知识，提高乡村医疗卫生服务能力。

各级人民政府应当采取措施培育农业科技人才、经营管理人才、法律服务人才、社会工作人才，加强乡村文化人才队伍建设，培育乡村文化骨干力量。

**第二十六条** 各级人民政府应当采取措施，加强职业教育和继续教育，组织开展农业技能培训、返乡创业就业培训和职业技能培训，培养有文化、懂技术、善经营、会管理的高素质农民和农村实用人才、创新创业带头人。

**第二十七条** 县级以上人民政府及其教育行政部门应当指导、支持高等学校、职业学校设置涉农相关专业，加大农村专业人才培养力度，鼓励高等学校、职业学校毕业生到农村就业创业。

**第二十八条** 国家鼓励城市人才向乡村流动，建立健全城乡、区域、校地之间人才培养合作与交流机制。

县级以上人民政府应当建立鼓励各类人才参与乡村建设的激励机制，搭建社会工作和乡村建设志愿服务平台，支持和引导各类人才通过多种方式服务乡村振兴。

乡镇人民政府和村民委员会、农村集体经济组织应当为返乡入乡人员和各类人才提供必要的生产生活服务。农村集体经济组织可以根据实际情况提供相关的福利待遇。

## 第四章 文化繁荣

**第二十九条** 各级人民政府应当组织开展新时代文明实践活动，加强农村精神文明建设，不断提高乡村社会文明程度。

**第三十条** 各级人民政府应当采取措施丰富农民文化体育生活，倡导科学健康的生产生活方式，发挥村规民约积极作用，普及科学知识，推进移风易俗，破除大操大办、铺张浪费等陈规陋习，提倡孝老爱亲、勤俭节约、诚实守信，促进男女平等，创建文明村镇、文明家庭，培育文明乡风、良好家风、淳朴民风，建设文明乡村。

**第三十一条** 各级人民政府应当健全完善乡村公共文化体育设施网络和服务运行机制，鼓励开展形式多样的农民群众性文化体育、节日民俗等活动，充分利用广播电视、视听网络和书籍报刊，拓展乡村文化服务渠道，提供便利可及的公共文化服务。

各级人民政府应当支持农业农村农民题材文艺创作，鼓励制作反映农民生产生活和乡村振兴实践的优秀文艺作品。

**第三十二条** 各级人民政府应当采取措施保护农业文化遗产和非物质文化遗产，挖掘优秀农业文化深厚内涵，弘扬红色文化，传承和发展优秀传统文化。

县级以上地方人民政府应当加强对历史文化名镇名村、传统村落和乡村风貌、少数民族特色村寨的保护，开展保护状况监测和评估，采取措施防御和减轻火灾、洪水、地震等灾害。

**第三十三条** 县级以上地方人民政府应当坚持规划引导、典型示范，有计划地建设特色鲜明、优势突出的农业文化展示区、文化产业特色村落，发展乡村特色文化体育产业，推动乡村地区传统工艺振兴，积极推动智慧广电乡村建设，活跃繁荣农村文化市场。

## 第五章 生 态 保 护

**第三十四条** 国家健全重要生态系统保护制度和生态保护补偿机制，实施重要生态系统保护和修复工程，加强乡村生态保护和环境治理，绿化美化乡村环境，建设美丽乡村。

**第三十五条** 国家鼓励和支持农业生产者采用节水、节肥、节药、节能等先进的种植养殖技术，推动种养结合、农业资源综合开发，优先发展生态循环农业。

各级人民政府应当采取措施加强农业面源污染防治，推进农业投入品减量化、生产清洁化、废弃物资源化、产业模式生态化，引导全社会形成节约适度、绿色低碳、文明健康的生产生活和消费方式。

**第三十六条** 各级人民政府应当实施国土综合整治和生态修复，加强森林、草原、湿地等保护修复，开展荒漠化、石漠化、水土流失综合治理，改善乡村生态环境。

**第三十七条** 各级人民政府应当建立政府、村级组织、企业、农民等各方面参与的共建共管共享机制，综合整治农村水系，因地制宜推广卫生厕所和简便易行的垃圾分类，治理农村垃圾和污水，加强乡村无障碍设施建设，鼓励和支持使用清洁能源、可再生能源，持续改善农村人居环境。

**第三十八条** 国家建立健全农村住房建设质量安全管理制度和相关技术标准体系，建立农村低收入群体安全住房保障机制。建设农村住房应当避让灾害易发区域，符合抗震、防洪等基本安全要求。

县级以上地方人民政府应当加强农村住房建设管理和服务，强化新建农村住房规划管控，严格禁止违法占用耕地建房；鼓励农村住房设计体现地域、民族和乡土特色，鼓励农村住房建设采用新型建造技术和绿色建材，引导农民建设功能现代、结构安全、成本经济、绿色环保、与乡村环境相协调的宜居住房。

**第三十九条** 国家对农业投入品实行严格管理，对剧毒、高毒、高残留的农药、兽药采取禁用限用措施。农产品生产经营者不得使用国家禁用的农药、兽药或者其他有毒有害物质，不得违反农产品质量安全标准和国家有关规定超剂量、超范围使用农药、兽药、肥料、饲料添加剂等农业投入品。

**第四十条** 国家实行耕地养护、修复、休耕和草原森林河流湖泊休养生息制度。县级以上人民政府及其有关部门依法划定江河湖海限捕、禁捕的时间和区域，并可以根据地下水超采情况，划定禁止、限制开采地下水区域。

禁止违法将污染环境、破坏生态的产业、企业向农村转移。禁止违法将城镇垃圾、工业固体废物、未经达标处理的城镇污水等向农业农村转移。禁止向农用地排放重金属或者其他有毒有害物质含量超标的污水、污泥,以及可能造成土壤污染的清淤底泥、尾矿、矿渣等;禁止将有毒有害废物用作肥料或者用于造田和土地复垦。

地方各级人民政府及其有关部门应当采取措施,推进废旧农膜和农药等农业投入品包装废弃物回收处理,推进农作物秸秆、畜禽粪污的资源化利用,严格控制河流湖库、近岸海域投饵网箱养殖。

## 第六章 组织建设

**第四十一条** 建立健全党委领导、政府负责、民主协商、社会协同、公众参与、法治保障、科技支撑的现代乡村社会治理体制和自治、法治、德治相结合的乡村社会治理体系,建设充满活力、和谐有序的善治乡村。

地方各级人民政府应当加强乡镇人民政府社会管理和服务能力建设,把乡镇建成乡村治理中心、农村服务中心、乡村经济中心。

**第四十二条** 中国共产党农村基层组织,按照中国共产党章程和有关规定发挥全面领导作用。村民委员会、农村集体经济组织等应当在乡镇党委和村党组织的领导下,实行村民自治,发展集体所有制经济,维护农民合法权益,并应当接受村民监督。

**第四十三条** 国家建立健全农业农村工作干部队伍的培养、配备、使用、管理机制,选拔优秀干部充实到农业农村工作干部队伍,采取措施提高农业农村工作干部队伍的能力和水平,落实农村基层干部相关待遇保障,建设懂农业、爱农村、爱农民的农业农村工作干部队伍。

**第四十四条** 地方各级人民政府应当构建简约高效的基层管理体制,科学设置乡镇机构,加强乡村干部培训,健全农村基层服务体系,夯实乡村治理基础。

**第四十五条** 乡镇人民政府应当指导和支持农村基层群众性自治组织规范化、制度化建设,健全村民委员会民主决策机制和村务公开制度,增强村民自我管理、自我教育、自我服务、自我监督能力。

**第四十六条** 各级人民政府应当引导和支持农村集体经济组织发挥依法管理集体资产、合理开发集体资源、服务集体成员等方面的作用,保障农村集体经济组织的独立运营。

县级以上地方人民政府应当支持发展农民专业合作社、家庭农场、农业企业等多种经营主体,健全农业农村社会化服务体系。

**第四十七条** 县级以上地方人民政府应当采取措施加强基层群团组织建设,支持、规范和引导农村社会组织发展,发挥基层群团组织、农村社会组织团结群众、联系群众、服务群众等方面的作用。

**第四十八条**　地方各级人民政府应当加强基层执法队伍建设,鼓励乡镇人民政府根据需要设立法律顾问和公职律师,鼓励有条件的地方在村民委员会建立公共法律服务工作室,深入开展法治宣传教育和人民调解工作,健全乡村矛盾纠纷调处化解机制,推进法治乡村建设。

**第四十九条**　地方各级人民政府应当健全农村社会治安防控体系,加强农村警务工作,推动平安乡村建设;健全农村公共安全体系,强化农村公共卫生、安全生产、防灾减灾救灾、应急救援、应急广播、食品、药品、交通、消防等安全管理责任。

## 第七章　城乡融合

**第五十条**　各级人民政府应当协同推进乡村振兴战略和新型城镇化战略的实施,整体筹划城镇和乡村发展,科学有序统筹安排生态、农业、城镇等功能空间,优化城乡产业发展、基础设施、公共服务设施等布局,逐步健全全民覆盖、普惠共享、城乡一体的基本公共服务体系,加快县域城乡融合发展,促进农业高质高效、乡村宜居宜业、农民富裕富足。

**第五十一条**　县级人民政府和乡镇人民政府应当优化本行政区域内乡村发展布局,按照尊重农民意愿、方便群众生产生活、保持乡村功能和特色的原则,因地制宜安排村庄布局,依法编制村庄规划,分类有序推进村庄建设,严格规范村庄撤并,严禁违背农民意愿、违反法定程序撤并村庄。

**第五十二条**　县级以上地方人民政府应当统筹规划、建设、管护城乡道路以及垃圾污水处理、供水供电供气、物流、客运、信息通信、广播电视、消防、防灾减灾等公共基础设施和新型基础设施,推动城乡基础设施互联互通,保障乡村发展能源需求,保障农村饮用水安全,满足农民生产生活需要。

**第五十三条**　国家发展农村社会事业,促进公共教育、医疗卫生、社会保障等资源向农村倾斜,提升乡村基本公共服务水平,推进城乡基本公共服务均等化。

国家健全乡村便民服务体系,提升乡村公共服务数字化智能化水平,支持完善村级综合服务设施和综合信息平台,培育服务机构和服务类社会组织,完善服务运行机制,促进公共服务与自我服务有效衔接,增强生产生活服务功能。

**第五十四条**　国家完善城乡统筹的社会保障制度,建立健全保障机制,支持乡村提高社会保障管理服务水平;建立健全城乡居民基本养老保险待遇确定和基础养老金标准正常调整机制,确保城乡居民基本养老保险待遇随经济社会发展逐步提高。

国家支持农民按照规定参加城乡居民基本养老保险、基本医疗保险,鼓励具备条件的灵活就业人员和农业产业化从业人员参加职工基本养老保险、职工基本医疗保险等社会保险。

国家推进城乡最低生活保障制度统筹发展，提高农村特困人员供养等社会救助水平，加强对农村留守儿童、妇女和老年人以及残疾人、困境儿童的关爱服务，支持发展农村普惠型养老服务和互助性养老。

**第五十五条**　国家推动形成平等竞争、规范有序、城乡统一的人力资源市场，健全城乡均等的公共就业创业服务制度。

县级以上地方人民政府应当采取措施促进在城镇稳定就业和生活的农民自愿有序进城落户，不得以退出土地承包经营权、宅基地使用权、集体收益分配权等作为农民进城落户的条件；推进取得居住证的农民及其随迁家属享受城镇基本公共服务。

国家鼓励社会资本到乡村发展与农民利益联结型项目，鼓励城市居民到乡村旅游、休闲度假、养生养老等，但不得破坏乡村生态环境，不得损害农村集体经济组织及其成员的合法权益。

**第五十六条**　县级以上人民政府应当采取措施促进城乡产业协同发展，在保障农民主体地位的基础上健全联农带农激励机制，实现乡村经济多元化和农业全产业链发展。

**第五十七条**　各级人民政府及其有关部门应当采取措施鼓励农民进城务工，全面落实城乡劳动者平等就业、同工同酬，依法保障农民工工资支付和社会保障权益。

## 第八章　扶持措施

**第五十八条**　国家建立健全农业支持保护体系和实施乡村振兴战略财政投入保障制度。县级以上人民政府应当优先保障用于乡村振兴的财政投入，确保投入力度不断增强、总量持续增加、与乡村振兴目标任务相适应。

省、自治区、直辖市人民政府可以依法发行政府债券，用于现代农业设施建设和乡村建设。

各级人民政府应当完善涉农资金统筹整合长效机制，强化财政资金监督管理，全面实施预算绩效管理，提高财政资金使用效益。

**第五十九条**　各级人民政府应当采取措施增强脱贫地区内生发展能力，建立农村低收入人口、欠发达地区帮扶长效机制，持续推进脱贫地区发展；建立健全易返贫致贫人口动态监测预警和帮扶机制，实现巩固拓展脱贫攻坚成果同乡村振兴有效衔接。

国家加大对革命老区、民族地区、边疆地区实施乡村振兴战略的支持力度。

**第六十条**　国家按照增加总量、优化存量、提高效能的原则，构建以高质量绿色发展为导向的新型农业补贴政策体系。

**第六十一条**　各级人民政府应当坚持取之于农、主要用之于农的原则，按照国家有关规定调整完善土地使用权出让收入使用范围，提高农业农村投入比例，重点用于高标准农田建设、农田水利建设、现代种业提升、农村供水保障、农村人居环境整治、农村土地综合整治、耕地及永久基本农田保护、村庄公共设施建设和管护、农村教育、农村文化和精神文明建设支出，以及与农业农村直接相关的山水林田湖草沙生态保护修复、以工代赈工程建设等。

**第六十二条** 县级以上人民政府设立的相关专项资金、基金应当按照规定加强对乡村振兴的支持。

国家支持以市场化方式设立乡村振兴基金，重点支持乡村产业发展和公共基础设施建设。

县级以上地方人民政府应当优化乡村营商环境，鼓励创新投融资方式，引导社会资本投向乡村。

**第六十三条** 国家综合运用财政、金融等政策措施，完善政府性融资担保机制，依法完善乡村资产抵押担保权能，改进、加强乡村振兴的金融支持和服务。

财政出资设立的农业信贷担保机构应当主要为从事农业生产和与农业生产直接相关的经营主体服务。

**第六十四条** 国家健全多层次资本市场，多渠道推动涉农企业股权融资，发展并规范债券市场，促进涉农企业利用多种方式融资；丰富农产品期货品种，发挥期货市场价格发现和风险分散功能。

**第六十五条** 国家建立健全多层次、广覆盖、可持续的农村金融服务体系，完善金融支持乡村振兴考核评估机制，促进农村普惠金融发展，鼓励金融机构依法将更多资源配置到乡村发展的重点领域和薄弱环节。

政策性金融机构应当在业务范围内为乡村振兴提供信贷支持和其他金融服务，加大对乡村振兴的支持力度。

商业银行应当结合自身职能定位和业务优势，创新金融产品和服务模式，扩大基础金融服务覆盖面，增加对农民和农业经营主体的信贷规模，为乡村振兴提供金融服务。

农村商业银行、农村合作银行、农村信用社等农村中小金融机构应当主要为本地农业农村农民服务，当年新增可贷资金主要用于当地农业农村发展。

**第六十六条** 国家建立健全多层次农业保险体系，完善政策性农业保险制度，鼓励商业性保险公司开展农业保险业务，支持农民和农业经营主体依法开展互助合作保险。

县级以上人民政府应当采取保费补贴等措施，支持保险机构适当增加保险品种，扩大农业保险覆盖面，促进农业保险发展。

**第六十七条** 县级以上地方人民政府应当推进节约集约用地，提高土地使用效率，依法采取措施盘活农村存量建设用地，激活农村土地资源，完善农村新增建设用地保障机制，满足乡村产业、公共服务设施和农民住宅用地合理需求。

县级以上地方人民政府应当保障乡村产业用地，建设用地指标应当向乡村发展倾斜，县域内新增耕地指标应当优先用于折抵乡村产业发展所需建设用地指标，探索灵活多样的供地新方式。

经国土空间规划确定为工业、商业等经营性用途并依法登记的集体经营性建设用地，土地所有权人可以依法通过出让、出租等方式交由单位或者个人使用，优先用于发展集体所有制经济和乡村产业。

## 第九章　监督检查

**第六十八条**　国家实行乡村振兴战略实施目标责任制和考核评价制度。上级人民政府应当对下级人民政府实施乡村振兴战略的目标完成情况等进行考核，考核结果作为地方人民政府及其负责人综合考核评价的重要内容。

**第六十九条**　国务院和省、自治区、直辖市人民政府有关部门建立客观反映乡村振兴进展的指标和统计体系。县级以上地方人民政府应当对本行政区域内乡村振兴战略实施情况进行评估。

**第七十条**　县级以上各级人民政府应当向本级人民代表大会或者其常务委员会报告乡村振兴促进工作情况。乡镇人民政府应当向本级人民代表大会报告乡村振兴促进工作情况。

**第七十一条**　地方各级人民政府应当每年向上一级人民政府报告乡村振兴促进工作情况。

县级以上人民政府定期对下一级人民政府乡村振兴促进工作情况开展监督检查。

**第七十二条**　县级以上人民政府发展改革、财政、农业农村、审计等部门按照各自职责对农业农村投入优先保障机制落实情况、乡村振兴资金使用情况和绩效等实施监督。

**第七十三条**　各级人民政府及其有关部门在乡村振兴促进工作中不履行或者不正确履行职责的，依照法律法规和国家有关规定追究责任，对直接负责的主管人员和其他直接责任人员依法给予处分。

违反有关农产品质量安全、生态环境保护、土地管理等法律法规的，由有关主管部门依法予以处罚；构成犯罪的，依法追究刑事责任。

## 第十章　附　　则

**第七十四条**　本法自2021年6月1日起施行。

# 中华人民共和国<br>耕地占用税法

1. 2018年12月29日第十三届全国人民代表大会常务委员会第七次会议通过
2. 2018年12月29日中华人民共和国主席令第18号公布
3. 自2019年9月1日起施行

**第一条**　为了合理利用土地资源，加强土地管理，保护耕地，制定本法。

**第二条** 在中华人民共和国境内占用耕地建设建筑物、构筑物或者从事非农业建设的单位和个人，为耕地占用税的纳税人，应当依照本法规定缴纳耕地占用税。

占用耕地建设农田水利设施的，不缴纳耕地占用税。

本法所称耕地，是指用于种植农作物的土地。

**第三条** 耕地占用税以纳税人实际占用的耕地面积为计税依据，按照规定的适用税额一次性征收，应纳税额为纳税人实际占用的耕地面积（平方米）乘以适用税额。

**第四条** 耕地占用税的税额如下：

（一）人均耕地不超过一亩的地区（以县、自治县、不设区的市、市辖区为单位，下同），每平方米为十元至五十元；

（二）人均耕地超过一亩但不超过二亩的地区，每平方米为八元至四十元；

（三）人均耕地超过二亩但不超过三亩的地区，每平方米为六元至三十元；

（四）人均耕地超过三亩的地区，每平方米为五元至二十五元。

各地区耕地占用税的适用税额，由省、自治区、直辖市人民政府根据人均耕地面积和经济发展等情况，在前款规定的税额幅度内提出，报同级人民代表大会常务委员会决定，并报全国人民代表大会常务委员会和国务院备案。各省、自治区、直辖市耕地占用税适用税额的平均水平，不得低于本法所附《各省、自治区、直辖市耕地占用税平均税额表》规定的平均税额。

**第五条** 在人均耕地低于零点五亩的地区，省、自治区、直辖市可以根据当地经济发展情况，适当提高耕地占用税的适用税额，但提高的部分不得超过本法第四条第二款确定的适用税额的百分之五十。具体适用税额按照本法第四条第二款规定的程序确定。

**第六条** 占用基本农田的，应当按照本法第四条第二款或者第五条确定的当地适用税额，加按百分之一百五十征收。

**第七条** 军事设施、学校、幼儿园、社会福利机构、医疗机构占用耕地，免征耕地占用税。

铁路线路、公路线路、飞机场跑道、停机坪、港口、航道、水利工程占用耕地，减按每平方米二元的税额征收耕地占用税。

农村居民在规定用地标准以内占用耕地新建自用住宅，按照当地适用税额减半征收耕地占用税；其中农村居民经批准搬迁，新建自用住宅占用耕地不超过原宅基地面积的部分，免征耕地占用税。

农村烈士遗属、因公牺牲军人遗属、残疾军人以及符合农村最低生活保障条件的农村居民，在规定用地标准以内新建自用住宅，免征耕地占用税。

根据国民经济和社会发展的需要，国务院可以规定免征或者减征耕地占用税的其他情形，报全国人民代表大会常务委员会备案。

**第八条** 依照本法第七条第一款、第二款规定免征或者减征耕地占用税后，纳税人改变原占地用途，不再属于免征或者减征耕地占用税情形的，应当按照当地适用税额补缴耕地占用税。

**第九条** 耕地占用税由税务机关负责征收。

**第十条** 耕地占用税的纳税义务发生时间为纳税人收到自然资源主管部门办理占用耕地手续的书面通知的当日。纳税人应当自纳税义务发生之日起三十日内申报缴纳耕地占用税。

自然资源主管部门凭耕地占用税完税凭证或者免税凭证和其他有关文件发放建设用地批准书。

**第十一条** 纳税人因建设项目施工或者地质勘查临时占用耕地，应当依照本法的规定缴纳耕地占用税。纳税人在批准临时占用耕地期满之日起一年内依法复垦，恢复种植条件的，全额退还已经缴纳的耕地占用税。

**第十二条** 占用园地、林地、草地、农田水利用地、养殖水面、渔业水域滩涂以及其他农用地建设建筑物、构筑物或者从事非农业建设的，依照本法的规定缴纳耕地占用税。

占用前款规定的农用地的，适用税额可以适当低于本地区按照本法第四条第二款确定的适用税额，但降低的部分不得超过百分之五十。具体适用税额由省、自治区、直辖市人民政府提出，报同级人民代表大会常务委员会决定，并报全国人民代表大会常务委员会和国务院备案。

占用本条第一款规定的农用地建设直接为农业生产服务的生产设施的，不缴纳耕地占用税。

**第十三条** 税务机关应当与相关部门建立耕地占用税涉税信息共享机制和工作配合机制。县级以上地方人民政府自然资源、农业农村、水利等相关部门应当定期向税务机关提供农用地转用、临时占地等信息，协助税务机关加强耕地占用税征收管理。

税务机关发现纳税人的纳税申报数据资料异常或者纳税人未按照规定期限申报纳税的，可以提请相关部门进行复核，相关部门应当自收到税务机关复核申请之日起三十日内向税务机关出具复核意见。

**第十四条** 耕地占用税的征收管理，依照本法和《中华人民共和国税收征收管理法》的规定执行。

**第十五条** 纳税人、税务机关及其工作人员违反本法规定的，依照《中华人民共和国税收征收管理法》和有关法律法规的规定追究法律责任。

**第十六条** 本法自 2019 年 9 月 1 日起施行。2007 年 12 月 1 日国务院公布的《中华人民共和国耕地占用税暂行条例》同时废止。

附：

## 各省、自治区、直辖市耕地占用税平均税额表

| 省、自治区、直辖市 | 平均税额（元/平方米） |
| --- | --- |
| 上海 | 45 |
| 北京 | 40 |
| 天津 | 35 |
| 江苏、浙江、福建、广东 | 30 |
| 辽宁、湖北、湖南 | 25 |
| 河北、安徽、江西、山东、河南、重庆、四川 | 22.5 |
| 广西、海南、贵州、云南、陕西 | 20 |
| 山西、吉林、黑龙江 | 17.5 |
| 内蒙古、西藏、甘肃、青海、宁夏、新疆 | 12.5 |

# 中华人民共和国耕地占用税法实施办法

1. 2019年8月29日财政部、税务总局、自然资源部、农业农村部、生态环境部公告2019年第81号公布
2. 自2019年9月1日起施行

**第一条** 为了贯彻实施《中华人民共和国耕地占用税法》(以下简称税法)，制定本办法。

**第二条** 经批准占用耕地的，纳税人为农用地转用审批文件中标明的建设用地人；农用地转用审批文件中未标明建设用地人的，纳税人为用地申请人，其中用地申请人为各级人民政府的，由同级土地储备中心、自然资源主管部门或政府委托的其他部门、单位履行耕地占用税申报纳税义务。

未经批准占用耕地的，纳税人为实际用地人。

**第三条** 实际占用的耕地面积，包括经批准占用的耕地面积和未经批准占用的耕地面积。

**第四条** 基本农田，是指依据《基本农田保护条例》划定的基本农田保护区范围内的耕地。

**第五条** 免税的军事设施，具体范围为《中华人民共和国军事设施保护法》规定的军事设施。

**第六条** 免税的学校，具体范围包括县级以上人民政府教育行政部门批准成立的大学、中学、小学，学历性职业教育学校和特殊教育学校，以及经省级人民政府或其人力资源社会保障行政部门批准成立的技工院校。

学校内经营性场所和教职工住房占用耕地的，按照当地适用税额缴纳耕地占用税。

**第七条** 免税的幼儿园，具体范围限于县级以上人民政府教育行政部门批准成立的幼儿园内专门用于幼儿保育、教育的场所。

**第八条** 免税的社会福利机构，具体范围限于依法登记的养老服务机构、残疾人服务机构、儿童福利机构、救助管理机构、未成年人救助保护机构内，专门

为老年人、残疾人、未成年人、生活无着的流浪乞讨人员提供养护、康复、托管等服务的场所。

**第九条**　免税的医疗机构，具体范围限于县级以上人民政府卫生健康行政部门批准设立的医疗机构内专门从事疾病诊断、治疗活动的场所及其配套设施。

医疗机构内职工住房占用耕地的，按照当地适用税额缴纳耕地占用税。

**第十条**　减税的铁路线路，具体范围限于铁路路基、桥梁、涵洞、隧道及其按照规定两侧留地、防火隔离带。

专用铁路和铁路专用线占用耕地的，按照当地适用税额缴纳耕地占用税。

**第十一条**　减税的公路线路，具体范围限于经批准建设的国道、省道、县道、乡道和属于农村公路的村道的主体工程以及两侧边沟或者截水沟。

专用公路和城区内机动车道占用耕地的，按照当地适用税额缴纳耕地占用税。

**第十二条**　减税的飞机场跑道、停机坪，具体范围限于经批准建设的民用机场专门用于民用航空器起降、滑行、停放的场所。

**第十三条**　减税的港口，具体范围限于经批准建设的港口内供船舶进出、停靠以及旅客上下、货物装卸的场所。

**第十四条**　减税的航道，具体范围限于在江、河、湖泊、港湾等水域内供船舶安全航行的通道。

**第十五条**　减税的水利工程，具体范围限于经县级以上人民政府水行政主管部门批准建设的防洪、排涝、灌溉、引（供）水、滩涂治理、水土保持、水资源保护等各类工程及其配套和附属工程的建筑物、构筑物占压地和经批准的管理范围用地。

**第十六条**　纳税人符合税法第七条规定情形，享受免征或者减征耕地占用税的，应当留存相关证明资料备查。

**第十七条**　根据税法第八条的规定，纳税人改变原占地用途，不再属于免征或减征情形的，应自改变用途之日起30日内申报补缴税款，补缴税款按改变用途的实际占用耕地面积和改变用途时当地适用税额计算。

**第十八条**　临时占用耕地，是指经自然资源主管部门批准，在一般不超过2年内临时使用耕地并且没有修建永久性建筑物的行为。

依法复垦应由自然资源主管部门会同有关行业管理部门认定并出具验收合格确认书。

**第十九条**　因挖损、采矿塌陷、压占、污染等损毁耕地属于税法所称的非农业建设，应依照税法规定缴纳耕地占用税；自自然资源、农业农村等相关部门认定损毁耕地之日起3年内依法复垦或修复，恢复种植条件的，比照税法第十一条规定办理退税。

**第二十条**　园地，包括果园、茶园、橡胶园、其他园地。

前款的其他园地包括种植桑树、可

可、咖啡、油棕、胡椒、药材等其他多年生作物的园地。

**第二十一条** 林地，包括乔木林地、竹林地、红树林地、森林沼泽、灌木林地、灌丛沼泽、其他林地，不包括城镇村庄范围内的绿化林木用地，铁路、公路征地范围内的林木用地，以及河流、沟渠的护堤林用地。

前款的其他林地包括疏林地、未成林地、迹地、苗圃等林地。

**第二十二条** 草地，包括天然牧草地、沼泽草地、人工牧草地，以及用于农业生产并已由相关行政主管部门发放使用权证的草地。

**第二十三条** 农田水利用地，包括农田排灌沟渠及相应附属设施用地。

**第二十四条** 养殖水面，包括人工开挖或者天然形成的用于水产养殖的河流水面、湖泊水面、水库水面、坑塘水面及相应附属设施用地。

**第二十五条** 渔业水域滩涂，包括专门用于种植或者养殖水生动植物的海水潮浸地带和滩地，以及用于种植芦苇并定期进行人工养护管理的苇田。

**第二十六条** 直接为农业生产服务的生产设施，是指直接为农业生产服务而建设的建筑物和构筑物。具体包括：储存农用机具和种子、苗木、木材等农业产品的仓储设施；培育、生产种子、种苗的设施；畜禽养殖设施；木材集材道、运材道；农业科研、试验、示范基地；野生动植物保护、护林、森林病虫害防治、森林防火、木材检疫的设施；专为农业生产服务的灌溉排水、供水、供电、供热、供气、通讯基础设施；农业生产者从事农业生产必需的食宿和管理设施；其他直接为农业生产服务的生产设施。

**第二十七条** 未经批准占用耕地的，耕地占用税纳税义务发生时间为自然资源主管部门认定的纳税人实际占用耕地的当日。

因挖损、采矿塌陷、压占、污染等损毁耕地的纳税义务发生时间为自然资源、农业农村等相关部门认定损毁耕地的当日。

**第二十八条** 纳税人占用耕地，应当在耕地所在地申报纳税。

**第二十九条** 在农用地转用环节，用地申请人能证明建设用地人符合税法第七条第一款规定的免税情形的，免征用地申请人的耕地占用税；在供地环节，建设用地人使用耕地用途符合税法第七条第一款规定的免税情形的，由用地申请人和建设用地人共同申请，按退税管理的规定退还用地申请人已经缴纳的耕地占用税。

**第三十条** 县级以上地方人民政府自然资源、农业农村、水利、生态环境等相关部门向税务机关提供的农用地转用、临时占地等信息，包括农用地转用信息、城市和村庄集镇按批次建设用地转而未供信息、经批准临时占地信息、改变原占地用途信息、未批先占农用地查处信息、土地损毁信息、土壤污染信息、土地复垦信息、草场使用和渔业养殖权证发放信息等。

各省、自治区、直辖市人民政府应当建立健全本地区跨部门耕地占用税部门协作和信息交换工作机制。

**第三十一条**　纳税人占地类型、占地面积和占地时间等纳税申报数据材料以自然资源等相关部门提供的相关材料为准;未提供相关材料或者材料信息不完整的,经主管税务机关提出申请,由自然资源等相关部门自收到申请之日起30日内出具认定意见。

**第三十二条**　纳税人的纳税申报数据资料异常或者纳税人未按照规定期限申报纳税的,包括下列情形:

(一)纳税人改变原占地用途,不再属于免征或者减征耕地占用税情形,未按照规定进行申报的;

(二)纳税人已申请用地但尚未获得批准先行占地开工,未按照规定进行申报的;

(三)纳税人实际占用耕地面积大于批准占用耕地面积,未按照规定进行申报的;

(四)纳税人未履行报批程序擅自占用耕地,未按照规定进行申报的;

(五)其他应提请相关部门复核的情形。

**第三十三条**　本办法自2019年9月1日起施行。

## 中华人民共和国乡镇企业法

1. 1996年10月29日第八届全国人民代表大会常务委员会第二十二次会议通过
2. 1996年10月29日中华人民共和国主席令第76号公布
3. 自1997年1月1日起施行

**第一条**　为了扶持和引导乡镇企业持续健康发展,保护乡镇企业的合法权益,规范乡镇企业的行为,繁荣农村经济,促进社会主义现代化建设,制定本法。

**第二条**　本法所称乡镇企业,是指农村集体经济组织或者农民投资为主,在乡镇(包括所辖村)举办的承担支援农业义务的各类企业。

前款所称投资为主,是指农村集体经济组织或者农民投资超过百分之五十,或者虽不足百分之五十,但能起到控股或者实际支配作用。

乡镇企业符合企业法人条件的,依法取得企业法人资格。

**第三条**　乡镇企业是农村经济的重要支柱和国民经济的重要组成部分。

乡镇企业的主要任务是,根据市场需要发展商品生产,提供社会服务,增加社会有效供给,吸收农村剩余劳动力,提高农民收入,支援农业,推进农业和农村现代化,促进国民经济和社会事业发展。

**第四条** 发展乡镇企业，坚持以农村集体经济为主导，多种经济成分共同发展的原则。

**第五条** 国家对乡镇企业积极扶持、合理规划、分类指导、依法管理。

**第六条** 国家鼓励和重点扶持经济欠发达地区、少数民族地区发展乡镇企业，鼓励经济发达地区的乡镇企业或者其他经济组织采取多种形式支持经济欠发达地区和少数民族地区举办乡镇企业。

**第七条** 国务院乡镇企业行政管理部门和有关部门按照各自的职责对全国的乡镇企业进行规划、协调、监督、服务；县级以上地方各级人民政府乡镇企业行政管理部门和有关部门按照各自的职责对本行政区域内的乡镇企业进行规划、协调、监督、服务。

**第八条** 经依法登记设立的乡镇企业，应当向当地乡镇企业行政管理部门办理登记备案手续。

乡镇企业改变名称、住所或者分立、合并、停业、终止等，依法办理变更登记、设立登记或者注销登记后，应当报乡镇企业行政管理部门备案。

**第九条** 乡镇企业在城市设立的分支机构，或者农村集体经济组织在城市开办的并承担支援农业义务的企业，按照乡镇企业对待。

**第十条** 农村集体经济组织投资设立的乡镇企业，其企业财产权属于设立该企业的全体农民集体所有。

农村集体经济组织与其他企业、组织或者个人共同投资设立的乡镇企业，其企业财产权按照出资份额属于投资者所有。

农民合伙或者单独投资设立的乡镇企业，其企业财产权属于投资者所有。

**第十一条** 乡镇企业依法实行独立核算，自主经营，自负盈亏。

具有企业法人资格的乡镇企业，依法享有法人财产权。

**第十二条** 国家保护乡镇企业的合法权益；乡镇企业的合法财产不受侵犯。

任何组织或者个人不得违反法律、行政法规干预乡镇企业的生产经营，撤换企业负责人；不得非法占有或者无偿使用乡镇企业的财产。

**第十三条** 乡镇企业按照法律、行政法规规定的企业形式设立，投资者依照有关法律、行政法规决定企业的重大事项，建立经营管理制度，依法享有权利和承担义务。

**第十四条** 乡镇企业依法实行民主管理，投资者在确定企业经营管理制度和企业负责人，作出重大经营决策和决定职工工资、生活福利、劳动保护、劳动安全等重大问题时，应当听取本企业工会或者职工的意见，实施情况要定期向职工公布，接受职工监督。

**第十五条** 国家鼓励有条件的地区建立、健全乡镇企业职工社会保险制度。

**第十六条** 乡镇企业停业、终止，已经建立社会保险制度的，按照有关规定安排职工；依法订立劳动合同的，按照合同的约定办理。原属于农村集体经济组织的职工有权返回农村集体经济组织从事生产,或者由职工自谋职业。

**第十七条** 乡镇企业从税后利润中提取一定比例的资金用于支援农业和农村社会性支出,其比例和管理使用办法由省、自治区、直辖市人民政府规定。

除法律、行政法规另有规定外,任何机关、组织或者个人不得以任何方式向乡镇企业收取费用,进行摊派。

**第十八条** 国家根据乡镇企业发展的情况,在一定时期内对乡镇企业减征一定比例的税收。减征税收的税种、期限和比例由国务院规定。

**第十九条** 国家对符合下列条件之一的中小型乡镇企业,根据不同情况实行一定期限的税收优惠:

(一)集体所有制乡镇企业开办初期经营确有困难的;

(二)设立在少数民族地区、边远地区和贫困地区的;

(三)从事粮食、饲料、肉类的加工、贮存、运销经营的;

(四)国家产业政策规定需要特殊扶持的。

前款税收优惠的具体办法由国务院规定。

**第二十条** 国家运用信贷手段,鼓励和扶持乡镇企业发展。对于符合前条规定条件之一并且符合贷款条件的乡镇企业,国家有关金融机构可以给予优先贷款,对其中生产资金困难且有发展前途的可以给予优惠贷款。

前款优先贷款、优惠贷款的具体办法由国务院规定。

**第二十一条** 县级以上人民政府依照国家有关规定,可以设立乡镇企业发展基金。基金由下列资金组成:

(一)政府拨付的用于乡镇企业发展的周转金;

(二)乡镇企业每年上缴地方税金增长部分中一定比例的资金;

(三)基金运用产生的收益;

(四)农村集体经济组织、乡镇企业、农民等自愿提供的资金。

**第二十二条** 乡镇企业发展基金专门用于扶持乡镇企业发展,其使用范围如下:

(一)支持少数民族地区、边远地区和贫困地区发展乡镇企业;

(二)支持经济欠发达地区、少数民族地区与经济发达地区的乡镇企业之间进行经济技术合作和举办合资项目;

(三)支持乡镇企业按照国家产业政策调整产业结构和产品结构;

(四)支持乡镇企业进行技术改造,开发名特优新产品和生产传统手工艺产品;

(五)发展生产农用生产资料或者直接为农业生产服务的乡镇企业;

(六)发展从事粮食、饲料、肉类的加工、贮存、运销经营的乡镇企业;

(七)支持乡镇企业职工的职业教育和技术培训;

(八)其他需要扶持的项目。

乡镇企业发展基金的设立和使用管理办法由国务院规定。

**第二十三条** 国家积极培养乡镇企业人才，鼓励科技人员、经营管理人员及大中专毕业生到乡镇企业工作，通过多种方式为乡镇企业服务。

乡镇企业通过多渠道、多形式培训技术人员、经营管理人员和生产人员，并采取优惠措施吸引人才。

**第二十四条** 国家采取优惠措施，鼓励乡镇企业同科研机构、高等院校、国有企业及其他企业、组织之间开展各种形式的经济技术合作。

**第二十五条** 国家鼓励乡镇企业开展对外经济技术合作与交流，建设出口商品生产基地，增加出口创汇。

具备条件的乡镇企业依法经批准可以取得对外贸易经营权。

**第二十六条** 地方各级人民政府按照统一规划、合理布局的原则，将发展乡镇企业同小城镇建设相结合，引导和促进乡镇企业适当集中发展，逐步加强基础设施和服务设施建设，以加快小城镇建设。

**第二十七条** 乡镇企业应当按照市场需要和国家产业政策，合理调整产业结构和产品结构，加强技术改造，不断采用先进的技术、生产工艺和设备，提高企业经营管理水平。

**第二十八条** 举办乡镇企业，其建设用地应当符合土地利用总体规划，严格控制、合理利用和节约使用土地，凡有荒地、劣地可以利用的，不得占用耕地、好地。

举办乡镇企业使用农村集体所有的土地的，应当依照法律、法规的规定，办理有关用地批准手续和土地登记手续。

乡镇企业使用农村集体所有的土地，连续闲置两年以上或者因停办闲置一年以上的，应当由原土地所有者收回该土地使用权，重新安排使用。

**第二十九条** 乡镇企业应当依法合理开发和使用自然资源。

乡镇企业从事矿产资源开采，必须依照有关法律规定，经有关部门批准，取得采矿许可证、生产许可证，实行正规作业，防止资源浪费，严禁破坏资源。

**第三十条** 乡镇企业应当按照国家有关规定，建立财务会计制度，加强财务管理，依法设置会计帐册，如实记录财务活动。

**第三十一条** 乡镇企业必须按照国家统计制度，如实报送统计资料。对于违反国家规定制发的统计调查报表，乡镇企业有权拒绝填报。

**第三十二条** 乡镇企业应当依法办理税务登记，按期进行纳税申报，足额缴纳税款。

各级人民政府应当依法加强乡镇企业的税收管理工作，有关管理部门不得超越管理权限对乡镇企业减免税。

**第三十三条** 乡镇企业应当加强产品质量管理，努力提高产品质量；生产和销售的产品必须符合保障人体健康，人身、财产安全的国家标准和行业标准；不得生产、销售失效、变质产品和国家明令淘汰的产品；不得在产品中掺杂、掺假，以假充真，以次充好。

**第三十四条** 乡镇企业应当依法使用商标，重视企业信誉；按照国家规定，制作所生产经营的商品标识，不得伪造产品的产地或者伪造、冒用他人厂名、厂址和认证标志、名优标志。

**第三十五条** 乡镇企业必须遵守有关环境保护的法律、法规，按照国家产业政策，在当地人民政府的统一指导下，采取措施，积极发展无污染、少污染和低资源消耗的企业，切实防治环境污染和生态破坏，保护和改善环境。

地方人民政府应当制定和实施乡镇企业环境保护规划，提高乡镇企业防治污染的能力。

**第三十六条** 乡镇企业建设对环境有影响的项目，必须严格执行环境影响评价制度。

乡镇企业建设项目中防治污染的设施，必须与主体工程同时设计、同时施工、同时投产使用。防治污染的设施必须经环境保护行政主管部门验收合格后，该建设项目方可投入生产或者使用。

乡镇企业不得采用或者使用国家明令禁止的严重污染环境的生产工艺和设备；不得生产和经营国家明令禁止的严重污染环境的产品。排放污染物超过国家或者地方规定标准，严重污染环境的，必须限期治理，逾期未完成治理任务的，依法关闭、停产或者转产。

**第三十七条** 乡镇企业必须遵守有关劳动保护、劳动安全的法律、法规，认真贯彻执行安全第一、预防为主的方针，采取有效的劳动卫生技术措施和管理措施，防止生产伤亡事故和职业病的发生；对危害职工安全的事故隐患，应当限期解决或者停产整顿。严禁管理者违章指挥，强令职工冒险作业。发生生产伤亡事故，应当采取积极抢救措施，依法妥善处理，并向有关部门报告。

**第三十八条** 违反本法规定，有下列行为之一的，由县级以上人民政府乡镇企业行政管理部门责令改正：

（一）非法改变乡镇企业所有权的；

（二）非法占有或者无偿使用乡镇企业财产的；

（三）非法撤换乡镇企业负责人的；

（四）侵犯乡镇企业自主经营权的。

前款行为给乡镇企业造成经济损失的，应当依法赔偿。

**第三十九条** 乡镇企业有权向审计、监察、财政、物价和乡镇企业行政管理部门控告、检举向企业非法收费、摊派或者罚款的单位和个人。有关部门和上级机关应当责令责任人停止其行为，并限期归还有关财物。对直接责任人员，有关部门可以根据情节轻重，给予相应的处罚。

**第四十条** 乡镇企业违反国家产品质量、环境保护、土地管理、自然资源开发、劳动安全、税收及其他有关法律、法规的，除依照有关法律、法规处理外，在其改正之前，应当根据情节轻重停止其享受本法规定的部分或者全部优惠。

**第四十一条** 乡镇企业违反本法规定，不承担支援农业义务的，由乡镇企业行政管理部门责令改正，在其改正之前，可以停止其享受本法规定的部分或者全部优惠。

**第四十二条** 对依照本法第三十八条至第四十一条规定所作处罚、处理决定不服的,当事人可以依法申请行政复议、提起诉讼。

**第四十三条** 本法自1997年1月1日起施行。

# 中华人民共和国农民专业合作社法

1. 2006年10月31日第十届全国人民代表大会常务委员会第二十四次会议通过
2. 2017年12月27日第十二届全国人民代表大会常务委员会第三十一次会议修订

目 录



## 第一章 总 则

**第一条** 为了规范农民专业合作社的组织和行为,鼓励、支持、引导农民专业合作社的发展,保护农民专业合作社及其成员的合法权益,推进农业农村现代化,制定本法。

**第二条** 本法所称农民专业合作社,是指在农村家庭承包经营基础上,农产品的生产经营者或者农业生产经营服务的提供者、利用者,自愿联合、民主管理的互助性经济组织。

**第三条** 农民专业合作社以其成员为主要服务对象,开展以下一种或者多种业务:

(一)农业生产资料的购买、使用;

(二)农产品的生产、销售、加工、运输、贮藏及其他相关服务;

(三)农村民间工艺及制品、休闲农业和乡村旅游资源的开发经营等;

(四)与农业生产经营有关的技术、信息、设施建设运营等服务。

**第四条** 农民专业合作社应当遵循下列原则:

(一)成员以农民为主体;

(二)以服务成员为宗旨,谋求全体成员的共同利益;

(三)入社自愿、退社自由;

(四)成员地位平等,实行民主管理;

(五)盈余主要按照成员与农民专业合作社的交易量(额)比例返还。

**第五条** 农民专业合作社依照本法登记,取得法人资格。

农民专业合作社对由成员出资、公积金、国家财政直接补助、他人捐赠以及合法取得的其他资产所形成的财产，享有占有、使用和处分的权利，并以上述财产对债务承担责任。

**第六条**　农民专业合作社成员以其账户内记载的出资额和公积金份额为限对农民专业合作社承担责任。

**第七条**　国家保障农民专业合作社享有与其他市场主体平等的法律地位。

国家保护农民专业合作社及其成员的合法权益，任何单位和个人不得侵犯。

**第八条**　农民专业合作社从事生产经营活动，应当遵守法律，遵守社会公德、商业道德，诚实守信，不得从事与章程规定无关的活动。

**第九条**　农民专业合作社为扩大生产经营和服务的规模，发展产业化经营，提高市场竞争力，可以依法自愿设立或者加入农民专业合作社联合社。

**第十条**　国家通过财政支持、税收优惠和金融、科技、人才的扶持以及产业政策引导等措施，促进农民专业合作社的发展。

国家鼓励和支持公民、法人和其他组织为农民专业合作社提供帮助和服务。

对发展农民专业合作社事业做出突出贡献的单位和个人，按照国家有关规定予以表彰和奖励。

**第十一条**　县级以上人民政府应当建立农民专业合作社工作的综合协调机制，统筹指导、协调、推动农民专业合作社的建设和发展。

县级以上人民政府农业主管部门、其他有关部门和组织应当依据各自职责，对农民专业合作社的建设和发展给予指导、扶持和服务。

## 第二章　设立和登记

**第十二条**　设立农民专业合作社，应当具备下列条件：

（一）有五名以上符合本法第十九条、第二十条规定的成员；

（二）有符合本法规定的章程；

（三）有符合本法规定的组织机构；

（四）有符合法律、行政法规规定的名称和章程确定的住所；

（五）有符合章程规定的成员出资。

**第十三条**　农民专业合作社成员可以用货币出资，也可以用实物、知识产权、土地经营权、林权等可以用货币估价并可以依法转让的非货币财产，以及章程规定的其他方式作价出资；但是，法律、行政法规规定不得作为出资的财产除外。

农民专业合作社成员不得以对该社或者其他成员的债权，充抵出资；不得以缴纳的出资，抵销对该社或者其他成员的债务。

**第十四条**　设立农民专业合作社，应当召开由全体设立人参加的设立大会。设立时自愿成为该社成员的人为设立人。

设立大会行使下列职权：

（一）通过本社章程，章程应当由全体设立人一致通过；

（二）选举产生理事长、理事、执行

监事或者监事会成员；

（三）审议其他重大事项。

**第十五条** 农民专业合作社章程应当载明下列事项：

（一）名称和住所；

（二）业务范围；

（三）成员资格及入社、退社和除名；

（四）成员的权利和义务；

（五）组织机构及其产生办法、职权、任期、议事规则；

（六）成员的出资方式、出资额，成员出资的转让、继承、担保；

（七）财务管理和盈余分配、亏损处理；

（八）章程修改程序；

（九）解散事由和清算办法；

（十）公告事项及发布方式；

（十一）附加表决权的设立、行使方式和行使范围；

（十二）需要载明的其他事项。

**第十六条** 设立农民专业合作社，应当向工商行政管理部门提交下列文件，申请设立登记：

（一）登记申请书；

（二）全体设立人签名、盖章的设立大会纪要；

（三）全体设立人签名、盖章的章程；

（四）法定代表人、理事的任职文件及身份证明；

（五）出资成员签名、盖章的出资清单；

（六）住所使用证明；

（七）法律、行政法规规定的其他文件。

登记机关应当自受理登记申请之日起二十日内办理完毕，向符合登记条件的申请者颁发营业执照，登记类型为农民专业合作社。

农民专业合作社法定登记事项变更的，应当申请变更登记。

登记机关应当将农民专业合作社的登记信息通报同级农业等有关部门。

农民专业合作社登记办法由国务院规定。办理登记不得收取费用。

**第十七条** 农民专业合作社应当按照国家有关规定，向登记机关报送年度报告，并向社会公示。

**第十八条** 农民专业合作社可以依法向公司等企业投资，以其出资额为限对所投资企业承担责任。

## 第三章 成 员

**第十九条** 具有民事行为能力的公民，以及从事与农民专业合作社业务直接有关的生产经营活动的企业、事业单位或者社会组织，能够利用农民专业合作社提供的服务，承认并遵守农民专业合作社章程，履行章程规定的入社手续的，可以成为农民专业合作社的成员。但是，具有管理公共事务职能的单位不得加入农民专业合作社。

农民专业合作社应当置备成员名册，并报登记机关。

**第二十条** 农民专业合作社的成员

中,农民至少应当占成员总数的百分之八十。

成员总数二十人以下的,可以有一个企业、事业单位或者社会组织成员;成员总数超过二十人的,企业、事业单位和社会组织成员不得超过成员总数的百分之五。

**第二十一条**　农民专业合作社成员享有下列权利:

(一)参加成员大会,并享有表决权、选举权和被选举权,按照章程规定对本社实行民主管理;

(二)利用本社提供的服务和生产经营设施;

(三)按照章程规定或者成员大会决议分享盈余;

(四)查阅本社的章程、成员名册、成员大会或者成员代表大会记录、理事会会议决议、监事会会议决议、财务会计报告、会计账簿和财务审计报告;

(五)章程规定的其他权利。

**第二十二条**　农民专业合作社成员大会选举和表决,实行一人一票制,成员各享有一票的基本表决权。

出资额或者与本社交易量(额)较大的成员按照章程规定,可以享有附加表决权。本社的附加表决权总票数,不得超过本社成员基本表决权总票数的百分之二十。享有附加表决权的成员及其享有的附加表决权数,应当在每次成员大会召开时告知出席会议的全体成员。

**第二十三条**　农民专业合作社成员承担下列义务:

(一)执行成员大会、成员代表大会和理事会的决议;

(二)按照章程规定向本社出资;

(三)按照章程规定与本社进行交易;

(四)按照章程规定承担亏损;

(五)章程规定的其他义务。

**第二十四条**　符合本法第十九条、第二十条规定的公民、企业、事业单位或者社会组织,要求加入已成立的农民专业合作社,应当向理事长或者理事会提出书面申请,经成员大会或者成员代表大会表决通过后,成为本社成员。

**第二十五条**　农民专业合作社成员要求退社的,应当在会计年度终了的三个月前向理事长或者理事会提出书面申请;其中,企业、事业单位或者社会组织成员退社,应当在会计年度终了的六个月前提出;章程另有规定的,从其规定。退社成员的成员资格自会计年度终了时终止。

**第二十六条**　农民专业合作社成员不遵守农民专业合作社的章程、成员大会或者成员代表大会的决议,或者严重危害其他成员及农民专业合作社利益的,可以予以除名。

成员的除名,应当经成员大会或者成员代表大会表决通过。

在实施前款规定时,应当为该成员提供陈述意见的机会。

被除名成员的成员资格自会计年度终了时终止。

**第二十七条**　成员在其资格终止前

与农民专业合作社已订立的合同，应当继续履行；章程另有规定或者与本社另有约定的除外。

**第二十八条** 成员资格终止的，农民专业合作社应当按照章程规定的方式和期限，退还记载在该成员账户内的出资额和公积金份额；对成员资格终止前的可分配盈余，依照本法第四十四条的规定向其返还。

资格终止的成员应当按照章程规定分摊资格终止前本社的亏损及债务。

## 第四章 组织机构

**第二十九条** 农民专业合作社成员大会由全体成员组成，是本社的权力机构，行使下列职权：

（一）修改章程；

（二）选举和罢免理事长、理事、执行监事或者监事会成员；

（三）决定重大财产处置、对外投资、对外担保和生产经营活动中的其他重大事项；

（四）批准年度业务报告、盈余分配方案、亏损处理方案；

（五）对合并、分立、解散、清算，以及设立、加入联合社等作出决议；

（六）决定聘用经营管理人员和专业技术人员的数量、资格和任期；

（七）听取理事长或者理事会关于成员变动情况的报告，对成员的入社、除名等作出决议；

（八）公积金的提取及使用；

（九）章程规定的其他职权。

**第三十条** 农民专业合作社召开成员大会，出席人数应当达到成员总数三分之二以上。

成员大会选举或者作出决议，应当由本社成员表决权总数过半数通过；作出修改章程或者合并、分立、解散，以及设立、加入联合社的决议应当由本社成员表决权总数的三分之二以上通过。章程对表决权数有较高规定的，从其规定。

**第三十一条** 农民专业合作社成员大会每年至少召开一次，会议的召集由章程规定。有下列情形之一的，应当在二十日内召开临时成员大会：

（一）百分之三十以上的成员提议；

（二）执行监事或者监事会提议；

（三）章程规定的其他情形。

**第三十二条** 农民专业合作社成员超过一百五十人的，可以按照章程规定设立成员代表大会。成员代表大会按照章程规定可以行使成员大会的部分或者全部职权。

依法设立成员代表大会的，成员代表人数一般为成员总人数的百分之十，最低人数为五十一人。

**第三十三条** 农民专业合作社设理事长一名，可以设理事会。理事长为本社的法定代表人。

农民专业合作社可以设执行监事或者监事会。理事长、理事、经理和财务会计人员不得兼任监事。

理事长、理事、执行监事或者监事会成员，由成员大会从本社成员中选举产生，依照本法和章程的规定行使职权，对成员大会负责。

理事会会议、监事会会议的表决，实行一人一票。

**第三十四条**　农民专业合作社的成员大会、成员代表大会、理事会、监事会，应当将所议事项的决定作成会议记录，出席会议的成员、成员代表、理事、监事应当在会议记录上签名。

**第三十五条**　农民专业合作社的理事长或者理事会可以按照成员大会的决定聘任经理和财务会计人员，理事长或者理事可以兼任经理。经理按照章程规定或者理事会的决定，可以聘任其他人员。

经理按照章程规定和理事长或者理事会授权，负责具体生产经营活动。

**第三十六条**　农民专业合作社的理事长、理事和管理人员不得有下列行为：

（一）侵占、挪用或者私分本社资产；

（二）违反章程规定或者未经成员大会同意，将本社资金借贷给他人或者以本社资产为他人提供担保；

（三）接受他人与本社交易的佣金归为己有；

（四）从事损害本社经济利益的其他活动。

理事长、理事和管理人员违反前款规定所得的收入，应当归本社所有；给本社造成损失的，应当承担赔偿责任。

**第三十七条**　农民专业合作社的理事长、理事、经理不得兼任业务性质相同的其他农民专业合作社的理事长、理事、监事、经理。

**第三十八条**　执行与农民专业合作社业务有关公务的人员，不得担任农民专业合作社的理事长、理事、监事、经理或者财务会计人员。

## 第五章　财务管理

**第三十九条**　农民专业合作社应当按照国务院财政部门制定的财务会计制度进行财务管理和会计核算。

**第四十条**　农民专业合作社的理事长或者理事会应当按照章程规定，组织编制年度业务报告、盈余分配方案、亏损处理方案以及财务会计报告，于成员大会召开的十五日前，置备于办公地点，供成员查阅。

**第四十一条**　农民专业合作社与其成员的交易、与利用其提供的服务的非成员的交易，应当分别核算。

**第四十二条**　农民专业合作社可以按照章程规定或者成员大会决议从当年盈余中提取公积金。公积金用于弥补亏损、扩大生产经营或者转为成员出资。

每年提取的公积金按照章程规定量化为每个成员的份额。

**第四十三条**　农民专业合作社应当为每个成员设立成员账户，主要记载下列内容：

（一）该成员的出资额；

（二）量化为该成员的公积金份额；

（三）该成员与本社的交易量（额）。

**第四十四条**　在弥补亏损、提取公积金后的当年盈余，为农民专业合作社的可分配盈余。可分配盈余主要按照成员与本社的交易量(额)比例返还。

可分配盈余按成员与本社的交易量(额)比例返还的返还总额不得低于可分配盈余的百分之六十;返还后的剩余部分,以成员账户中记载的出资额和公积金份额,以及本社接受国家财政直接补助和他人捐赠形成的财产平均量化到成员的份额,按比例分配给本社成员。

经成员大会或者成员代表大会表决同意,可以将全部或者部分可分配盈余转为对农民专业合作社的出资,并记载在成员账户中。

具体分配办法按照章程规定或者经成员大会决议确定。

**第四十五条** 设立执行监事或者监事会的农民专业合作社,由执行监事或者监事会负责对本社的财务进行内部审计,审计结果应当向成员大会报告。

成员大会也可以委托社会中介机构对本社的财务进行审计。

## 第六章 合并、分立、解散和清算

**第四十六条** 农民专业合作社合并,应当自合并决议作出之日起十日内通知债权人。合并各方的债权、债务应当由合并后存续或者新设的组织承继。

**第四十七条** 农民专业合作社分立,其财产作相应的分割,并应当自分立决议作出之日起十日内通知债权人。分立前的债务由分立后的组织承担连带责任。但是,在分立前与债权人就债务清偿达成的书面协议另有约定的除外。

**第四十八条** 农民专业合作社因下列原因解散:

(一)章程规定的解散事由出现;

(二)成员大会决议解散;

(三)因合并或者分立需要解散;

(四)依法被吊销营业执照或者被撤销。

因前款第一项、第二项、第四项原因解散的,应当在解散事由出现之日起十五日内由成员大会推举成员组成清算组,开始解散清算。逾期不能组成清算组的,成员、债权人可以向人民法院申请指定成员组成清算组进行清算,人民法院应当受理该申请,并及时指定成员组成清算组进行清算。

**第四十九条** 清算组自成立之日起接管农民专业合作社,负责处理与清算有关未了结业务,清理财产和债权、债务,分配清偿债务后的剩余财产,代表农民专业合作社参与诉讼、仲裁或者其他法律程序,并在清算结束时办理注销登记。

**第五十条** 清算组应当自成立之日起十日内通知农民专业合作社成员和债权人,并于六十日内在报纸上公告。债权人应当自接到通知之日起三十日内,未接到通知的自公告之日起四十五日内,向清算组申报债权。如果在规定期间内全部成员、债权人均已收到通知,免除清算组的公告义务。

债权人申报债权,应当说明债权的有关事项,并提供证明材料。清算组应当对债权进行审查、登记。

在申报债权期间，清算组不得对债权人进行清偿。

**第五十一条** 农民专业合作社因本法第四十八条第一款的原因解散，或者人民法院受理破产申请时，不能办理成员退社手续。

**第五十二条** 清算组负责制定包括清偿农民专业合作社员工的工资及社会保险费用，清偿所欠税款和其他各项债务，以及分配剩余财产在内的清算方案，经成员大会通过或者申请人民法院确认后实施。

清算组发现农民专业合作社的财产不足以清偿债务的，应当依法向人民法院申请破产。

**第五十三条** 农民专业合作社接受国家财政直接补助形成的财产，在解散、破产清算时，不得作为可分配剩余资产分配给成员，具体按照国务院财政部门有关规定执行。

**第五十四条** 清算组成员应当忠于职守，依法履行清算义务，因故意或者重大过失给农民专业合作社成员及债权人造成损失的，应当承担赔偿责任。

**第五十五条** 农民专业合作社破产适用企业破产法的有关规定。但是，破产财产在清偿破产费用和共益债务后，应当优先清偿破产前与农民成员已发生交易但尚未结清的款项。

## 第七章 农民专业合作社联合社

**第五十六条** 三个以上的农民专业合作社在自愿的基础上，可以出资设立农民专业合作社联合社。

农民专业合作社联合社应当有自己的名称、组织机构和住所，由联合社全体成员制定并承认的章程，以及符合章程规定的成员出资。

**第五十七条** 农民专业合作社联合社依照本法登记，取得法人资格，领取营业执照，登记类型为农民专业合作社联合社。

**第五十八条** 农民专业合作社联合社以其全部财产对该社的债务承担责任；农民专业合作社联合社的成员以其出资额为限对农民专业合作社联合社承担责任。

**第五十九条** 农民专业合作社联合社应当设立由全体成员参加的成员大会，其职权包括修改农民专业合作社联合社章程，选举和罢免农民专业合作社联合社理事长、理事和监事，决定农民专业合作社联合社的经营方案及盈余分配，决定对外投资和担保方案等重大事项。

农民专业合作社联合社不设成员代表大会，可以根据需要设立理事会、监事会或者执行监事。理事长、理事应当由成员社选派的人员担任。

**第六十条** 农民专业合作社联合社的成员大会选举和表决，实行一社一票。

**第六十一条** 农民专业合作社联合社可分配盈余的分配办法，按照本法规定的原则由农民专业合作社联合社章程规定。

**第六十二条** 农民专业合作社联合

社成员退社，应当在会计年度终了的六个月前以书面形式向理事会提出。退社成员的成员资格自会计年度终了时终止。

**第六十三条** 本章对农民专业合作社联合社没有规定的，适用本法关于农民专业合作社的规定。

## 第八章 扶持措施

**第六十四条** 国家支持发展农业和农村经济的建设项目，可以委托和安排有条件的农民专业合作社实施。

**第六十五条** 中央和地方财政应当分别安排资金，支持农民专业合作社开展信息、培训、农产品标准与认证、农业生产基础设施建设、市场营销和技术推广等服务。国家对革命老区、民族地区、边疆地区和贫困地区的农民专业合作社给予优先扶助。

县级以上人民政府有关部门应当依法加强对财政补助资金使用情况的监督。

**第六十六条** 国家政策性金融机构应当采取多种形式，为农民专业合作社提供多渠道的资金支持。具体支持政策由国务院规定。

国家鼓励商业性金融机构采取多种形式，为农民专业合作社及其成员提供金融服务。

国家鼓励保险机构为农民专业合作社提供多种形式的农业保险服务。鼓励农民专业合作社依法开展互助保险。

**第六十七条** 农民专业合作社享受国家规定的对农业生产、加工、流通、服务和其他涉农经济活动相应的税收优惠。

**第六十八条** 农民专业合作社从事农产品初加工用电执行农业生产用电价格，农民专业合作社生产性配套辅助设施用地按农用地管理，具体办法由国务院有关部门规定。

## 第九章 法律责任

**第六十九条** 侵占、挪用、截留、私分或者以其他方式侵犯农民专业合作社及其成员的合法财产，非法干预农民专业合作社及其成员的生产经营活动，向农民专业合作社及其成员摊派，强迫农民专业合作社及其成员接受有偿服务，造成农民专业合作社经济损失的，依法追究法律责任。

**第七十条** 农民专业合作社向登记机关提供虚假登记材料或者采取其他欺诈手段取得登记的，由登记机关责令改正，可以处五千元以下罚款；情节严重的，撤销登记或者吊销营业执照。

**第七十一条** 农民专业合作社连续两年未从事经营活动的，吊销其营业执照。

**第七十二条** 农民专业合作社在依法向有关主管部门提供的财务报告等材料中，作虚假记载或者隐瞒重要事实的，依法追究法律责任。

## 第十章 附则

**第七十三条** 国有农场、林场、牧

场、渔场等企业中实行承包租赁经营、从事农业生产经营或者服务的职工，兴办农民专业合作社适用本法。

**第七十四条**　本法自2018年7月1日起施行。

# 中华人民共和国<br>市场主体登记管理条例

1．2021年7月27日中华人民共和国国务院令第746号公布

2．自2022年3月1日起施行

## 第一章　总　　则

**第一条**　为了规范市场主体登记管理行为，推进法治化市场建设，维护良好市场秩序和市场主体合法权益，优化营商环境，制定本条例。

**第二条**　本条例所称市场主体，是指在中华人民共和国境内以营利为目的从事经营活动的下列自然人、法人及非法人组织：

（一）公司、非公司企业法人及其分支机构；

（二）个人独资企业、合伙企业及其分支机构；

（三）农民专业合作社（联合社）及其分支机构；

（四）个体工商户；

（五）外国公司分支机构；

（六）法律、行政法规规定的其他市场主体。

**第三条**　市场主体应当依照本条例办理登记。未经登记，不得以市场主体名义从事经营活动。法律、行政法规规定无需办理登记的除外。

市场主体登记包括设立登记、变更登记和注销登记。

**第四条**　市场主体登记管理应当遵循依法合规、规范统一、公开透明、便捷高效的原则。

**第五条**　国务院市场监督管理部门主管全国市场主体登记管理工作。

县级以上地方人民政府市场监督管理部门主管本辖区市场主体登记管理工作，加强统筹指导和监督管理。

**第六条**　国务院市场监督管理部门应当加强信息化建设，制定统一的市场主体登记数据和系统建设规范。

县级以上地方人民政府承担市场主体登记工作的部门（以下称登记机关）应当优化市场主体登记办理流程，提高市场主体登记效率，推行当场办结、一次办结、限时办结等制度，实现集中办理、就近办理、网上办理、异地可办，提升市场主体登记便利化程度。

**第七条**　国务院市场监督管理部门和国务院有关部门应当推动市场主体登记信息与其他政府信息的共享和运用，提升政府服务效能。

## 第二章　登记事项

**第八条**　市场主体的一般登记事项包括：

（一）名称；

（二）主体类型；

（三）经营范围；

（四）住所或者主要经营场所；

（五）注册资本或者出资额；

（六）法定代表人、执行事务合伙人或者负责人姓名。

除前款规定外，还应当根据市场主体类型登记下列事项：

（一）有限责任公司股东、股份有限公司发起人、非公司企业法人出资人的姓名或者名称；

（二）个人独资企业的投资人姓名及居所；

（三）合伙企业的合伙人名称或者姓名、住所、承担责任方式；

（四）个体工商户的经营者姓名、住所、经营场所；

（五）法律、行政法规规定的其他事项。

**第九条**　市场主体的下列事项应当向登记机关办理备案：

（一）章程或者合伙协议；

（二）经营期限或者合伙期限；

（三）有限责任公司股东或者股份有限公司发起人认缴的出资数额，合伙企业合伙人认缴或者实际缴付的出资数额、缴付期限和出资方式；

（四）公司董事、监事、高级管理人员；

（五）农民专业合作社（联合社）成员；

（六）参加经营的个体工商户家庭成员姓名；

（七）市场主体登记联络员、外商投资企业法律文件送达接受人；

（八）公司、合伙企业等市场主体受益所有人相关信息；

（九）法律、行政法规规定的其他事项。

**第十条**　市场主体只能登记一个名称，经登记的市场主体名称受法律保护。

市场主体名称由申请人依法自主申报。

**第十一条**　市场主体只能登记一个住所或者主要经营场所。

电子商务平台内的自然人经营者可以根据国家有关规定，将电子商务平台提供的网络经营场所作为经营场所。

省、自治区、直辖市人民政府可以根据有关法律、行政法规的规定和本地区实际情况，自行或者授权下级人民政府对住所或者主要经营场所作出更加便利市场主体从事经营活动的具体规定。

**第十二条**　有下列情形之一的，不得担任公司、非公司企业法人的法定代表人：

（一）无民事行为能力或者限制民事行为能力；

（二）因贪污、贿赂、侵占财产、挪用财产或者破坏社会主义市场经济秩序被判处刑罚，执行期满未逾5年，或者因犯罪被剥夺政治权利，执行期满未逾5年；

（三）担任破产清算的公司、非公司企业法人的法定代表人、董事或者厂长、经理，对破产负有个人责任的，自破产清算完结之日起未逾3年；

（四）担任因违法被吊销营业执照、责令关闭的公司、非公司企业法人的法定代表人，并负有个人责任的，自被吊销营业执照之日起未逾3年；

（五）个人所负数额较大的债务到期未清偿；

（六）法律、行政法规规定的其他情形。

**第十三条**　除法律、行政法规或者国务院决定另有规定外，市场主体的注册资本或者出资额实行认缴登记制，以人民币表示。

出资方式应当符合法律、行政法规的规定。公司股东、非公司企业法人出资人、农民专业合作社（联合社）成员不得以劳务、信用、自然人姓名、商誉、特许经营权或者设定担保的财产等作价出资。

**第十四条**　市场主体的经营范围包括一般经营项目和许可经营项目。经营范围中属于在登记前依法须经批准的许可经营项目，市场主体应当在申请登记时提交有关批准文件。

市场主体应当按照登记机关公布的经营项目分类标准办理经营范围登记。

## 第三章　登记规范

**第十五条**　市场主体实行实名登记。申请人应当配合登记机关核验身份信息。

**第十六条**　申请办理市场主体登记，应当提交下列材料：

（一）申请书；

（二）申请人资格文件、自然人身份证明；

（三）住所或者主要经营场所相关文件；

（四）公司、非公司企业法人、农民专业合作社（联合社）章程或者合伙企业合伙协议；

（五）法律、行政法规和国务院市场监督管理部门规定提交的其他材料。

国务院市场监督管理部门应当根据市场主体类型分别制定登记材料清单和文书格式样本，通过政府网站、登记机关服务窗口等向社会公开。

登记机关能够通过政务信息共享平台获取的市场主体登记相关信息，不得要求申请人重复提供。

**第十七条**　申请人应当对提交材料的真实性、合法性和有效性负责。

**第十八条**　申请人可以委托其他自然人或者中介机构代其办理市场主体登记。受委托的自然人或者中介机构代为办理登记事宜应当遵守有关规定，不得提供虚假信息和材料。

**第十九条**　登记机关应当对申请材料进行形式审查。对申请材料齐全、符合法定形式的予以确认并当场登记。不能当场登记的，应当在3个工作日内予以登记；情形复杂的，经登记机关负责人批准，可以再延长3个工作日。

申请材料不齐全或者不符合法定形式的，登记机关应当一次性告知申请人需要补正的材料。

**第二十条** 登记申请不符合法律、行政法规规定,或者可能危害国家安全、社会公共利益的,登记机关不予登记并说明理由。

**第二十一条** 申请人申请市场主体设立登记,登记机关依法予以登记的,签发营业执照。营业执照签发日期为市场主体的成立日期。

法律、行政法规或者国务院决定规定设立市场主体须经批准的,应当在批准文件有效期内向登记机关申请登记。

**第二十二条** 营业执照分为正本和副本,具有同等法律效力。

电子营业执照与纸质营业执照具有同等法律效力。

营业执照样式、电子营业执照标准由国务院市场监督管理部门统一制定。

**第二十三条** 市场主体设立分支机构,应当向分支机构所在地的登记机关申请登记。

**第二十四条** 市场主体变更登记事项,应当自作出变更决议、决定或者法定变更事项发生之日起30日内向登记机关申请变更登记。

市场主体变更登记事项属于依法须经批准的,申请人应当在批准文件有效期内向登记机关申请变更登记。

**第二十五条** 公司、非公司企业法人的法定代表人在任职期间发生本条例第十二条所列情形之一的,应当向登记机关申请变更登记。

**第二十六条** 市场主体变更经营范围,属于依法须经批准的项目的,应当自批准之日起30日内申请变更登记。许可证或者批准文件被吊销、撤销或者有效期届满的,应当自许可证或者批准文件被吊销、撤销或者有效期届满之日起30日内向登记机关申请变更登记或者办理注销登记。

**第二十七条** 市场主体变更住所或者主要经营场所跨登记机关辖区的,应当在迁入新的住所或者主要经营场所前,向迁入地登记机关申请变更登记。迁出地登记机关无正当理由不得拒绝移交市场主体档案等相关材料。

**第二十八条** 市场主体变更登记涉及营业执照记载事项的,登记机关应当及时为市场主体换发营业执照。

**第二十九条** 市场主体变更本条例第九条规定的备案事项的,应当自作出变更决议、决定或者法定变更事项发生之日起30日内向登记机关办理备案。农民专业合作社(联合社)成员发生变更的,应当自本会计年度终了之日起90日内向登记机关办理备案。

**第三十条** 因自然灾害、事故灾难、公共卫生事件、社会安全事件等原因造成经营困难的,市场主体可以自主决定在一定时期内歇业。法律、行政法规另有规定的除外。

市场主体应当在歇业前与职工依法协商劳动关系处理等有关事项。

市场主体应当在歇业前向登记机关办理备案。登记机关通过国家企业信用信息公示系统向社会公示歇业期限、法律文书送达地址等信息。

市场主体歇业的期限最长不得超过3年。市场主体在歇业期间开展经营活动的，视为恢复营业，市场主体应当通过国家企业信用信息公示系统向社会公示。

市场主体歇业期间，可以以法律文书送达地址代替住所或者主要经营场所。

**第三十一条**　市场主体因解散、被宣告破产或者其他法定事由需要终止的，应当依法向登记机关申请注销登记。经登记机关注销登记，市场主体终止。

市场主体注销依法须经批准的，应当经批准后向登记机关申请注销登记。

**第三十二条**　市场主体注销登记前依法应当清算的，清算组应当自成立之日起10日内将清算组成员、清算组负责人名单通过国家企业信用信息公示系统公告。清算组可以通过国家企业信用信息公示系统发布债权人公告。

清算组应当自清算结束之日起30日内向登记机关申请注销登记。市场主体申请注销登记前，应当依法办理分支机构注销登记。

**第三十三条**　市场主体未发生债权债务或者已将债权债务清偿完结，未发生或者已结清清偿费用、职工工资、社会保险费用、法定补偿金、应缴纳税款（滞纳金、罚款），并由全体投资人书面承诺对上述情况的真实性承担法律责任的，可以按照简易程序办理注销登记。

市场主体应当将承诺书及注销登记申请通过国家企业信用信息公示系统公示，公示期为20日。在公示期内无相关部门、债权人及其他利害关系人提出异议的，市场主体可以于公示期届满之日起20日内向登记机关申请注销登记。

个体工商户按照简易程序办理注销登记的，无需公示，由登记机关将个体工商户的注销登记申请推送至税务等有关部门，有关部门在10日内没有提出异议的，可以直接办理注销登记。

市场主体注销依法须经批准的，或者市场主体被吊销营业执照、责令关闭、撤销，或者被列入经营异常名录的，不适用简易注销程序。

**第三十四条**　人民法院裁定强制清算或者裁定宣告破产的，有关清算组、破产管理人可以持人民法院终结强制清算程序的裁定或者终结破产程序的裁定，直接向登记机关申请办理注销登记。

## 第四章　监督管理

**第三十五条**　市场主体应当按照国家有关规定公示年度报告和登记相关信息。

**第三十六条**　市场主体应当将营业执照置于住所或者主要经营场所的醒目位置。从事电子商务经营的市场主体应当在其首页显著位置持续公示营业执照信息或者相关链接标识。

**第三十七条**　任何单位和个人不得伪造、涂改、出租、出借、转让营业执照。

营业执照遗失或者毁坏的，市场主体应当通过国家企业信用信息公示系统声明作废，申请补领。

登记机关依法作出变更登记、注销登记和撤销登记决定的，市场主体应当缴回营业执照。拒不缴回或者无法缴回营业执照的，由登记机关通过国家企业信用信息公示系统公告营业执照作废。

**第三十八条**　登记机关应当根据市场主体的信用风险状况实施分级分类监管。

登记机关应当采取随机抽取检查对象、随机选派执法检查人员的方式，对市场主体登记事项进行监督检查，并及时向社会公开监督检查结果。

**第三十九条**　登记机关对市场主体涉嫌违反本条例规定的行为进行查处，可以行使下列职权：

（一）进入市场主体的经营场所实施现场检查；

（二）查阅、复制、收集与市场主体经营活动有关的合同、票据、账簿以及其他资料；

（三）向与市场主体经营活动有关的单位和个人调查了解情况；

（四）依法责令市场主体停止相关经营活动；

（五）依法查询涉嫌违法的市场主体的银行账户；

（六）法律、行政法规规定的其他职权。

登记机关行使前款第四项、第五项规定的职权的，应当经登记机关主要负责人批准。

**第四十条**　提交虚假材料或者采取其他欺诈手段隐瞒重要事实取得市场主体登记的，受虚假市场主体登记影响的自然人、法人和其他组织可以向登记机关提出撤销市场主体登记的申请。

登记机关受理申请后，应当及时开展调查。经调查认定存在虚假市场主体登记情形的，登记机关应当撤销市场主体登记。相关市场主体和人员无法联系或者拒不配合的，登记机关可以将相关市场主体的登记时间、登记事项等通过国家企业信用信息公示系统向社会公示，公示期为 45 日。相关市场主体及其利害关系人在公示期内没有提出异议的，登记机关可以撤销市场主体登记。

因虚假市场主体登记被撤销的市场主体，其直接责任人自市场主体登记被撤销之日起 3 年内不得再次申请市场主体登记。登记机关应当通过国家企业信用信息公示系统予以公示。

**第四十一条**　有下列情形之一的，登记机关可以不予撤销市场主体登记：

（一）撤销市场主体登记可能对社会公共利益造成重大损害；

（二）撤销市场主体登记后无法恢复到登记前的状态；

（三）法律、行政法规规定的其他情形。

**第四十二条**　登记机关或者其上级机关认定撤销市场主体登记决定错误的，可以撤销该决定，恢复原登记状态，并通过国家企业信用信息公示系统公示。

## 第五章　法律责任

**第四十三条**　未经设立登记从事经

营活动的，由登记机关责令改正，没收违法所得；拒不改正的，处1万元以上10万元以下的罚款；情节严重的，依法责令关闭停业，并处10万元以上50万元以下的罚款。

**第四十四条** 提交虚假材料或者采取其他欺诈手段隐瞒重要事实取得市场主体登记的，由登记机关责令改正，没收违法所得，并处5万元以上20万元以下的罚款；情节严重的，处20万元以上100万元以下的罚款，吊销营业执照。

**第四十五条** 实行注册资本实缴登记制的市场主体虚报注册资本取得市场主体登记的，由登记机关责令改正，处虚报注册资本金额5%以上15%以下的罚款；情节严重的，吊销营业执照。

实行注册资本实缴登记制的市场主体的发起人、股东虚假出资，未交付或者未按期交付作为出资的货币或者非货币财产的，或者在市场主体成立后抽逃出资的，由登记机关责令改正，处虚假出资金额5%以上15%以下的罚款。

**第四十六条** 市场主体未依照本条例办理变更登记的，由登记机关责令改正；拒不改正的，处1万元以上10万元以下的罚款；情节严重的，吊销营业执照。

**第四十七条** 市场主体未依照本条例办理备案的，由登记机关责令改正；拒不改正的，处5万元以下的罚款。

**第四十八条** 市场主体未依照本条例将营业执照置于住所或者主要经营场所醒目位置的，由登记机关责令改正；拒不改正的，处3万元以下的罚款。

从事电子商务经营的市场主体未在其首页显著位置持续公示营业执照信息或者相关链接标识的，由登记机关依照《中华人民共和国电子商务法》处罚。

市场主体伪造、涂改、出租、出借、转让营业执照的，由登记机关没收违法所得，处10万元以下的罚款；情节严重的，处10万元以上50万元以下的罚款，吊销营业执照。

**第四十九条** 违反本条例规定的，登记机关确定罚款金额时，应当综合考虑市场主体的类型、规模、违法情节等因素。

**第五十条** 登记机关及其工作人员违反本条例规定未履行职责或者履行职责不当的，对直接负责的主管人员和其他直接责任人员依法给予处分。

**第五十一条** 违反本条例规定，构成犯罪的，依法追究刑事责任。

**第五十二条** 法律、行政法规对市场主体登记管理违法行为处罚另有规定的，从其规定。

## 第六章 附 则

**第五十三条** 国务院市场监督管理部门可以依照本条例制定市场主体登记和监督管理的具体办法。

**第五十四条** 无固定经营场所摊贩的管理办法，由省、自治区、直辖市人民政府根据当地实际情况另行规定。

**第五十五条** 本条例自2022年3月1日起施行。《中华人民共和国公司登记管理条例》、《中华人民共和国企业法人登记管理条例》、《中华人民共和国合伙企业登记管理办法》、《农民专业合作社登记管理条例》、《企业法人法定代表人登记管理规定》同时废止。

## 农民专业合作社解散、破产清算时接受国家财政直接补助形成的财产处置暂行办法

1. 2019年6月25日财政部、农业农村部发布
2. 财资〔2019〕25号

**第一条** 为支持引导农民专业合作社健康发展,规范农民专业合作社解散、破产清算时接受国家财政直接补助形成的财产处置行为,根据《中华人民共和国农民专业合作社法》等法律规章制度,制定本办法。

**第二条** 本办法适用于农民专业合作社在解散、破产清算时,接受国家财政直接补助形成的财产处置行为。因合并或者分立需要解散的,不适用本办法。

**第三条** 负责组织实施农民专业合作社财政补助项目及资金拨付的县级以上人民政府有关部门,应当依据各自职责,加强对农民专业合作社接受国家财政直接补助形成的财产处置的指导和监管。

**第四条** 农民专业合作社解散、破产清算时,在清偿债务后如有剩余财产,清算组应当计算其中国家财政直接补助形成的财产总额。计算公式为:

$$剩余财产中国家财政直接补助形成的财产总额=剩余财产金额\times\frac{专项基金中国家财政直接补助金额}{股金金额+专项基金金额}$$

**第五条** 剩余财产中国家财政直接补助形成的财产,应当优先划转至原农民专业合作社所在地的其他农民专业合作社,也可划转至原农民专业合作社所在地的村集体经济组织或者代行村集体经济组织职能的村民委员会。

因农业结构调整、生态环境保护等原因导致农民专业合作社解散、破产清算的,剩余财产中国家财政直接补助形成的财产,应当优先划转至原农民专业合作社成员新建农民专业合作社,促进转产转业。

涉及剩余财产中国家财政直接补助形成的财产划转的,清算组应当将划转情况反映在清算方案中,并将清算方案报县级农业农村部门、财政部门备案,同时做好相关财务账目、原始凭证等资料移交工作。

**第六条** 负责组织实施农民专业合作社财政补助项目及资金拨付的县级以上人民政府有关部门及其工作人员,违反本办法规定及存在其他滥用职权、玩忽职守、徇私舞弊等违法违纪行为的,依照《中华人民共和国农民专业合作社法》《中华人民共和国公务员法》《中华人民共和国监察法》《财政违法行为处

罚处分条例》等国家有关规定追究相应责任；涉嫌犯罪的，依法移送有关机关处理。

清算组成员因故意或者重大过失造成国家直接补助形成的财产流失的，依法追究法律责任。

**第七条**　各省、自治区、直辖市和计划单列市财政部门，新疆生产建设兵团财政局可结合本地区实际，根据本办法，会同有关农业农村部门制定具体实施办法。

**第八条**　本办法由财政部会同农业农村部负责解释。

**第九条**　本办法自2019年7月1日起施行。

# 中华人民共和国<br>乡村集体所有制企业条例

1．1990年6月3日国务院令第59号发布

2．根据2011年1月8日国务院令第588号《关于废止和修改部分行政法规的决定》修订

## 第一章　总　　则

**第一条**　为了保障乡村集体所有制企业的合法权益，引导其健康发展，制定本条例。

**第二条**　本条例适用于由乡（含镇，下同）村（含村民小组，下同）农民集体举办的企业。

农业生产合作社、农村供销合作社、农村信用社不适用本条例。

**第三条**　乡村集体所有制企业是我国社会主义公有制经济的组成部分。

国家对乡村集体所有制企业实行积极扶持，合理规划，正确引导，加强管理的方针。

**第四条**　乡村集体所有制企业的主要任务是：发展商品生产和服务业，满足社会日益增长的物质和文化生活的需要；调整农村产业结构，合理利用农村劳动力；支援农业生产和农村建设，增加国家财政和农民的收入；积极发展出口创汇生产；为大工业配套和服务。

**第五条**　国家保护乡村集体所有制企业的合法权益，禁止任何组织和个人侵犯其财产。

**第六条**　乡村集体所有制企业实行自主经营，独立核算，自负盈亏。

乡村集体所有制企业实行多种形式的经营责任制。

乡村集体所有制企业可以在不改变集体所有制性质的前提下，吸收投资入股。

**第七条**　国家鼓励和扶持乡村集体所有制企业采用先进适用的科学技术和经营管理方法，加速企业现代化。

**第八条**　国家鼓励和保护乡村集体所有制企业依照平等互利、自愿协商、等价有偿的原则，进行多种形式的经济技术合作。

**第九条**　国家鼓励和支持乡村集体

所有制企业依法利用自然资源,因地制宜发展符合国家产业政策和市场需要的产业和产品,增加社会有效供给。

**第十条** 乡村集体所有制企业经依法审查,具备法人条件的,登记后取得法人资格,厂长(经理)为企业的法定代表人。

**第十一条** 乡村集体所有制企业职工有返回其所属的农民集体经济组织从事农业生产的权利。

**第十二条** 国务院乡镇企业行政主管部门主管全国乡村集体所有制企业。地方人民政府乡镇企业行政主管部门主管本行政区域内的乡村集体所有制企业(以下简称企业)。

## 第二章 企业的设立、变更和终止

**第十三条** 设立企业应当具备下列条件:

(一)产品和提供的服务为社会所需要,并符合国家法律、法规和政策规定;

(二)有自己的名称、组织机构和生产经营场所;

(三)有确定的经营范围;

(四)有与生产经营和服务规模相适应的资金、设备、从业人员和必要的原材料条件;

(五)有必要的劳动卫生、安全生产条件和环境保护措施;

(六)符合当地乡村建设规划,合理利用土地。

**第十四条** 设立企业必须依照法律、法规,经乡级人民政府审核后,报请县级人民政府乡镇企业主管部门以及法律、法规规定的有关部门批准,持有关批准文件向企业所在地工商行政管理机关办理登记,经核准领取《企业法人营业执照》或者《营业执照》后始得营业,并向税务机关办理税务登记。

企业应当在核准登记的经营范围内从事生产经营活动。

**第十五条** 企业分立、合并、迁移、停业、终止以及改变名称、经营范围等,须经原批准企业设立的机关核准,向当地工商行政管理机关和税务机关办理变更或者注销登记,并通知开户银行。

**第十六条** 企业分立、合并、停业或者终止时,必须保护其财产,依法清理债权、债务。

**第十七条** 企业破产应当进行破产清算,法人以企业的财产对企业债权人清偿债务。

## 第三章 企业的所有者和经营者

**第十八条** 企业财产属于举办该企业的乡或者村范围内的全体农民集体所有,由乡或者村的农民大会(农民代表会议)或者代表全体农民的集体经济组织行使企业财产的所有权。

企业实行承包、租赁制或者与其他所有制企业联营的,企业财产的所有权不变。

**第十九条** 企业所有者依法决定企业的经营方向、经营形式、厂长(经理)

人选或者选聘方式,依法决定企业税后利润在其与企业之间的具体分配比例,有权作出关于企业分立、合并、迁移、停业、终止、申请破产等决议。

企业所有者应当为企业的生产、供应、销售提供服务,并尊重企业的自主权。

**第二十条** 实行承包或者租赁制的企业,企业所有者应当采取公开招标方式确定经营者,不具备条件的,也可以采取招聘、推荐等方式选用经营者。

招标可以在企业内部或者企业外部进行。投标者可以是经营集团或者个人。经营集团中标后,必须确定企业经营者。

企业所有者应当对投标者全面评审,择优选定。

**第二十一条** 实行承包或者租赁制的企业,企业经营者应当具备下列条件:

(一)坚持四项基本原则和改革开放,遵纪守法;

(二)必要的文化知识和专业技术知识;

(三)必要的企业经营管理能力;

(四)提供必要的财产担保或者保证人;

(五)企业所有者提供的其他合法条件。

**第二十二条** 企业经营者是企业的厂长(经理)。企业实行厂长(经理)负责制。厂长(经理)对企业全面负责,代表企业行使职权。

**第二十三条** 实行承包或者租赁制的企业,订立承包或者租赁合同时,应当坚持平等、自愿、协商的原则,兼顾国家、集体和个人的利益。

## 第四章 企业的权利和义务

**第二十四条** 企业在生产经营活动中享有下列权利:

(一)占有和使用企业资产,依照国家规定筹集资金;

(二)在核准登记的范围内自主安排生产经营活动;

(三)确定企业内部机构设置和人员配备;依法招聘、辞退职工,并确定工资形式和奖惩办法;

(四)有权自行销售本企业的产品,但国务院另有规定的除外;

(五)有权自行确定本企业的产品价格、劳务价格,但国务院规定由物价部门和有关主管部门控制价格的除外;

(六)自愿参加行业协会和产品评比;

(七)依照国家规定自愿参加各种招标、投标活动,申请产品定点生产,取得生产许可证;

(八)自主订立经济合同,开展经济技术合作;

(九)依法开发和利用自然资源;

(十)依法利用外资、引进先进技术和设备,开展进出口贸易等涉外经济活动,并依照国家规定提留企业的外汇收入;

(十一)拒绝摊派和非法罚款,但法律、法规规定应当提供财力、物力、人力的除外。

**第二十五条** 企业在生产经营活动中应当履行下列义务：

（一）依法缴纳税金；

（二）依照国家以及省、自治区、直辖市人民政府的规定，上交支农资金和管理费；

（三）依法建立健全财务会计、审计、统计等制度，按期编报财务、统计报表；

（四）保护自然资源和环境，防止和治理污染；

（五）努力降低原材料和能源消耗，发展符合国家产业政策的产品；

（六）做好劳动保护工作，实行安全生产；

（七）保证产品质量和服务质量；

（八）依法履行合同；

（九）对职工进行政治思想、科学文化、技术业务和职业道德等方面的教育；

（十）遵守法律、法规和政策的其他规定。

## 第五章 企业的管理

**第二十六条** 企业职工有参加企业民主管理，对厂长（经理）和其他管理人员提出批评和控告的权利。

企业职工大会或者职工代表大会有权对企业经营管理中的问题提出意见和建议，评议、监督厂长（经理）和其他管理人员，维护职工的合法权益。

**第二十七条** 企业应当兼顾国家、集体和个人的利益，合理安排积累与消费的比例，对职工实行各尽所能、按劳分配的原则。

男工与女工应当同工同酬。

**第二十八条** 企业招用职工应当依法签订劳动合同，实行灵活的用工形式和办法。

对技术要求高的企业，应当逐步形成专业化的技术职工队伍。

**第二十九条** 企业不得招用未满16周岁的童工。

**第三十条** 企业对从事高度危险作业的职工，必须依照国家规定向保险公司投保。

有条件的企业，应当参照国家有关规定实行职工社会保险。

**第三十一条** 企业发生劳动争议，可以依照《中华人民共和国劳动争议调解仲裁法》处理。

**第三十二条** 企业税后利润，留给企业的部分不应低于60%，由企业自主安排，主要用作增加生产发展基金，进行技术改造和扩大再生产，适当增加福利基金和奖励基金。

企业税后利润交给企业所有者的部分，主要用于扶持农业基本建设、农业技术服务、农村公益事业、企业更新改造或者发展新企业。

**第三十三条** 企业应当根据国家有关规定，加强本企业的各项基础管理和合同管理。

## 第六章 企业与政府有关部门的关系

**第三十四条** 各级人民政府乡镇企

业行政主管部门根据国家的法律、法规和政策，加强对企业的指导、管理、监督、协调和服务：

（一）监督检查企业执行国家法律、法规和政策；

（二）制订企业发展规划，协同有关部门制定农村剩余劳动力就业规划；

（三）会同有关部门指导企业的计划、统计、财务、审计、价格、物资、质量、设备、技术、劳动、安全生产、环境保护等管理工作；

（四）组织和指导企业的技术进步、职工教育和培训；

（五）向企业提供经济、技术咨询和信息服务；

（六）协调企业与有关方面的关系，帮助企业开展经济技术合作；

（七）总结推广企业发展的经验；

（八）组织和指导企业的思想政治工作，促进企业的社会主义精神文明建设。

**第三十五条** 各级人民政府有关行业管理部门应当根据国家的产业政策和行业发展规划，对企业的发展方向进行指导和监督；对企业开展技术指导、人才培训和经济、技术信息服务；指导、帮助和监督企业开展劳动保护、环境保护等工作。

**第三十六条** 政府有关部门应当为符合国家产业政策，经济和社会效益好的企业创造发展条件：

（一）对企业所需的能源、原材料、资金等，计划、物资、金融等部门应当积极帮助解决；生产纳入国家指令性计划的产品所需的能源、原材料等，由安排生产任务的部门和单位组织供应；（2011年1月8日删除）

（二）根据国家有关规定，对生产名、优产品和出口创汇产品的企业，应当在信贷、能源、原材料和运输等方面给予扶持；

（三）为企业培训、招用专业技术人才和引进先进技术创造条件。

## 第七章 奖励与处罚

**第三十七条** 对在企业经营管理、科技进步、劳动保护、环境保护和思想政治工作等方面作出显著成绩的企业和个人，由人民政府给予奖励。

**第三十八条** 企业产品质量达不到国家规定标准的，企业所有者和企业主管部门应当责令其限期整顿，经整顿无效者，应当责令其停产或者转产，直至建议有关机关撤销生产许可证，吊销营业执照。

企业因生产、销售前款所指的产品，给用户和消费者造成财产损失、人身损害的，应当承担赔偿责任；构成犯罪的，依法追究刑事责任。

**第三十九条** 企业厂长（经理）侵犯职工合法权益，情节严重的，由企业所有者给予行政处分；构成犯罪的，依法追究刑事责任。

**第四十条** 对向企业摊派的单位和个人，企业可以向审计机关或者其他有关部门控告、检举。经审计机关确认是摊派行为的，由审计机关通知摊派单位停止摊派行为，限期退回摊派财物；对摊派单位的负责人和直接责任人员，监察机关或者有关主管部门可以根据情节轻重，给予行政处分。

**第四十一条** 政府部门的工作人员玩忽职守、滥用职权，使企业合法权益遭受损害的，由其所在单位或者上级主管机关给予行政处分；构成犯罪的，依法追究刑事责任。

**第四十二条** 企业违反财政、税收、劳动、工商行政、价格、资源、环境保护等法律、法规的，依照有关法律、法规处理。

## 第八章 附 则

**第四十三条** 本条例由国务院乡镇企业行政主管部门负责解释，并组织实施。

**第四十四条** 省、自治区、直辖市人民政府可以根据本条例制定实施办法。

**第四十五条** 本条例自 1990 年 7 月 1 日起施行。

# 四、集体土地征收与房屋拆迁

## 征地管理费暂行办法

1. 1992年11月24日国家物价局、财政部发布
2. 价费字〔1992〕597号

**第一条** 为改善和加强征地管理工作,合理收取和利用征地管理费,根据《中华人民共和国土地管理法》及相关法律、法规,制定本办法。

**第二条** 征地管理费系指县以上人民政府土地管理部门受用地单位委托,采用包干方式统一负责、组织、办理各类建设项目征用土地的有关事宜,由用地单位在征地费总额的基础上交一定比例支付的管理费用。

**第三条** 实行征地包干的,应由政府土地管理部门或所属的征地服务机构与建设用地单位协商,签订征地包干协议,明确双方的权利和义务,并严格履行双方签订的协议。

**第四条** 征地包干的三种形式:

(一)全包方式,即由政府土地管理部门或所属的征地服务机构,采取包工作、包费用、包时间的三包方式,负责征地全过程的全部工作,征地所发生的全部费用经测算后,由用地单位一次交付土地管理部门,土地管理部门或征地服务机构按规定期限将土地交付用地单位。

(二)半包方式,即由政府土地管理部门或所属的征地机构、采取只包工作、包时间、不包费用的方式,负责征地的全部工作,在规定的期限内将土地交用地单位,征地费用按实际发生计算,由用地单位直接支付给被征地单位。

(三)单包方式,即政府土地管理部门或所属的征地服务机构,采取只包工作,不包费用和期限的方式,代表征地单位负责对拟征用的土地勘察、登记,做好征地的组织协调工作,协调用地单位与被征地单位制定征地安置、补偿方案、办理用地手续等事宜。

**第五条** 征用土地管理费的收取标准:

(一)实行全包征地方式的,按征地费总额的以下比例收费:

1. 一次性征用耕地在66.67公顷(1000亩)以上(含66.67公顷),其他土地133.34公顷(2000亩)以上的(含133.34公顷),征地管理费按不超过3%收取;

2. 征用耕地66.67公顷以下,其他土地133.34公顷以下的,征地管理费按不超过4%收取。

(二)实行半包方式的,按征地费总额的以下比例收费:

1. 一次性征用耕地在66.67公顷以上(含66.67公顷),其他土地133.34公

顷以上的(含133.34公顷),征地管理费按不超过2%收取;

2.征用耕地在66.67公顷以下,其他土地133.34公顷以下的,征地管理费按不超过2.5%收取。

(三)实行单包方式征地的、按征地费总额的以下比例收费:

1.一次性征用耕地在66.67公顷以上(含66.67公顷),其他土地133.34公顷以上的(含133.34公顷),征地管理费按不超过1.5%收取;

2.征用耕地在66.67公顷以下,其他土地133.34公顷以下的,征地管理费按不超过2%收取。

(四)只办理征地手续不负责征地工作的,不得收取征地管理费。

**第六条** 补办征地手续、共需要重新进行勘察、登记的建设项目、无偿划拨的国有荒地、荒山等用地项目的征地管理费收取标准,由省、自治区、直辖市土地管理部门提出意见,经同级物价、财政部门审定后,报省政府批准实施,并抄报国家物价局、财政部备案。

**第七条** 按照第四条第一项全包式进行征地的,如征地过程中出现不可预见情况,可由负责征地的单位据实与用地单位另行结算不可预见费用。

**第八条** 征地管理费的减免范围:

(一)党政机关、全额预算管理的事业单位、中小学校、幼儿园、福利院、敬老院、孤儿院、妇幼保健院、防疫站、残疾人企业征用土地,免收征地管理费。

(二)差额预算管理和自收自支管理的事业单位为修建办公楼、宿舍楼征用土地,减半收取征地管理费。

(三)抢险救灾使用土地,免收征地管理费。

**第九条** 征地费用一般由以下几项费用组成,土地补偿费、安置补助费、青苗补偿费、地上、地下附着物和拆迁补偿费,除国务院另有规定外,具体收费标准、计算方法,应根据《中华人民共和国土地管理法》中规定的原则,由省、自治区、直辖市物价、财政部门制定,报同级人民政府批准执行。

**第十条** 征地管理费主要用于土地管理部门在征地、安置、拆迁过程中的办公、业务培训,宣传教育、经验交流,仪器、设备的购置、维修、使用费和其他非经费人员的必要开支。

**第十一条** 县、市土地管理部门收取的征地管理费,应按一定比例上交上级土地管理部门,上交的具体比例由省、自治区、直辖市土地管理部门确定。

报国务院审批的建设项目用地,其征地管理费的1.5%上交国家土地管理局,由省级土地管理部门代收、代交,主要用于审批建设项目过程中的必要开支。

**第十二条** 征地管理按预算外资金管理,实行财政专户储存。专款专用。

**第十三条** 乡(镇)村建设用地参照本办法执行。

**第十四条** 各省、自治区、直辖市物价、财政部门可根据本暂行办法制定实施细则。

# 大中型水利水电工程建设征地补偿和移民安置条例

1．2006年7月7日国务院令第471号公布
2．根据2013年7月18日国务院令第638号《关于废止和修改部分行政法规的决定》第一次修订
3．根据2013年12月7日国务院令第645号《关于修改部分行政法规的决定》第二次修订
4．根据2017年4月14日国务院令第679号《关于修改〈大中型水利水电工程建设征地补偿和移民安置条例〉的决定》第三次修订

## 第一章 总 则

**第一条** 为了做好大中型水利水电工程建设征地补偿和移民安置工作，维护移民合法权益，保障工程建设的顺利进行，根据《中华人民共和国土地管理法》和《中华人民共和国水法》，制定本条例。

**第二条** 大中型水利水电工程的征地补偿和移民安置，适用本条例。

**第三条** 国家实行开发性移民方针，采取前期补偿、补助与后期扶持相结合的办法，使移民生活达到或者超过原有水平。

**第四条** 大中型水利水电工程建设征地补偿和移民安置应当遵循下列原则：

（一）以人为本，保障移民的合法权益，满足移民生存与发展的需求；

（二）顾全大局，服从国家整体安排，兼顾国家、集体、个人利益；

（三）节约利用土地，合理规划工程占地，控制移民规模；

（四）可持续发展，与资源综合开发利用、生态环境保护相协调；

（五）因地制宜，统筹规划。

**第五条** 移民安置工作实行政府领导、分级负责、县为基础、项目法人参与的管理体制。

国务院水利水电工程移民行政管理机构（以下简称国务院移民管理机构）负责全国大中型水利水电工程移民安置工作的管理和监督。

县级以上地方人民政府负责本行政区域内大中型水利水电工程移民安置工作的组织和领导；省、自治区、直辖市人民政府规定的移民管理机构，负责本行政区域内大中型水利水电工程移民安置工作的管理和监督。

## 第二章 移民安置规划

**第六条** 已经成立项目法人的大中型水利水电工程，由项目法人编制移民安置规划大纲，按照审批权限报省、自治区、直辖市人民政府或者国务院移民管理机构审批；省、自治区、直辖市人民政府或者国务院移民管理机构在审批前应当征求移民区和移民安置区县级以上地方人民政府的意见。

没有成立项目法人的大中型水利水

电工程，项目主管部门应当会同移民区和移民安置区县级以上地方人民政府编制移民安置规划大纲，按照审批权限报省、自治区、直辖市人民政府或者国务院移民管理机构审批。

**第七条**　移民安置规划大纲应当根据工程占地和淹没区实物调查结果以及移民区、移民安置区经济社会情况和资源环境承载能力编制。

工程占地和淹没区实物调查，由项目主管部门或者项目法人会同工程占地和淹没区所在地的地方人民政府实施；实物调查应当全面准确，调查结果经调查者和被调查者签字认可并公示后，由有关地方人民政府签署意见。实物调查工作开始前，工程占地和淹没区所在地的省级人民政府应当发布通告，禁止在工程占地和淹没区新增建设项目和迁入人口，并对实物调查工作作出安排。

**第八条**　移民安置规划大纲应当主要包括移民安置的任务、去向、标准和农村移民生产安置方式以及移民生活水平评价和搬迁后生活水平预测、水库移民后期扶持政策、淹没线以上受影响范围的划定原则、移民安置规划编制原则等内容。

**第九条**　编制移民安置规划大纲应当广泛听取移民和移民安置区居民的意见；必要时，应当采取听证的方式。

经批准的移民安置规划大纲是编制移民安置规划的基本依据，应当严格执行，不得随意调整或者修改；确需调整或者修改的，应当报原批准机关批准。

**第十条**　已经成立项目法人的，由项目法人根据经批准的移民安置规划大纲编制移民安置规划；没有成立项目法人的，项目主管部门应当会同移民区和移民安置区县级以上地方人民政府，根据经批准的移民安置规划大纲编制移民安置规划。

大中型水利水电工程的移民安置规划，按照审批权限经省、自治区、直辖市人民政府移民管理机构或者国务院移民管理机构审核后，由项目法人或者项目主管部门报项目审批或者核准部门，与可行性研究报告或者项目申请报告一并审批或者核准。

省、自治区、直辖市人民政府移民管理机构或者国务院移民管理机构审核移民安置规划，应当征求本级人民政府有关部门以及移民区和移民安置区县级以上地方人民政府的意见。

**第十一条**　编制移民安置规划应当以资源环境承载能力为基础，遵循本地安置与异地安置、集中安置与分散安置、政府安置与移民自找门路安置相结合的原则。

编制移民安置规划应当尊重少数民族的生产、生活方式和风俗习惯。

移民安置规划应当与国民经济和社会发展规划以及土地利用总体规划、城市总体规划、村庄和集镇规划相衔接。

**第十二条**　移民安置规划应当对农村移民安置、城（集）镇迁建、工矿企业迁建、专项设施迁建或者复建、防护工程建设、水库水域开发利用、水库移民后期扶持措施、征地补偿和移民安置资金概（估）算等作出安排。

对淹没线以上受影响范围内因水库蓄水造成的居民生产、生活困难问题，应当纳入移民安置规划，按照经济合理的原则，妥善处理。

**第十三条**　对农村移民安置进行规划，应当坚持以农业生产安置为主，遵循因地制宜、有利生产、方便生活、保护生态的原则，合理规划农村移民安置点；有条件的地方，可以结合小城镇建设进行。

农村移民安置后，应当使移民拥有与移民安置区居民基本相当的土地等农业生产资料。

**第十四条**　对城（集）镇移民安置进行规划，应当以城（集）镇现状为基础，节约用地，合理布局。

工矿企业的迁建，应当符合国家的产业政策，结合技术改造和结构调整进行；对技术落后、浪费资源、产品质量低劣、污染严重、不具备安全生产条件的企业，应当依法关闭。

**第十五条**　编制移民安置规划应当广泛听取移民和移民安置区居民的意见；必要时，应当采取听证的方式。

经批准的移民安置规划是组织实施移民安置工作的基本依据，应当严格执行，不得随意调整或者修改；确需调整或者修改的，应当依照本条例第十条的规定重新报批。

未编制移民安置规划或者移民安置规划未经审核的大中型水利水电工程建设项目，有关部门不得批准或者核准其建设，不得为其办理用地等有关手续。

**第十六条**　征地补偿和移民安置资金、依法应当缴纳的耕地占用税和耕地开垦费以及依照国务院有关规定缴纳的森林植被恢复费等应当列入大中型水利水电工程概算。

征地补偿和移民安置资金包括土地补偿费、安置补助费，农村居民点迁建、城（集）镇迁建、工矿企业迁建以及专项设施迁建或者复建补偿费（含有关地上附着物补偿费），移民个人财产补偿费（含地上附着物和青苗补偿费）和搬迁费，库底清理费，淹没区文物保护费和国家规定的其他费用。

**第十七条**　农村移民集中安置的农村居民点、城（集）镇、工矿企业以及专项设施等基础设施的迁建或者复建选址，应当依法做好环境影响评价、水文地质与工程地质勘察、地质灾害防治和地质灾害危险性评估。

**第十八条**　对淹没区内的居民点、耕地等，具备防护条件的，应当在经济合理的前提下，采取修建防护工程等防护措施，减少淹没损失。

防护工程的建设费用由项目法人承担，运行管理费用由大中型水利水电工程管理单位负责。

**第十九条**　对工程占地和淹没区内的文物，应当查清分布，确认保护价值，坚持保护为主、抢救第一的方针，实行重点保护、重点发掘。

## 第三章　征地补偿

**第二十条**　依法批准的流域规划中确定的大中型水利水电工程建设项目的

用地，应当纳入项目所在地的土地利用总体规划。

大中型水利水电工程建设项目核准或者可行性研究报告批准后，项目用地应当列入土地利用年度计划。

属于国家重点扶持的水利、能源基础设施的大中型水利水电工程建设项目，其用地可以以划拨方式取得。

**第二十一条** 大中型水利水电工程建设项目用地，应当依法申请并办理审批手续，实行一次报批、分期征收，按期支付征地补偿费。

对于应急的防洪、治涝等工程，经有批准权的人民政府决定，可以先行使用土地，事后补办用地手续。

**第二十二条** 大中型水利水电工程建设征收土地的土地补偿费和安置补助费，实行与铁路等基础设施项目用地同等补偿标准，按照被征收土地所在省、自治区、直辖市规定的标准执行。

被征收土地上的零星树木、青苗等补偿标准，按照被征收土地所在省、自治区、直辖市规定的标准执行。

被征收土地上的附着建筑物按照其原规模、原标准或者恢复原功能的原则补偿；对补偿费用不足以修建基本用房的贫困移民，应当给予适当补助。

使用其他单位或者个人依法使用的国有耕地，参照征收耕地的补偿标准给予补偿；使用未确定给单位或者个人使用的国有未利用地，不予补偿。

移民远迁后，在水库周边淹没线以上属于移民个人所有的零星树木、房屋等应当分别依照本条第二款、第三款规定的标准给予补偿。

**第二十三条** 大中型水利水电工程建设临时用地，由县级以上人民政府土地主管部门批准。

**第二十四条** 工矿企业和交通、电力、电信、广播电视等专项设施以及中小学的迁建或者复建，应当按照其原规模、原标准或者恢复原功能的原则补偿。

**第二十五条** 大中型水利水电工程建设占用耕地的，应当执行占补平衡的规定。为安置移民开垦的耕地、因大中型水利水电工程建设而进行土地整理新增的耕地、工程施工新造的耕地可以抵扣或者折抵建设占用耕地的数量。

大中型水利水电工程建设占用25度以上坡耕地的，不计入需要补充耕地的范围。

## 第四章 移民安置

**第二十六条** 移民区和移民安置区县级以上地方人民政府负责移民安置规划的组织实施。

**第二十七条** 大中型水利水电工程开工前，项目法人应当根据经批准的移民安置规划，与移民区和移民安置区所在的省、自治区、直辖市人民政府或者市、县人民政府签订移民安置协议；签订协议的省、自治区、直辖市人民政府或者市人民政府，可以与下一级有移民或者移民安置任务的人民政府签订移民安置协议。

**第二十八条** 项目法人应当根据大

中型水利水电工程建设的要求和移民安置规划，在每年汛期结束后60日内，向与其签订移民安置协议的地方人民政府提出下年度移民安置计划建议；签订移民安置协议的地方人民政府，应当根据移民安置规划和项目法人的年度移民安置计划建议，在与项目法人充分协商的基础上，组织编制并下达本行政区域的下年度移民安置年度计划。

**第二十九条**　项目法人应当根据移民安置年度计划，按照移民安置实施进度将征地补偿和移民安置资金支付给与其签订移民安置协议的地方人民政府。

**第三十条**　农村移民在本县通过新开发土地或者调剂土地集中安置的，县级人民政府应当将土地补偿费、安置补助费和集体财产补偿费直接全额兑付给该村集体经济组织或者村民委员会。

农村移民分散安置到本县内其他村集体经济组织或者村民委员会的，应当由移民安置村集体经济组织或者村民委员会与县级人民政府签订协议，按照协议安排移民的生产和生活。

**第三十一条**　农村移民在本省行政区域内其他县安置的，与项目法人签订移民安置协议的地方人民政府，应当及时将相应的征地补偿和移民安置资金交给移民安置区县级人民政府，用于安排移民的生产和生活。

农村移民跨省安置的，项目法人应当及时将相应的征地补偿和移民安置资金交给移民安置区省、自治区、直辖市人民政府，用于安排移民的生产和生活。

**第三十二条**　搬迁费以及移民个人房屋和附属建筑物、个人所有的零星树木、青苗、农副业设施等个人财产补偿费，由移民区县级人民政府直接全额兑付给移民。

**第三十三条**　移民自愿投亲靠友的，应当由本人向移民区县级人民政府提出申请，并提交接收地县级人民政府出具的接收证明；移民区县级人民政府确认其具有土地等农业生产资料后，应当与接收地县级人民政府和移民共同签订协议，将土地补偿费、安置补助费交给接收地县级人民政府，统筹安排移民的生产和生活，将个人财产补偿费和搬迁费发给移民个人。

**第三十四条**　城（集）镇迁建、工矿企业迁建、专项设施迁建或者复建补偿费，由移民区县级以上地方人民政府交给当地人民政府或者有关单位。因扩大规模、提高标准增加的费用，由有关地方人民政府或者有关单位自行解决。

**第三十五条**　农村移民集中安置的农村居民点应当按照经批准的移民安置规划确定的规模和标准迁建。

农村移民集中安置的农村居民点的道路、供水、供电等基础设施，由乡（镇）、村统一组织建设。

农村移民住房，应当由移民自主建造。有关地方人民政府或者村民委员会应当统一规划宅基地，但不得强行规定建房标准。

**第三十六条**　农村移民安置用地应当依照《中华人民共和国土地管理法》

和《中华人民共和国农村土地承包法》办理有关手续。

**第三十七条**　移民安置达到阶段性目标和移民安置工作完毕后，省、自治区、直辖市人民政府或者国务院移民管理机构应当组织有关单位进行验收；移民安置未经验收或者验收不合格的，不得对大中型水利水电工程进行阶段性验收和竣工验收。

## 第五章　后期扶持

**第三十八条**　移民安置区县级以上地方人民政府应当编制水库移民后期扶持规划，报上一级人民政府或者其移民管理机构批准后实施。

编制水库移民后期扶持规划应当广泛听取移民的意见；必要时，应当采取听证的方式。

经批准的水库移民后期扶持规划是水库移民后期扶持工作的基本依据，应当严格执行，不得随意调整或者修改；确需调整或者修改的，应当报原批准机关批准。

未编制水库移民后期扶持规划或者水库移民后期扶持规划未经批准，有关单位不得拨付水库移民后期扶持资金。

**第三十九条**　水库移民后期扶持规划应当包括后期扶持的范围、期限、具体措施和预期达到的目标等内容。水库移民安置区县级以上地方人民政府应当采取建立责任制等有效措施，做好后期扶持规划的落实工作。

**第四十条**　水库移民后期扶持资金应当按照水库移民后期扶持规划，主要作为生产生活补助发放给移民个人；必要时可以实行项目扶持，用于解决移民村生产生活中存在的突出问题，或者采取生产生活补助和项目扶持相结合的方式。具体扶持标准、期限和资金的筹集、使用管理依照国务院有关规定执行。

省、自治区、直辖市人民政府根据国家规定的原则，结合本行政区域实际情况，制定水库移民后期扶持具体实施办法，报国务院批准后执行。

**第四十一条**　各级人民政府应当加强移民安置区的交通、能源、水利、环保、通信、文化、教育、卫生、广播电视等基础设施建设，扶持移民安置区发展。

移民安置区地方人民政府应当将水库移民后期扶持纳入本级人民政府国民经济和社会发展规划。

**第四十二条**　国家在移民安置区和大中型水利水电工程受益地区兴办的生产建设项目，应当优先吸收符合条件的移民就业。

**第四十三条**　大中型水利水电工程建成后形成的水面和水库消落区土地属于国家所有，由该工程管理单位负责管理，并可以在服从水库统一调度和保证工程安全、符合水土保持和水质保护要求的前提下，通过当地县级人民政府优先安排给当地农村移民使用。

**第四十四条**　国家在安排基本农田和水利建设资金时，应当对移民安置区所在县优先予以扶持。

**第四十五条**　各级人民政府及其有关部门应当加强对移民的科学文化知识

和实用技术的培训，加强法制宣传教育，提高移民素质，增强移民就业能力。

**第四十六条** 大中型水利水电工程受益地区的各级地方人民政府及其有关部门应当按照优势互补、互惠互利、长期合作、共同发展的原则，采取多种形式对移民安置区给予支持。

## 第六章 监督管理

**第四十七条** 国家对移民安置和水库移民后期扶持实行全过程监督。省、自治区、直辖市人民政府和国务院移民管理机构应当加强对移民安置和水库移民后期扶持的监督，发现问题应当及时采取措施。

**第四十八条** 国家对征地补偿和移民安置资金、水库移民后期扶持资金的拨付、使用和管理实行稽察制度，对拨付、使用和管理征地补偿和移民安置资金、水库移民后期扶持资金的有关地方人民政府及其有关部门的负责人依法实行任期经济责任审计。

**第四十九条** 县级以上人民政府应当加强对下级人民政府及其财政、发展改革、移民等有关部门或者机构拨付、使用和管理征地补偿和移民安置资金、水库移民后期扶持资金的监督。

县级以上地方人民政府或者其移民管理机构应当加强对征地补偿和移民安置资金、水库移民后期扶持资金的管理，定期向上一级人民政府或者其移民管理机构报告并向项目法人通报有关资金拨付、使用和管理情况。

**第五十条** 各级审计、监察机关应当依法加强对征地补偿和移民安置资金、水库移民后期扶持资金拨付、使用和管理情况的审计和监察。

县级以上人民政府财政部门应当加强对征地补偿和移民安置资金、水库移民后期扶持资金拨付、使用和管理情况的监督。

审计、监察机关和财政部门进行审计、监察和监督时，有关单位和个人应当予以配合，及时提供有关资料。

**第五十一条** 国家对移民安置实行全过程监督评估。签订移民安置协议的地方人民政府和项目法人应当采取招标的方式，共同委托移民安置监督评估单位对移民搬迁进度、移民安置质量、移民资金的拨付和使用情况以及移民生活水平的恢复情况进行监督评估；被委托方应当将监督评估的情况及时向委托方报告。

**第五十二条** 征地补偿和移民安置资金应当专户存储、专账核算，存储期间的孳息，应当纳入征地补偿和移民安置资金，不得挪作他用。

**第五十三条** 移民区和移民安置区县级人民政府，应当以村为单位将大中型水利水电工程征收的土地数量、土地种类和实物调查结果、补偿范围、补偿标准和金额以及安置方案等向群众公布。群众提出异议的，县级人民政府应当及时核查，并对统计调查结果不准确的事项进行改正；经核查无误的，应当及时向群众解释。

有移民安置任务的乡(镇)、村应当建立健全征地补偿和移民安置资金的财务管理制度,并将征地补偿和移民安置资金收支情况张榜公布,接受群众监督;土地补偿费和集体财产补偿费的使用方案应当经村民会议或者村民代表会议讨论通过。

移民安置区乡(镇)人民政府、村(居)民委员会应当采取有效措施帮助移民适应当地的生产、生活,及时调处矛盾纠纷。

**第五十四条** 县级以上地方人民政府或者其移民管理机构以及项目法人应当建立移民工作档案,并按照国家有关规定进行管理。

**第五十五条** 国家切实维护移民的合法权益。

在征地补偿和移民安置过程中,移民认为其合法权益受到侵害的,可以依法向县级以上人民政府或者其移民管理机构反映,县级以上人民政府或者其移民管理机构应当对移民反映的问题进行核实并妥善解决。移民也可以依法向人民法院提起诉讼。

移民安置后,移民与移民安置区当地居民享有同等的权利,承担同等的义务。

**第五十六条** 按照移民安置规划必须搬迁的移民,无正当理由不得拖延搬迁或者拒迁。已经安置的移民不得返迁。

## 第七章 法律责任

**第五十七条** 违反本条例规定,有关地方人民政府、移民管理机构、项目审批部门及其他有关部门有下列行为之一的,对直接负责的主管人员和其他直接责任人员依法给予行政处分;造成严重后果,有关责任人员构成犯罪的,依法追究刑事责任:

(一)违反规定批准移民安置规划大纲、移民安置规划或者水库移民后期扶持规划的;

(二)违反规定批准或者核准未编制移民安置规划或者移民安置规划未经审核的大中型水利水电工程建设项目的;

(三)移民安置未经验收或者验收不合格而对大中型水利水电工程进行阶段性验收或者竣工验收的;

(四)未编制水库移民后期扶持规划,有关单位拨付水库移民后期扶持资金的;

(五)移民安置管理、监督和组织实施过程中发现违法行为不予查处的;

(六)在移民安置过程中发现问题不及时处理,造成严重后果以及有其他滥用职权、玩忽职守等违法行为的。

**第五十八条** 违反本条例规定,项目主管部门或者有关地方人民政府及其有关部门调整或者修改移民安置规划大纲、移民安置规划或者水库移民后期扶持规划的,由批准该规划大纲、规划的有关人民政府或者其有关部门、机构责令改正,对直接负责的主管人员和其他直接责任人员依法给予行政处分;造成重大损失,有关责任人员构成犯罪的,依法追究刑事责任。

违反本条例规定，项目法人调整或者修改移民安置规划大纲、移民安置规划的，由批准该规划大纲、规划的有关人民政府或者其有关部门、机构责令改正，处10万元以上50万元以下的罚款；对直接负责的主管人员和其他直接责任人员处1万元以上5万元以下的罚款；造成重大损失，有关责任人员构成犯罪的，依法追究刑事责任。

**第五十九条**　违反本条例规定，在编制移民安置规划大纲、移民安置规划、水库移民后期扶持规划，或者进行实物调查、移民安置监督评估中弄虚作假的，由批准该规划大纲、规划的有关人民政府或者其有关部门、机构责令改正，对有关单位处10万元以上50万元以下的罚款；对直接负责的主管人员和其他直接责任人员处1万元以上5万元以下的罚款；给他人造成损失的，依法承担赔偿责任。

**第六十条**　违反本条例规定，侵占、截留、挪用征地补偿和移民安置资金、水库移民后期扶持资金的，责令退赔，并处侵占、截留、挪用资金额3倍以下的罚款，对直接负责的主管人员和其他责任人员依法给予行政处分；构成犯罪的，依法追究有关责任人员的刑事责任。

**第六十一条**　违反本条例规定，拖延搬迁或者拒迁的，当地人民政府或者其移民管理机构可以申请人民法院强制执行；违反治安管理法律、法规的，依法给予治安管理处罚；构成犯罪的，依法追究有关责任人员的刑事责任。

## 第八章　附　　则

**第六十二条**　长江三峡工程的移民工作，依照《长江三峡工程建设移民条例》执行。

南水北调工程的征地补偿和移民安置工作，依照本条例执行。但是，南水北调工程中线、东线一期工程的移民安置规划的编制审批，依照国务院的规定执行。

**第六十三条**　本条例自2006年9月1日起施行。1991年2月15日国务院发布的《大中型水利水电工程建设征地补偿和移民安置条例》同时废止。

# 国务院法制办公室<br>关于依法做好征地补偿安置<br>争议行政复议工作的通知

1．2011年5月18日

2．国法〔2011〕35号

各省、自治区、直辖市人民政府法制办公室：

近年来，一些地方因不服市、县人民政府征地补偿、安置方案引发的行政争议有所增多，部分争议未能得到依法及时处理，影响了社会和谐稳定。为了进一步依法做好征地补偿安置争议的行政复议工作，经征求全国人大常委会法工委和最高人民法院的意见，并报国务院领导同意，现通知如下：

一、《中华人民共和国农村土地承包经营纠纷调解仲裁法》第二条第二款规定，“因征收集体所有的土地及其补偿发生的纠纷，不属于农村土地承包仲裁委员会的受理范围，可以通过行政复议或者诉讼等方式解决”。《中华人民共和国行政复议法》第十三条第一款规定，“对地方各级人民政府的具体行政行为不服的，向上一级地方人民政府申请行政复议”；第四十二条规定，“本法施行前公布的法律有关行政复议的规定与本法的规定不一致的，以本法的规定为准”。《中华人民共和国行政复议法实施条例》第十三条规定，“下级行政机关依照法律、法规、规章规定，经上级行政机关批准作出具体行政行为的，批准机关为被申请人”。依照上述规定，被征地集体经济组织和农民对有关市、县人民政府批准的征地补偿、安置方案不服要求裁决的，应当依照行政复议法律、法规的规定向上一级地方人民政府提出申请。

二、有关地方人民政府应当采取有效措施，积极受理、依法审理、公正裁决征地补偿安置争议行政复议案件，及时化解行政争议，切实维护社会和谐稳定。

## 最高人民法院关于审理涉及农村集体土地行政案件若干问题的规定

1. 2011年5月9日最高人民法院审判委员会第1522次会议通过
2. 2011年8月7日公布
3. 法释〔2011〕20号
4. 自2011年9月5日起施行

为正确审理涉及农村集体土地的行政案件，根据《中华人民共和国物权法》、《中华人民共和国土地管理法》和《中华人民共和国行政诉讼法》等有关法律规定，结合行政审判实际，制定本规定。

**第一条** 农村集体土地的权利人或者利害关系人（以下简称土地权利人）认为行政机关作出的涉及农村集体土地的行政行为侵犯其合法权益，提起诉讼的，属于人民法院行政诉讼的受案范围。

**第二条** 土地登记机构根据人民法院生效裁判文书、协助执行通知书或者仲裁机构的法律文书办理的土地权属登记行为，土地权利人不服提起诉讼的，人民法院不予受理，但土地权利人认为登记内容与有关文书内容不一致的除外。

**第三条** 村民委员会或者农村集体经济组织对涉及农村集体土地的行政行为不起诉的，过半数的村民可以以集体经济组织名义提起诉讼。

农村集体经济组织成员全部转为城镇居民后,对涉及农村集体土地的行政行为不服的,过半数的原集体经济组织成员可以提起诉讼。

**第四条** 土地使用权人或者实际使用人对行政机关作出涉及其使用或实际使用的集体土地的行政行为不服的,可以以自己的名义提起诉讼。

**第五条** 土地权利人认为土地储备机构作出的行为侵犯其依法享有的农村集体土地所有权或使用权的,向人民法院提起诉讼的,应当以土地储备机构所隶属的土地管理部门为被告。

**第六条** 土地权利人认为乡级以上人民政府作出的土地确权决定侵犯其依法享有的农村集体土地所有权或者使用权,经复议后向人民法院提起诉讼的,人民法院应当依法受理。

法律、法规规定应当先申请行政复议的土地行政案件,复议机关作出不受理复议申请的决定或者以不符合受理条件为由驳回复议申请,复议申请人不服的,应当以复议机关为被告向人民法院提起诉讼。

**第七条** 土地权利人认为行政机关作出的行政处罚、行政强制措施等行政行为侵犯其依法享有的农村集体土地所有权或者使用权,直接向人民法院提起诉讼的,人民法院应当依法受理。

**第八条** 土地权属登记(包括土地权属证书)在生效裁判和仲裁裁决中作为定案证据,利害关系人对该登记行为提起诉讼的,人民法院应当依法受理。

**第九条** 涉及农村集体土地的行政决定以公告方式送达的,起诉期限自公告确定的期限届满之日起计算。

**第十条** 土地权利人对土地管理部门组织实施过程中确定的土地补偿有异议,直接向人民法院提起诉讼的,人民法院不予受理,但应当告知土地权利人先申请行政机关裁决。

**第十一条** 土地权利人以土地管理部门超过两年对非法占地行为进行处罚违法,向人民法院起诉的,人民法院应当按照行政处罚法第二十九条第二款的规定处理。

**第十二条** 征收农村集体土地时涉及被征收土地上的房屋及其他不动产,土地权利人可以请求依照物权法第四十二条第二款的规定给予补偿的。

征收农村集体土地时未就被征收土地上的房屋及其他不动产进行安置补偿,补偿安置时房屋所在地已纳入城市规划区,土地权利人请求参照执行国有土地上房屋征收补偿标准的,人民法院一般应予支持,但应当扣除已经取得的土地补偿费。

**第十三条** 在审理土地行政案件中,人民法院经当事人同意进行协调的期间,不计算在审理期限内。当事人不同意继续协商的,人民法院应当及时审理,并恢复计算审理期限。

**第十四条** 县级以上人民政府土地管理部门根据土地管理法实施条例第四十五条的规定,申请人民法院执行其作出的责令交出土地决定的，应当符合下列条件：

（一）征收土地方案已经有权机关依法批准；

（二）市、县人民政府和土地管理部门已经依照土地管理法和土地管理法实施条例规定的程序实施征地行为；

（三）被征收土地所有权人、使用人已经依法得到安置补偿或者无正当理由拒绝接受安置补偿，且拒不交出土地，已经影响到征收工作的正常进行；

（四）符合《最高人民法院关于执行〈中华人民共和国行政诉讼法〉若干问题的解释》第八十六条规定的条件。

人民法院对符合条件的申请，应当裁定予以受理，并通知申请人；对不符合条件的申请，应当裁定不予受理。

**第十五条** 最高人民法院以前所作的司法解释与本规定不一致的，以本规定为准。

## 最高人民法院研究室关于人民法院对农村集体经济所得收益分配纠纷是否受理问题的答复

1．2001年7月9日

2．法研〔2001〕51号

广东省高级人民法院：

你院粤高法〔2001〕25号《关于对农村集体经济所得收益分配的争议纠纷，人民法院是否受理的请示》收悉。经研究，答复如下：

农村集体经济组织与其成员之间因收益分配产生的纠纷，属平等民事主体之间的纠纷。当事人就该纠纷起诉到人民法院，只要符合《中华人民共和国民事诉讼法》第一百零八条的规定，人民法院应当受理。

## 最高人民法院研究室关于村民因土地补偿费、安置补助费问题与村民委员会发生纠纷人民法院应否受理问题的答复

1．2001年12月31日

2．法研〔2001〕116号

陕西省高级人民法院：

你院陕高法〔2001〕234号《关于村民因土地补偿费、安置补助费问题与村民委员会发生纠纷人民法院应否受理的请示》收悉。经研究，我们认为，此类问题可以参照我室给广东省高级人民法院法研〔2001〕51号《关于人民法院对农村集体经济所得收益分配纠纷是否受理问题的答复》（略）办理。

# 五、村民权益

## 国务院办公厅关于进一步做好减轻农民负担工作的意见

1．2012年4月17日发布
2．国办发〔2012〕22号

各省、自治区、直辖市人民政府，国务院各部委、各直属机构：

近年来，随着国家强农惠农富农政策实施力度的逐步加大和农民负担监管工作的不断加强，农民负担总体上保持在较低水平，由此引发的矛盾大幅减少，农村干群关系明显改善。但最近一个时期以来，一些地方对减轻农民负担工作重视程度有所下降，监管力度有所减弱，涉农乱收费问题不断出现，向农民集资摊派现象有所抬头，惠农补贴发放中乱收代扣问题时有发生，一事一议筹资筹劳实施不够规范，部分领域农民负担增长较快。为进一步做好减轻农民负担工作，切实防止农民负担反弹，经国务院同意，现提出如下意见：

**一、明确减轻农民负担工作的总体要求**

做好减轻农民负担工作，要全面贯彻落实科学发展观，以维护农民合法权益为中心，以规范涉农收费为重点，以强化监督检查为手段，将农民负担监管工作融入到统筹城乡发展、加强农村社会管理、落实强农惠农富农政策中，将农民负担监管领域向农村基础设施建设、农村公共服务、农业社会化服务等方面延伸，创新监管思路、拓展监管范围、强化工作措施、加强制度建设，严格禁止各种不合理收费和集资摊派，坚决纠正违反政策规定加重农民负担的行为，确保农民负担继续控制在较低水平，促进农村社会和谐稳定。

**二、严格管理涉农收费和价格**

面向农民的行政事业性收费必须严格按照法律法规和国务院相关规定收取，严禁向农民“搭车”收费或摊派各种费用。严格执行涉农收费文件“审核制”，防止出台加重农民负担的政策文件；全面推进涉农收费和价格“公示制”，及时更新公示内容、创新公示形式，提高收费透明度。加强对农村义务教育、计划生育、农民建房、婚姻登记、生猪屠宰等领域乱收费的重点监督，深入开展行业专项检查，解决农民反映的突出问题。对农村义务教育阶段的学校，要坚持学生自愿征订教辅资料的原则，不得突破“一教一辅”；突出学生食堂的公益性，合理控制饭菜价格，不得按学期或年度向就餐学生收取餐费；严禁以赞助、捐助的名义向村级组织摊派教师工资和活动经费。对不符合有关法律规定生育子女的农民，除依法征收社会抚养费外，严禁收取其他费用。对依法利用农村集体土地新建、翻建自用住房的农民，除收取土地和房屋权属证书工本费外，严禁收取其他费用。对办理婚姻登记的农民，除收取婚姻登记证书工本费外，严禁收取其他费用。对生猪养殖户，严禁在屠宰环节多收乱收费用。对农民的各种补贴补偿款，不得抵扣和代缴其他费用，不得“搭车”收费或配售商品。要在总结农业综合水价改革试点经验的基础上，进一步完善有关政策措施，降低农民水费支出。

**三、规范实施村民一事一议筹资筹劳**

开展一事一议筹资筹劳，要充分尊重农民意愿，严格规范议事程序，准确界定适用范围，合理确定限额标准。各省级人民政府要进一步完善本地区村民一事一议筹资筹劳实施办法。从 2013 年开始，一事一议筹资筹劳限额标准按绝对数额确定。一事一议项目不需农民投工或农民投工难以完成的，不得筹劳；确需农民投工的，要按实际需要合理确定筹劳数量；自愿以资代劳的，要严格控制数量、比例及工价标准，防止用自愿以资代劳名义变相向农民筹资。完善一事一议筹资筹劳操作程序，按照民主议事、方案审核、政府补助、验收检查等环节操作，规范组织实施。加大专项检查力度，坚决纠正层层下放限额标准权限，乡镇统筹使用、县级集中管理一事一议筹资筹劳资金以及套取、挪用政府补助资金等违规问题。全面推进村级公益事业建设一事一议财政奖补工作，加大奖补力度，扩大奖补覆盖面，完善制度办法，促进村级公益事业健康发展。

**四、深入治理加重村级组织和农民专业合作社负担问题**

加强对向村级组织收费事项的日常审核监管，防止乱收费和各种摊派行为。严禁将应由政府承担的建设和服务费用、部门工作经费转由村级组织承担，严禁地方有关部门或单位委托村级组织向农民收取费用。村级组织不得擅自设立项目向农民收费，严禁用罚款和违规收取押金、违约金等方式来管理村务。严格执行村级组织公费订阅报刊“限额制”，禁止任何组织和个人向村级组织摊派发行报刊、图书和音像制品等出版物，逐步加大主要党报党刊向村级组织免费赠阅力度。加强农民专业合作社负担监管，深入治理乱收费、乱罚款和集资摊派等问题，加大动态监管和跟踪督查力度，推动落实各项优惠扶持政策。

**五、建立和完善农民负担监管制度**

抓紧建立健全涉及农民负担政策文件会签、信息公开和备案制度，各级有关部门出台涉及农民负担的政策文件必须会签同级人民政府农民负担监管部门。全面推行农村基础设施建设项目审核制度，对各级部门实施的建设项目，应由政府投入的，要及时足额到位，不得向农民和村级组织摊派；需要农民筹资筹劳的，必须经过同级人民政府农民负担监管部门审核，防止向村级组织和农民转嫁负担。建立农民参与农村基础设施建设项目管理机制，提高农民民主议事能力和管理水平。进一步完善农民负担监督卡制度，及时更新内容，标明举报电话，便于农民监督和反映问题。建立和完善农民负担监测制度，扩大监测范围，提高监测质量，为政府决策提供科学依据。

**六、加强涉及农民负担事项的检查监督**

地方各级人民政府要对减轻农民负担政策落实情况和强农惠农富农政策落实中涉及农民负担情况进行年度检查，检查结果在适当范围内通报，对发现的问题要跟踪督办。要结合实际，选择突出问题和重点领域开展专项治理，强化治理措施，确保治理成效。有关部门要严格执行谁主管、谁负责的部门责任制，深入开展自查自纠，切实解决本系统、本部门加重农民负担问题。中央和省级有关部门要选择问题较多的市（地）、县，省级和市级有关部门也要选择问题较多的县、乡，联合开展农民负担综合治理，督促制定治理方案，排查突出问题，限期整改到位，切实防止区域性、行业性农民负担反弹。加大对涉及农民筹资筹劳事项的专项审计力度，及时公布审计结果，接受农民群众监督。进一步畅通农民负担信访渠道，加强综合协调，推动解决信访反映的重点难点问题。

**七、严肃查处涉及农民利益的违规违纪行为**

加大对涉及农民利益违规违纪问题的查处力度，对向农民、村级组织和农民专业合作社违规违纪收取的各种款项，坚决予以退还；对违规使用的农民劳务，按当地工价标准给予农民合理补偿；对擅自出台、设立涉及加重农民负担的文件和收费项目、建设项目，坚决予以撤销；对擅自提高的收费标准，坚决予以降低。严格实行农民负担责任追究制度，对违反政策规定，加重农民负担或影响强农惠农富农政策落实的相关责任人员，要依照有关规定予以严肃处理。

**八、加强减轻农民负担工作的组织领导**

地方各级人民政府要坚持主要领导亲自抓、负总责的工作制度，加强组织领导，层层落实责任，坚持实行减轻农民负担“一票否决”制度，继续保持减轻农民负担的高压态势，绝不能因为农业税的取消而思想麻痹，绝不能因为农民收入增加和农民负担水平下降而工作松懈。要健全减轻农民负担工作领导机构，加强队伍建设，保证工作经费，确保农民负担监管工作的顺利开展。要加强调查研究，及时掌握并妥善解决统筹城乡发展中涉农负担出现的新情况新问题，防止苗头性、局部性问题演变成趋势性、全局性问题。要加大对基层干部的宣传培训力度，不断提高其农村政策水平，增强服务能力。有关部门要加强对各地减轻农民负担工作情况的督导，及时通报结果。各省级人民政府要根据本意见的要求，结合本地实际，抓紧制定具体实施意见。

## 国务院关于在全国建立农村最低生活保障制度的通知

1．2007年7月11日发布
2．国发〔2007〕19号

为贯彻落实党的十六届六中全会精神，切实解决农村贫困人口的生活困难，国务院决定，2007年在全国建立农村最低生活保障制度。现就有关问题通知如下：

**一、充分认识建立农村最低生活保障制度的重要意义**

改革开放以来，我国经济持续快速健康发展，党和政府高度重视“三农”工作，不断加大扶贫开发和社会救助工作力度，农村贫困人口数量大幅减少。但是，仍有部分贫困人口尚未解决温饱问题，需要政府给予必要的救助，以保障其基本生活，并帮助其中有劳动能力的人积极劳动脱贫致富。党的十六大以来，部分地区根据中央部署，积极探索建立农村最低生活保障制度，为全面解决农村贫困人口的基本生活问题打下了良好基础。在全国建立农村最低生活保障制度，是践行“三个代表”重要思想、落实科学发展观和构建社会主义和谐社会的必然要求，是解决农村贫困人口温饱问题的重要举措，也是建立覆盖城乡的社会保障体系的重要内容。做好这一工作，对于促进农村经济社会发展，逐步缩小城乡差距，维护社会公平具有重要意义。各地区、各部门要充分认识建立农村最低生活保障制度的重要性，将其作为社会主义新农村建设的一项重要任务，高度重视，扎实推进。

**二、明确建立农村最低生活保障制度的目标和总体要求**

建立农村最低生活保障制度的目标是：通过在全国范围建立农村最低生活保障制度，将符合条件的农村贫困人口全部纳入保障范围，稳定、持久、有效地解决全国农村贫困人口的温饱问题。

建立农村最低生活保障制度，实行地方人民政府负责制，按属地进行管理。各地要从当地农村经济社会发展水平和财力状况的实际出发，合理确定保障标准和对象范围。同时，要做到制度完善、程序明确、操作规范、方法简便，保证公开、公平、公正。要实行动态管理，做到保障对象有进有出，补助水平有升有降。要与扶贫开发、促进就业以及其他农村社会保障政策、生活性补助措施相衔接，坚持政府救济与家庭赡养扶养、社会互助、个人自立相结合，鼓励和支持有劳动能力的贫困人口生产自救，脱贫致富。

**三、合理确定农村最低生活保障标准和对象范围**

农村最低生活保障标准由县级以上地方人民政府按照能够维持当地农村居民全年基本生活所必需的吃饭、穿衣、用水、用电等费用确定，并报上一级地方人民政府备案后公布执行。农村最低生活保障标准要随着当地生活必需品价格变化和人民生活水平提高适时进行调整。

农村最低生活保障对象是家庭年人均纯收入低于当地最低生活保障标准的农村居民，主要是因病残、年老体弱、丧失劳动能力以及生存条件恶劣等原因造成生活常年困难的农村居民。

**四、规范农村最低生活保障管理**

农村最低生活保障的管理既要严格规范，又要从农村实际出发，采取简便易行的方法。

（一）申请、审核和审批。申请农村最低生活保障，一般由户主本人向户籍所在地的乡（镇）人民政府提出申请；村民委员会受乡（镇）人民政府委托，也可受理申请。受乡（镇）人民政府委托，在村党组织的领导下，村民委员会对申请人开展家庭经济状况调查、组织村民会议或村民代表会议民主评议后提出初步意见，报乡（镇）人民政府；乡（镇）人民政府审核后，报县级人民政府民政部门审批。乡（镇）人民政府和县级人民政府民政部门要核查申请人的家庭收入，了解其家庭财产、劳动力状况和实际生活水平，并结合村民民主评议，提出审核、审批意见。在核算申请人家庭收入时，申请人家庭按国家规定所获得的优待抚恤金、计划生育奖励与扶助金以及教育、见义勇为等方面的奖励性补助，一般不计入家庭收入，具体核算办法由地方人民政府确定。

（二）民主公示。村民委员会、乡（镇）人民政府以及县级人民政府民政部门要及时向社会公布有关信息，接受群众监督。公示的内容重点为：最低生活保障对象的申请情况和对最低生活保障对象的民主评议意见，审核、审批意见，实际补助水平等情况。对公示没有异议的，要按程序及时落实申请人的最低生活保障待遇；对公示有异议的，要进行调查核实，认真处理。

（三）资金发放。最低生活保障金原则上按照申请人家庭年人均纯收入与保障标准的差额发放，也可以在核查申请人家庭收入的基础上，按照其家庭的困难程度和类别，分档发放。要加快推行国库集中支付方式，通过代理金融机构直接、及时地将最低生活保障金支付到最低生活保障对象账户。

（四）动态管理。乡（镇）人民政府和县级人民政府民政部门要采取多种形式，定期或不定期调查了解农村困难群众的生活状况，及时将符合条件的困难群众纳入保障范围；并根据其家庭经济状况的变化，及时按程序办理停发、减发或增发最低生活保障金的手续。保障对象和补助水平变动情况都要及时向社会公示。

**五、落实农村最低生活保障资金**

农村最低生活保障资金的筹集以地方为主，地方各级人民政府要将农村最低生活保障资金列入财政预算，省级人民政府要加大投入。地方各级人民政府民政部门要根据保障对象人数等提出资金需求，经同级财政部门审核后列入预算。中央财政对财政困难地区给予适当补助。

地方各级人民政府及其相关部门要统筹考虑农村各项社会救助制度，合理安排农村最低生活保障资金，提高资金使用效益。同时，鼓励和引导社会力量为农村最低生活保障提供捐赠和资助。农村最低生活保障资金实行专项管理，专账核算，专款专用，严禁挤占挪用。

**六、加强领导，确保农村最低生活保障制度的顺利实施**

在全国建立农村最低生活保障制度，是一项重大而又复杂的系统性工作。地方各级人民政府要高度重视，将其纳入政府工作的重要议事日程，加强领导，明确责任，统筹协调，抓好落实。

要精心设计制度方案，周密组织实施。各省、自治区、直辖市人民政府制订和修订的方案，要报民政部、财政部备案。已建立农村最低生活保障制度的，要进一步完善制度，规范操作，努力提高管理水平；尚未建立农村最低生活保障制度的，要抓紧建章立制，在今年内把最低生活保障制度建立起来并组织实施。要加大政策宣传力度，利用广播、电视、报刊、互联网等媒体，做好宣传普及工作，使农村最低生活保障政策进村入户、家喻户晓。要加强协调与配合，各级民政部门要发挥职能部门作用，建立健全各项规章制度，推进信息化建设，不断提高规范化、制度化、科学化管理水平；财政部门要落实资金，加强对资金使用和管理的监督；扶贫部门要密切配合、搞好衔接，在最低生活保障制度实施后，仍要坚持开发式扶贫的方针，扶持有劳动能力的贫困人口脱贫致富。要做好新型农村合作医疗和农村医疗救助工作，防止因病致贫或返贫。要加强监督检查，县级以上地方人民政府及其相关部门要定期组织检查或抽查，对违法违纪行为及时纠正处理，对工作成绩突出的予以表彰，并定期向上一级人民政府及其相关部门报告工作进展情况。各省、自治区、直辖市人民政府要于每年年底前，将农村最低生活保障制度实施情况报告国务院。

农村最低生活保障工作涉及面广、政策性强、工作量大，地方各级人民政府在推进农村综合改革，加强农村公共服务能力建设的过程中，要统筹考虑建立农村最低生活保障制度的需要，科学整合县乡管理机构及人力资源，合理安排工作人员和工作经费，切实加强工作力量，提供必要的工作条件，逐步实现低保信息化管理，努力提高管理和服务质量，确保农村最低生活保障制度顺利实施和不断完善。

## 最低生活保障审核确认办法

1. 2021年6月11日民政部发布
2. 民发〔2021〕57号

### 第一章　总　　则

**第一条**　为规范最低生活保障审核确认工作，根据《社会救助暂行办法》、

《中共中央办公厅　国务院办公厅印发〈关于改革完善社会救助制度的意见〉的通知》及国家相关规定，制定本办法。

**第二条**　县级人民政府民政部门负责最低生活保障的审核确认工作，乡镇人民政府（街道办事处）负责最低生活保障的受理、初审工作。村（居）民委员会协助做好相关工作。

有条件的地方可按程序将最低生活保障审核确认权限下放至乡镇人民政府（街道办事处），县级民政部门加强监督指导。

**第三条**　县级以上地方人民政府民政部门应当加强本辖区内最低生活保障审核确认工作的规范管理和相关服务，促进最低生活保障工作公开、公平、公正。

## 第二章　申请和受理

**第四条**　申请最低生活保障以家庭为单位，由申请家庭确定一名共同生活的家庭成员作为申请人，向户籍所在地乡镇人民政府（街道办事处）提出书面申请；实施网上申请受理的地方，可以通过互联网提出申请。

**第五条**　共同生活的家庭成员户籍所在地不在同一省（自治区、直辖市）的，可以由其中一个户籍所在地与经常居住地一致的家庭成员向其户籍所在地提出申请；共同生活的家庭成员户籍所在地与经常居住地均不一致的，可由任一家庭成员向其户籍所在地提出申请。最低生活保障审核确认、资金发放等工作由申请受理地县级人民政府民政部门和乡镇人民政府（街道办事处）负责，其他有关县级人民政府民政部门和乡镇人民政府（街道办事处）应当配合做好相关工作。

共同生活的家庭成员户籍所在地在同一省（自治区、直辖市）但不在同一县（市、区、旗）的，最低生活保障的申请受理、审核确认等工作按照各省（自治区、直辖市）有关规定执行。

有条件的地区可以有序推进持有居住证人员在居住地申办最低生活保障。

**第六条**　共同生活的家庭成员申请有困难的，可以委托村（居）民委员会或者其他人代为提出申请。委托申请的，应当办理相应委托手续。

乡镇人民政府（街道办事处）、村（居）民委员会在工作中发现困难家庭可能符合条件，但是未申请最低生活保障的，应当主动告知其共同生活的家庭成员相关政策。

**第七条**　共同生活的家庭成员包括：

（一）配偶；

（二）未成年子女；

（三）已成年但不能独立生活的子女，包括在校接受全日制本科及以下学历教育的子女；

（四）其他具有法定赡养、扶养、抚养义务关系并长期共同居住的人员。

下列人员不计入共同生活的家庭成员：

（一）连续三年以上（含三年）脱离

家庭独立生活的宗教教职人员；

（二）在监狱内服刑、在戒毒所强制隔离戒毒或者宣告失踪人员；

（三）省级人民政府民政部门根据本条原则和有关程序认定的其他人员。

**第八条** 符合下列情形之一的人员，可以单独提出申请：

（一）最低生活保障边缘家庭中持有中华人民共和国残疾人证的一级、二级重度残疾人和三级智力残疾人、三级精神残疾人；

（二）最低生活保障边缘家庭中患有当地有关部门认定的重特大疾病的人员；

（三）脱离家庭、在宗教场所居住三年以上（含三年）的生活困难的宗教教职人员；

（四）县级以上人民政府民政部门规定的其他特殊困难人员。

最低生活保障边缘家庭一般指不符合最低生活保障条件，家庭人均收入低于当地最低生活保障标准 1.5 倍，且财产状况符合相关规定的家庭。

**第九条** 申请最低生活保障，共同生活的家庭成员应当履行以下义务：

（一）按规定提交相关申请材料；

（二）承诺所提供的信息真实、完整；

（三）履行授权核对其家庭经济状况的相关手续；

（四）积极配合开展家庭经济状况调查。

**第十条** 乡镇人民政府（街道办事处）应当对提交的材料进行审查，材料齐备的，予以受理；材料不齐备的，应当一次性告知补齐所有规定材料；可以通过国家或地方政务服务平台查询获取的相关材料，不再要求重复提交。

**第十一条** 对于已经受理的最低生活保障家庭申请，共同生活家庭成员与最低生活保障经办人员或者村（居）民委员会成员有近亲属关系的，乡镇人民政府（街道办事处）应当单独登记备案。

## 第三章 家庭经济状况调查

**第十二条** 家庭经济状况指共同生活家庭成员拥有的全部家庭收入和家庭财产。

**第十三条** 家庭收入指共同生活的家庭成员在规定期限内获得的全部现金及实物收入。主要包括：

（一）工资性收入。工资性收入指就业人员通过各种途径得到的全部劳动报酬和各种福利并扣除必要的就业成本，包括因任职或者受雇而取得的工资、薪金、奖金、劳动分红、津贴、补贴以及与任职或者受雇有关的其他所得等。

（二）经营净收入。经营净收入指从事生产经营及有偿服务活动所获得全部经营收入扣除经营费用、生产性固定资产折旧和生产税之后得到的收入。包括从事种植、养殖、采集及加工等农林牧渔业的生产收入，从事工业、建筑业、手工业、交通运输业、批发和零售贸易业、餐饮业、文教卫生业和社会服务业等经营及有偿服务活动的收入等。

（三）财产净收入。财产净收入指出让动产和不动产，或将动产和不动产交由其他机构、单位或个人使用并扣除相关费用之后得到的收入，包括储蓄存款利息、有价证券红利、储蓄性保险投资以及其他股息和红利等收入，集体财产收入分红和其他动产收入，以及转租承包土地经营权、出租或者出让房产以及其他不动产收入等。

（四）转移净收入。转移净收入指转移性收入扣减转移性支出之后的收入。其中，转移性收入指国家、机关企事业单位、社会组织对居民的各种经常性转移支付和居民之间的经常性收入转移，包括赡养（抚养、扶养）费、离退休金、失业保险金、遗属补助金、赔偿收入、接受捐赠（赠送）收入等；转移性支出指居民对国家、企事业单位、社会组织、居民的经常性转移支出，包括缴纳的税款、各项社会保障支出、赡养支出以及其他经常性转移支出等。

（五）其他应当计入家庭收入的项目。

下列收入不计入家庭收入：

（一）国家规定的优待抚恤金、计划生育奖励与扶助金、奖学金、见义勇为等奖励性补助；

（二）政府发放的各类社会救助款物；

（三）“十四五”期间，中央确定的城乡居民基本养老保险基础养老金；

（四）设区的市级以上地方人民政府规定的其他收入。

对于共同生活的家庭成员因残疾、患重病等增加的刚性支出、必要的就业成本等，在核算家庭收入时可按规定适当扣减。

**第十四条**　家庭财产指共同生活的家庭成员拥有的全部动产和不动产。动产主要包括银行存款、证券、基金、商业保险、债权、互联网金融资产以及车辆等。不动产主要包括房屋、林木等定着物。对于维持家庭生产生活的必需财产，可以在认定家庭财产状况时予以豁免。

**第十五条**　乡镇人民政府（街道办事处）应当自受理最低生活保障申请之日起 3 个工作日内，启动家庭经济状况调查工作。调查可以通过入户调查、邻里访问、信函索证或者提请县级人民政府民政部门开展家庭经济状况信息核对等方式进行。

共同生活家庭成员经常居住地与户籍所在地不一致的，经常居住地县级人民政府民政部门和乡镇人民政府（街道办事处）应当配合开展家庭经济状况调查、动态管理等相关工作。

**第十六条**　乡镇人民政府（街道办事处）可以在村（居）民委员会协助下，通过下列方式对申请家庭的经济状况和实际生活情况予以调查核实。每组调查人员不得少于 2 人。

（一）入户调查。调查人员到申请家庭中了解家庭收入、财产情况和吃、穿、住、用等实际生活情况。入户调查结束后，调查人员应当填写入户调查表，并由调查人员和在场的共同生活家庭成员分别签字。

（二）邻里访问。调查人员到申请家庭所在村（居）民委员会和社区，走访了解其家庭收入、财产和实际生活状况。

（三）信函索证。调查人员以信函等方式向相关单位和部门索取有关佐证材料。

（四）其他调查方式。

发生重大突发事件时，前款规定的入户调查、邻里访问程序可以采取电话、视频等非接触方式进行。

**第十七条** 县级人民政府民政部门应当在收到乡镇人民政府（街道办事处）对家庭经济状况进行信息核对提请后3个工作日内，启动信息核对程序，根据工作需要，依法依规查询共同生活家庭成员的户籍、纳税记录、社会保险缴纳、不动产登记、市场主体登记、住房公积金缴纳、车船登记，以及银行存款、商业保险、证券、互联网金融资产等信息。

县级人民政府民政部门可以根据当地实际情况，通过家庭用水、用电、燃气、通讯等日常生活费用支出，以及是否存在高收费学校就读（含入托、出国留学）、出国旅游等情况，对家庭经济状况进行辅助评估。

**第十八条** 经家庭经济状况信息核对，不符合条件的最低生活保障申请，乡镇人民政府（街道办事处）应当及时告知申请人。

申请人有异议的，应当提供相关佐证材料；乡镇人民政府（街道办事处）应当组织开展复查。

## 第四章 审核确认

**第十九条** 乡镇人民政府（街道办事处）应当根据家庭经济状况调查核实情况，提出初审意见，并在申请家庭所在村、社区进行公示。公示期为7天。公示期满无异议的，乡镇人民政府（街道办事处）应当及时将申请材料、家庭经济状况调查核实结果、初审意见等相关材料报送县级人民政府民政部门。

公示有异议的，乡镇人民政府（街道办事处）应当对申请家庭的经济状况重新组织调查或者开展民主评议。调查或者民主评议结束后，乡镇人民政府（街道办事处）应当重新提出初审意见，连同申请材料、家庭经济状况调查核实结果等相关材料报送县级人民政府民政部门。

**第二十条** 县级人民政府民政部门应当自收到乡镇人民政府（街道办事处）上报的申请材料、家庭经济状况调查核实结果和初审意见等材料后10个工作日内，提出审核确认意见。

对单独登记备案或者在审核确认阶段接到投诉、举报的最低生活保障申请，县级人民政府民政部门应当入户调查。

**第二十一条** 县级人民政府民政部门经审核，对符合条件的申请予以确认同意，同时确定救助金额，发放最低生活保障证或确认通知书，并从作出确认同意决定之日下月起发放最低生活保障金。对不符合条件的申请不予确认同意，并应当在作出决定3个工作日内，通过乡镇人民政府（街道办事处）书面告知申请人并说明理由。

**第二十二条**　最低生活保障审核确认工作应当自受理之日起30个工作日之内完成；特殊情况下，可以延长至45个工作日。

**第二十三条**　最低生活保障金可以按照审核确定的申请家庭人均收入与当地最低生活保障标准的实际差额计算；也可以根据申请家庭困难程度和人员情况，采取分档方式计算。

**第二十四条**　县级人民政府民政部门应当在最低生活保障家庭所在村、社区公布最低生活保障申请人姓名、家庭成员数量、保障金额等信息。

信息公布应当依法保护个人隐私，不得公开无关信息。

**第二十五条**　最低生活保障金原则上实行社会化发放，通过银行、信用社等代理金融机构，按月支付到最低生活保障家庭的账户。

**第二十六条**　乡镇人民政府（街道办事处）或者村（居）民委会相关工作人员代为保管用于领取最低生活保障金的银行存折或银行卡的，应当与最低生活保障家庭成员签订书面协议并报县级人民政府民政部门备案。

**第二十七条**　对获得最低生活保障后生活仍有困难的老年人、未成年人、重度残疾人和重病患者，县级以上地方人民政府应当采取必要措施给予生活保障。

**第二十八条**　未经申请受理、家庭经济状况调查、审核确认等程序，不得将任何家庭或者个人直接纳入最低生活保障范围。

## 第五章　管理和监督

**第二十九条**　共同生活的家庭成员无正当理由拒不配合最低生活保障审核确认工作的，县级人民政府民政部门和乡镇人民政府（街道办事处）可以终止审核确认程序。

**第三十条**　最低生活保障家庭的人口状况、收入状况和财产状况发生变化的，应当及时告知乡镇人民政府（街道办事处）。

**第三十一条**　乡镇人民政府（街道办事处）应当对最低生活保障家庭的经济状况定期核查，并根据核查情况及时报县级人民政府民政部门办理最低生活保障金增发、减发、停发手续。

对短期内经济状况变化不大的最低生活保障家庭，乡镇人民政府（街道办事处）每年核查一次；对收入来源不固定、家庭成员有劳动能力的最低生活保障家庭，每半年核查一次。核查期内最低生活保障家庭的经济状况没有明显变化的，不再调整最低生活保障金额度。

发生重大突发事件时，前款规定的核查期限可以适当延长。

**第三十二条**　县级人民政府民政部门作出增发、减发、停发最低生活保障金决定，应当符合法定事由和规定程序；决定减发、停发最低生活保障金的，应当告知最低生活保障家庭成员并说明理由。

**第三十三条** 鼓励具备就业能力的最低生活保障家庭成员积极就业。对就业后家庭人均收入超过当地最低生活保障标准的最低生活保障家庭，县级人民政府民政部门可以给予一定时间的渐退期。

**第三十四条** 最低生活保障家庭中有就业能力但未就业的成员，应当接受人力资源社会保障等有关部门介绍的工作；无正当理由，连续3次拒绝接受介绍的与其健康状况、劳动能力等相适应的工作的，县级人民政府民政部门应当决定减发或者停发其本人的最低生活保障金。

**第三十五条** 县级以上人民政府民政部门应当加强对最低生活保障审核确认工作的监督检查，完善相关的监督检查制度。

**第三十六条** 县级以上地方人民政府民政部门和乡镇人民政府（街道办事处）应当公开社会救助服务热线，受理咨询、举报和投诉，接受社会和群众对最低生活保障审核确认工作的监督。

**第三十七条** 县级以上地方人民政府民政部门和乡镇人民政府（街道办事处）对接到的实名举报，应当逐一核查，并及时向举报人反馈核查处理结果。

**第三十八条** 申请或者已经获得最低生活保障的家庭成员对于民政部门作出的具体行政行为不服的，可以依法申请行政复议或者提起行政诉讼。

**第三十九条** 从事最低生活保障工作的人员存在滥用职权、玩忽职守、徇私舞弊、失职渎职等行为的，应当依法依规追究相关责任。对秉持公心、履职尽责但因客观原因出现失误偏差且能够及时纠正的，依法依规免于问责。

### 第六章 附 则

**第四十条** 省（自治区、直辖市）人民政府民政部门可以根据本办法，结合本地实际，制定实施细则，并报民政部备案。

**第四十一条** 本办法由民政部负责解释。

**第四十二条** 本办法自2021年7月1日起施行，2012年12月12日民政部印发的《最低生活保障审核审批办法（试行）》（民发〔2012〕220号）同时废止。

## 特困人员认定办法

1. 2021年4月26日民政部修订
2. 民发〔2021〕43号

### 第一章 总 则

**第一条** 根据《社会救助暂行办法》、《国务院关于进一步健全特困人员救助供养制度的意见》、《中共中央办公厅 国务院办公厅印发〈关于改革完善社会救助制度的意见〉的通知》及国家相关规定，制定本办法。

**第二条** 特困人员认定工作应当遵循以下原则：

（一）应救尽救，应养尽养；

（二）属地管理，分级负责；

（三）严格规范，高效便民；

（四）公开、公平、公正。

**第三条** 县级以上地方人民政府民政部门统筹做好本行政区域内特困人员认定及救助供养工作。

县级人民政府民政部门负责特困人员认定的审核确认工作，乡镇人民政府（街道办事处）负责特困人员认定的受理、初审工作。村（居）民委员会协助做好相关工作。

## 第二章 认定条件

**第四条** 同时具备以下条件的老年人、残疾人和未成年人，应当依法纳入特困人员救助供养范围：

（一）无劳动能力；

（二）无生活来源；

（三）无法定赡养、抚养、扶养义务人或者其法定义务人无履行义务能力。

**第五条** 符合下列情形之一的，应当认定为本办法所称的无劳动能力：

（一）60周岁以上的老年人；

（二）未满16周岁的未成年人；

（三）残疾等级为一、二、三级的智力、精神残疾人，残疾等级为一、二级的肢体残疾人，残疾等级为一级的视力残疾人；

（四）省、自治区、直辖市人民政府规定的其他情形。

**第六条** 收入低于当地最低生活保障标准，且财产符合当地特困人员财产状况规定的，应当认定为本办法所称的无生活来源。

前款所称收入包括工资性收入、经营净收入、财产净收入、转移净收入等各类收入。中央确定的城乡居民基本养老保险基础养老金、基本医疗保险等社会保险和优待抚恤金、高龄津贴不计入在内。

**第七条** 特困人员财产状况认定标准由设区的市级以上地方人民政府民政部门制定，并报同级地方人民政府同意。

**第八条** 法定义务人符合下列情形之一的，应当认定为本办法所称的无履行义务能力：

（一）特困人员；

（二）60周岁以上的最低生活保障对象；

（三）70周岁以上的老年人，本人收入低于当地上年人均可支配收入，且其财产符合当地低收入家庭财产状况规定的；

（四）重度残疾人和残疾等级为三级的智力、精神残疾人，本人收入低于当地上年人均可支配收入，且其财产符合当地低收入家庭财产状况规定的；

（五）无民事行为能力、被宣告失踪或者在监狱服刑的人员，且其财产符合当地低收入家庭财产状况规定的；

（六）省、自治区、直辖市人民政府规定的其他情形。

**第九条** 同时符合特困人员救助供

养条件和孤儿、事实无人抚养儿童认定条件的未成年人，选择申请纳入孤儿、事实无人抚养儿童基本生活保障范围的，不再认定为特困人员。

## 第三章 申请及受理

**第十条** 申请特困人员救助供养，应当由本人向户籍所在地乡镇人民政府（街道办事处）提出书面申请。本人申请有困难的，可以委托村（居）民委员会或者他人代为提出申请。

申请材料主要包括本人有效身份证明，劳动能力、生活来源、财产状况以及赡养、抚养、扶养情况的书面声明，承诺所提供信息真实、完整的承诺书，残疾人应当提供中华人民共和国残疾人证。

申请人及其法定义务人应当履行授权核查家庭经济状况的相关手续。

**第十一条** 乡镇人民政府（街道办事处）、村（居）民委员会应当及时了解掌握辖区内居民的生活情况，发现可能符合特困人员救助供养条件的，应当告知其救助供养政策，对因无民事行为能力或者限制民事行为能力等原因无法提出申请的，应当主动帮助其申请。

**第十二条** 乡镇人民政府（街道办事处）应当对申请人或者其代理人提交的材料进行审查，材料齐备的，予以受理；材料不齐备的，应当一次性告知申请人或者其代理人补齐所有规定材料。

## 第四章 审核确认

**第十三条** 乡镇人民政府（街道办事处）应当自受理申请之日起15个工作日内，通过入户调查、邻里访问、信函索证、信息核对等方式，对申请人的经济状况、实际生活状况以及赡养、抚养、扶养状况等进行调查核实，并提出初审意见。

申请人以及有关单位、组织或者个人应当配合调查，如实提供有关情况。村（居）民委员会应当协助乡镇人民政府（街道办事处）开展调查核实。

**第十四条** 调查核实过程中，乡镇人民政府（街道办事处）可视情组织民主评议，在村（居）民委员会协助下，对申请人书面声明内容的真实性、完整性及调查核实结果的客观性进行评议。

**第十五条** 乡镇人民政府（街道办事处）应当将初审意见及时在申请人所在村（社区）公示。公示期为7天。

公示期满无异议的，乡镇人民政府（街道办事处）应当将初审意见连同申请、调查核实等相关材料报送县级人民政府民政部门。对公示有异议的，乡镇人民政府（街道办事处）应当重新组织调查核实，在15个工作日内提出初审意见，并重新公示。

**第十六条** 县级人民政府民政部门应当全面审核乡镇人民政府（街道办事处）上报的申请材料、调查材料和初审意见，按照不低于30%的比例随机抽查核实，并在15个工作日内提出确认意见。

**第十七条** 对符合救助供养条件的申请，县级人民政府民政部门应当及时予以确认，建立救助供养档案，从确认之日下月起给予救助供养待遇，并通过乡镇人民政府（街道办事处）在申请人所在村（社区）公布。

**第十八条**　不符合条件、不予同意的，县级人民政府民政部门应当在作出决定3个工作日内，通过乡镇人民政府（街道办事处）书面告知申请人或者其代理人并说明理由。

**第十九条**　特困人员救助供养标准城乡不一致的地区，对于拥有承包土地或者参加农村集体经济收益分配的特困人员，一般给予农村特困人员救助供养待遇。实施易地扶贫搬迁至城镇地区的，给予城市特困人员救助供养待遇。

## 第五章　生活自理能力评估

**第二十条**　县级人民政府民政部门应当在乡镇人民政府（街道办事处）、村（居）民委员会协助下，对特困人员生活自理能力进行评估，并根据评估结果，确定特困人员应当享受的照料护理标准档次。

有条件的地方，可以委托第三方机构开展特困人员生活自理能力评估。

**第二十一条**　特困人员生活自理能力，一般依据以下6项指标综合评估：

（一）自主吃饭；

（二）自主穿衣；

（三）自主上下床；

（四）自主如厕；

（五）室内自主行走；

（六）自主洗澡。

**第二十二条**　根据本办法第二十一条规定内容，特困人员生活自理状况6项指标全部达到的，可以视为具备生活自理能力；有3项以下（含3项）指标不能达到的，可以视为部分丧失生活自理能力；有4项以上（含4项）指标不能达到的，可以视为完全丧失生活自理能力。

**第二十三条**　特困人员生活自理能力发生变化的，本人、照料服务人、村（居）民委员会或者供养服务机构应当通过乡镇人民政府（街道办事处）及时报告县级人民政府民政部门，县级人民政府民政部门应当自接到报告之日起10个工作日内组织复核评估，并根据评估结果及时调整特困人员生活自理能力认定类别。

## 第六章　终止救助供养

**第二十四条**　特困人员有下列情形之一的，应当及时终止救助供养：

（一）死亡或者被宣告死亡、被宣告失踪；

（二）具备或者恢复劳动能力；

（三）依法被判处刑罚，且在监狱服刑；

（四）收入和财产状况不再符合本办法第六条规定；

（五）法定义务人具有了履行义务能力或者新增具有履行义务能力的法定义务人；

（六）自愿申请退出救助供养。

特困人员中的未成年人，可继续享有救助供养待遇至18周岁；年满18周岁仍在接受义务教育或者在普通高中、中等职业学校就读的，可继续享有救助供养待遇。

**第二十五条**　特困人员不再符合救助供养条件的，本人、照料服务人、村（居）民委员会或者供养服务机构应当及时告知乡镇人民政府（街道办事处），由乡镇人民政府（街道办事处）调查核实并报县级人民政府民政部门核准。

县级人民政府民政部门、乡镇人民政府（街道办事处）在工作中发现特困人员不再符合救助供养条件的，应当及时办理终止救助供养手续。

**第二十六条**　对拟终止救助供养的特困人员，县级人民政府民政部门应当通过乡镇人民政府（街道办事处），在其所在村（社区）或者供养服务机构公示。公示期为7天。

公示期满无异议的，县级人民政府民政部门应当作出终止决定并从下月起终止救助供养。对公示有异议的，县级人民政府民政部门应当组织调查核实，在15个工作日内作出是否终止救助供养决定，并重新公示。对决定终止救助供养的，应当通过乡镇人民政府（街道办事处）将终止理由书面告知当事人、村（居）民委员会。

**第二十七条**　对终止救助供养的原特困人员，符合最低生活保障、临时救助等其他社会救助条件的，应当按规定及时纳入相应救助范围。

### 第七章　附　　则

**第二十八条**　有条件的地方可将审核确认权限下放至乡镇人民政府（街道办事处），县级民政部门加强监督指导。

**第二十九条**　本办法自2021年7月1日起施行。2016年10月10日民政部印发的《特困人员认定办法》同时废止。

## 保障农民工工资支付条例

1. 2019年12月30日国务院令第724号公布
2. 自2020年5月1日起施行

### 第一章　总　　则

**第一条**　为了规范农民工工资支付行为，保障农民工按时足额获得工资，根据《中华人民共和国劳动法》及有关法律规定，制定本条例。

**第二条**　保障农民工工资支付，适用本条例。

本条例所称农民工，是指为用人单位提供劳动的农村居民。

本条例所称工资，是指农民工为用人单位提供劳动后应当获得的劳动报酬。

**第三条**　农民工有按时足额获得工资的权利。任何单位和个人不得拖欠农民工工资。

农民工应当遵守劳动纪律和职业道德，执行劳动安全卫生规程，完成劳动任务。

**第四条**　县级以上地方人民政府对本行政区域内保障农民工工资支付工作负责，建立保障农民工工资支付工作协调机制，加强监管能力建设，健全保障农民工工资支付工作目标责任制，并纳入对本级人民政府有关部门和下级人民政府进行考核和监督的内容。

乡镇人民政府、街道办事处应当加强对拖欠农民工工资矛盾的排查和调处工作，防范和化解矛盾，及时调解纠纷。

**第五条**　保障农民工工资支付，应当坚持市场主体负责、政府依法监管、社会协同监督，按照源头治理、预防为主、防治结合、标本兼治的要求，依法根治拖欠农民工工资问题。

**第六条**　用人单位实行农民工劳动用工实名制管理，与招用的农民工书面约定或者通过依法制定的规章制度规定工资支付标准、支付时间、支付方式等内容。

**第七条**　人力资源社会保障行政部门负责保障农民工工资支付工作的组织协调、管理指导和农民工工资支付情况的监督检查，查处有关拖欠农民工工资案件。

住房城乡建设、交通运输、水利等相关行业工程建设主管部门按照职责履行行业监管责任，督办因违法发包、转包、违法分包、挂靠、拖欠工程款等导致的拖欠农民工工资案件。

发展改革等部门按照职责负责政府投资项目的审批管理，依法审查政府投资项目的资金来源和筹措方式，按规定及时安排政府投资，加强社会信用体系建设，组织对拖欠农民工工资失信联合惩戒对象依法依规予以限制和惩戒。

财政部门负责政府投资资金的预算管理，根据经批准的预算按规定及时足额拨付政府投资资金。

公安机关负责及时受理、侦办涉嫌拒不支付劳动报酬刑事案件，依法处置因农民工工资拖欠引发的社会治安案件。

司法行政、自然资源、人民银行、审计、国有资产管理、税务、市场监管、金融监管等部门，按照职责做好与保障农民工工资支付相关的工作。

**第八条**　工会、共产主义青年团、妇女联合会、残疾人联合会等组织按照职责依法维护农民工获得工资的权利。

**第九条**　新闻媒体应当开展保障农民工工资支付法律法规政策的公益宣传和先进典型的报道，依法加强对拖欠农民工工资违法行为的舆论监督，引导用人单位增强依法用工、按时足额支付工资的法律意识，引导农民工依法维权。

**第十条**　被拖欠工资的农民工有权依法投诉，或者申请劳动争议调解仲裁和提起诉讼。

任何单位和个人对拖欠农民工工资的行为，有权向人力资源社会保障行政部门或者其他有关部门举报。

人力资源社会保障行政部门和其他有关部门应当公开举报投诉电话、网站等渠道，依法接受对拖欠农民工工资行为的举报、投诉。对于举报、投诉的处理实行首问负责制，属于本部门受理的，应当依法及时处理；不属于本部门受理的，应当及时转送相关部门，相关部门应当依法及时处理，并将处理结果告知举报、投诉人。

## 第二章 工资支付形式与周期

**第十一条** 农民工工资应当以货币形式，通过银行转账或者现金支付给农民工本人，不得以实物或者有价证券等其他形式替代。

**第十二条** 用人单位应当按照与农民工书面约定或者依法制定的规章制度规定的工资支付周期和具体支付日期足额支付工资。

**第十三条** 实行月、周、日、小时工资制的，按照月、周、日、小时为周期支付工资；实行计件工资制的，工资支付周期由双方依法约定。

**第十四条** 用人单位与农民工书面约定或者依法制定的规章制度规定的具体支付日期，可以在农民工提供劳动的当期或者次期。具体支付日期遇法定节假日或者休息日的，应当在法定节假日或者休息日前支付。

用人单位因不可抗力未能在支付日期支付工资的，应当在不可抗力消除后及时支付。

**第十五条** 用人单位应当按照工资支付周期编制书面工资支付台账，并至少保存3年。

书面工资支付台账应当包括用人单位名称，支付周期，支付日期，支付对象姓名、身份证号码、联系方式，工作时间，应发工资项目及数额，代扣、代缴、扣除项目和数额，实发工资数额，银行代发工资凭证或者农民工签字等内容。

用人单位向农民工支付工资时，应当提供农民工本人的工资清单。

## 第三章 工资清偿

**第十六条** 用人单位拖欠农民工工资的，应当依法予以清偿。

**第十七条** 不具备合法经营资格的单位招用农民工，农民工已经付出劳动而未获得工资的，依照有关法律规定执行。

**第十八条** 用工单位使用个人、不具备合法经营资格的单位或者未依法取得劳务派遣许可证的单位派遣的农民工，拖欠农民工工资的，由用工单位清偿，并可以依法进行追偿。

**第十九条** 用人单位将工作任务发包给个人或者不具备合法经营资格的单位，导致拖欠所招用农民工工资的，依照有关法律规定执行。

用人单位允许个人、不具备合法经营资格或者未取得相应资质的单位以用人单位的名义对外经营，导致拖欠所招用农民工工资的，由用人单位清偿，并可以依法进行追偿。

**第二十条** 合伙企业、个人独资企

业、个体经济组织等用人单位拖欠农民工工资的，应当依法予以清偿；不清偿的，由出资人依法清偿。

**第二十一条**　用人单位合并或者分立时，应当在实施合并或者分立前依法清偿拖欠的农民工工资；经与农民工书面协商一致的，可以由合并或者分立后承继其权利和义务的用人单位清偿。

**第二十二条**　用人单位被依法吊销营业执照或者登记证书、被责令关闭、被撤销或者依法解散的，应当在申请注销登记前依法清偿拖欠的农民工工资。

未依据前款规定清偿农民工工资的用人单位主要出资人，应当在注册新用人单位前清偿拖欠的农民工工资。

## 第四章　工程建设领域特别规定

**第二十三条**　建设单位应当有满足施工所需要的资金安排。没有满足施工所需要的资金安排的，工程建设项目不得开工建设；依法需要办理施工许可证的，相关行业工程建设主管部门不予颁发施工许可证。

政府投资项目所需资金，应当按照国家有关规定落实到位，不得由施工单位垫资建设。

**第二十四条**　建设单位应当向施工单位提供工程款支付担保。

建设单位与施工总承包单位依法订立书面工程施工合同，应当约定工程款计量周期、工程款进度结算办法以及人工费用拨付周期，并按照保障农民工工资按时足额支付的要求约定人工费用。人工费用拨付周期不得超过 1 个月。

建设单位与施工总承包单位应当将工程施工合同保存备查。

**第二十五条**　施工总承包单位与分包单位依法订立书面分包合同，应当约定工程款计量周期、工程款进度结算办法。

**第二十六条**　施工总承包单位应当按照有关规定开设农民工工资专用账户，专项用于支付该工程建设项目农民工工资。

开设、使用农民工工资专用账户有关资料应当由施工总承包单位妥善保存备查。

**第二十七条**　金融机构应当优化农民工工资专用账户开设服务流程，做好农民工工资专用账户的日常管理工作；发现资金未按约定拨付等情况的，及时通知施工总承包单位，由施工总承包单位报告人力资源社会保障行政部门和相关行业工程建设主管部门，并纳入欠薪预警系统。

工程完工且未拖欠农民工工资的，施工总承包单位公示 30 日后，可以申请注销农民工工资专用账户，账户内余额归施工总承包单位所有。

**第二十八条**　施工总承包单位或者分包单位应当依法与所招用的农民工订立劳动合同并进行用工实名登记，具备条件的行业应当通过相应的管理服务信息平台进行用工实名登记、管理。未与施工总承包单位或者分包单位订立劳动合同并进行用工实名登记的人员，不得进入项目现场施工。

施工总承包单位应当在工程项目部配备劳资专管员，对分包单位劳动用工实施监督管理，掌握施工现场用工、考勤、工资支付等情况，审核分包单位编制的农民工工资支付表，分包单位应当予以配合。

施工总承包单位、分包单位应当建立用工管理台账，并保存至工程完工且工资全部结清后至少3年。

**第二十九条** 建设单位应当按照合同约定及时拨付工程款，并将人工费用及时足额拨付至农民工工资专用账户，加强对施工总承包单位按时足额支付农民工工资的监督。

因建设单位未按照合同约定及时拨付工程款导致农民工工资拖欠的，建设单位应当以未结清的工程款为限先行垫付被拖欠的农民工工资。

建设单位应当以项目为单位建立保障农民工工资支付协调机制和工资拖欠预防机制，督促施工总承包单位加强劳动用工管理，妥善处理与农民工工资支付相关的矛盾纠纷。发生农民工集体讨薪事件的，建设单位应当会同施工总承包单位及时处理，并向项目所在地人力资源社会保障行政部门和相关行业工程建设主管部门报告有关情况。

**第三十条** 分包单位对所招用农民工的实名制管理和工资支付负直接责任。

施工总承包单位对分包单位劳动用工和工资发放等情况进行监督。

分包单位拖欠农民工工资的，由施工总承包单位先行清偿，再依法进行追偿。

工程建设项目转包，拖欠农民工工资的，由施工总承包单位先行清偿，再依法进行追偿。

**第三十一条** 工程建设领域推行分包单位农民工工资委托施工总承包单位代发制度。

分包单位应当按月考核农民工工作量并编制工资支付表，经农民工本人签字确认后，与当月工程进度等情况一并交施工总承包单位。

施工总承包单位根据分包单位编制的工资支付表，通过农民工工资专用账户直接将工资支付到农民工本人的银行账户，并向分包单位提供代发工资凭证。

用于支付农民工工资的银行账户所绑定的农民工本人社会保障卡或者银行卡，用人单位或者其他人员不得以任何理由扣押或者变相扣押。

**第三十二条** 施工总承包单位应当按照有关规定存储工资保证金，专项用于支付为所承包工程提供劳动的农民工被拖欠的工资。

工资保证金实行差异化存储办法，对一定时期内未发生工资拖欠的单位实行减免措施，对发生工资拖欠的单位适当提高存储比例。工资保证金可以用金融机构保函替代。

工资保证金的存储比例、存储形式、减免措施等具体办法，由国务院人力资源社会保障行政部门会同有关部门制定。

**第三十三条** 除法律另有规定外，农民工工资专用账户资金和工资保证金不得因支付为本项目提供劳动的农民工工资之外的原因被查封、冻结或者划拨。

**第三十四条** 施工总承包单位应当在施工现场醒目位置设立维权信息告示牌，明示下列事项：

（一）建设单位、施工总承包单位及所在项目部、分包单位、相关行业工程建设主管部门、劳资专管员等基本信息；

（二）当地最低工资标准、工资支付日期等基本信息；

（三）相关行业工程建设主管部门和劳动保障监察投诉举报电话、劳动争议调解仲裁申请渠道、法律援助申请渠道、公共法律服务热线等信息。

**第三十五条** 建设单位与施工总承包单位或者承包单位与分包单位因工程数量、质量、造价等产生争议的，建设单位不得因争议不按照本条例第二十四条的规定拨付工程款中的人工费用，施工总承包单位也不得因争议不按照规定代发工资。

**第三十六条** 建设单位或者施工总承包单位将建设工程发包或者分包给个人或者不具备合法经营资格的单位，导致拖欠农民工工资的，由建设单位或者施工总承包单位清偿。

施工单位允许其他单位和个人以施工单位的名义对外承揽建设工程，导致拖欠农民工工资的，由施工单位清偿。

**第三十七条** 工程建设项目违反国土空间规划、工程建设等法律法规，导致拖欠农民工工资的，由建设单位清偿。

## 第五章 监督检查

**第三十八条** 县级以上地方人民政府应当建立农民工工资支付监控预警平台，实现人力资源社会保障、发展改革、司法行政、财政、住房城乡建设、交通运输、水利等部门的工程项目审批、资金落实、施工许可、劳动用工、工资支付等信息及时共享。

人力资源社会保障行政部门根据水电燃气供应、物业管理、信贷、税收等反映企业生产经营相关指标的变化情况，及时监控和预警工资支付隐患并做好防范工作，市场监管、金融监管、税务等部门应当予以配合。

**第三十九条** 人力资源社会保障行政部门、相关行业工程建设主管部门和其他有关部门应当按照职责，加强对用人单位与农民工签订劳动合同、工资支付以及工程建设项目实行农民工实名制管理、农民工工资专用账户管理、施工总承包单位代发工资、工资保证金存储、维权信息公示等情况的监督检查，预防和减少拖欠农民工工资行为的发生。

**第四十条** 人力资源社会保障行政部门在查处拖欠农民工工资案件时，需要依法查询相关单位金融账户和相关当事人拥有房产、车辆等情况的，应当经设区的市级以上地方人民政府人力资源社会保障行政部门负责人批准，有关金融机构和登记部门应当予以配合。

**第四十一条** 人力资源社会保障行

政部门在查处拖欠农民工工资案件时，发生用人单位拒不配合调查、清偿责任主体及相关当事人无法联系等情形的，可以请求公安机关和其他有关部门协助处理。

人力资源社会保障行政部门发现拖欠农民工工资的违法行为涉嫌构成拒不支付劳动报酬罪的，应当按照有关规定及时移送公安机关审查并作出决定。

**第四十二条** 人力资源社会保障行政部门作出责令支付被拖欠的农民工工资的决定，相关单位不支付的，可以依法申请人民法院强制执行。

**第四十三条** 相关行业工程建设主管部门应当依法规范本领域建设市场秩序，对违法发包、转包、违法分包、挂靠等行为进行查处，并对导致拖欠农民工工资的违法行为及时予以制止、纠正。

**第四十四条** 财政部门、审计机关和相关行业工程建设主管部门按照职责，依法对政府投资项目建设单位按照工程施工合同约定向农民工工资专用账户拨付资金情况进行监督。

**第四十五条** 司法行政部门和法律援助机构应当将农民工列为法律援助的重点对象，并依法为请求支付工资的农民工提供便捷的法律援助。

公共法律服务相关机构应当积极参与相关诉讼、咨询、调解等活动，帮助解决拖欠农民工工资问题。

**第四十六条** 人力资源社会保障行政部门、相关行业工程建设主管部门和其他有关部门应当按照“谁执法谁普法”普法责任制的要求，通过以案释法等多种形式，加大对保障农民工工资支付相关法律法规的普及宣传。

**第四十七条** 人力资源社会保障行政部门应当建立用人单位及相关责任人劳动保障守法诚信档案，对用人单位开展守法诚信等级评价。

用人单位有严重拖欠农民工工资违法行为的，由人力资源社会保障行政部门向社会公布，必要时可以通过召开新闻发布会等形式向媒体公开曝光。

**第四十八条** 用人单位拖欠农民工工资，情节严重或者造成严重不良社会影响的，有关部门应当将该用人单位及其法定代表人或者主要负责人、直接负责的主管人员和其他直接责任人员列入拖欠农民工工资失信联合惩戒对象名单，在政府资金支持、政府采购、招投标、融资贷款、市场准入、税收优惠、评优评先、交通出行等方面依法依规予以限制。

拖欠农民工工资需要列入失信联合惩戒名单的具体情形，由国务院人力资源社会保障行政部门规定。

**第四十九条** 建设单位未依法提供工程款支付担保或者政府投资项目拖欠工程款，导致拖欠农民工工资的，县级以上地方人民政府应当限制其新建项目，并记入信用记录，纳入国家信用信息系统进行公示。

**第五十条** 农民工与用人单位就拖欠工资存在争议，用人单位应当提供依法由其保存的劳动合同、职工名册、工资支付台账和清单等材料；不提供的，依法承担不利后果。

**第五十一条** 工会依法维护农民工工资权益，对用人单位工资支付情况进行监督；发现拖欠农民工工资的，可以要求用人单位改正，拒不改正的，可以请求人力资源社会保障行政部门和其他有关部门依法处理。

**第五十二条** 单位或者个人编造虚假事实或者采取非法手段讨要农民工工资，或者以拖欠农民工工资为名讨要工程款的，依法予以处理。

## 第六章 法律责任

**第五十三条** 违反本条例规定拖欠农民工工资的，依照有关法律规定执行。

**第五十四条** 有下列情形之一的，由人力资源社会保障行政部门责令限期改正；逾期不改正的，对单位处2万元以上5万元以下的罚款，对法定代表人或者主要负责人、直接负责的主管人员和其他直接责任人员处1万元以上3万元以下的罚款：

（一）以实物、有价证券等形式代替货币支付农民工工资；

（二）未编制工资支付台账并依法保存，或者未向农民工提供工资清单；

（三）扣押或者变相扣押用于支付农民工工资的银行账户所绑定的农民工本人社会保障卡或者银行卡。

**第五十五条** 有下列情形之一的，由人力资源社会保障行政部门、相关行业工程建设主管部门按照职责责令限期改正；逾期不改正的，责令项目停工，并处5万元以上10万元以下的罚款；情节严重的，给予施工单位限制承接新工程、降低资质等级、吊销资质证书等处罚：

（一）施工总承包单位未按规定开设或者使用农民工工资专用账户；

（二）施工总承包单位未按规定存储工资保证金或者未提供金融机构保函；

（三）施工总承包单位、分包单位未实行劳动用工实名制管理。

**第五十六条** 有下列情形之一的，由人力资源社会保障行政部门、相关行业工程建设主管部门按照职责责令限期改正；逾期不改正的，处5万元以上10万元以下的罚款：

（一）分包单位未按月考核农民工工作量、编制工资支付表并经农民工本人签字确认；

（二）施工总承包单位未对分包单位劳动用工实施监督管理；

（三）分包单位未配合施工总承包单位对其劳动用工进行监督管理；

（四）施工总承包单位未实行施工现场维权信息公示制度。

**第五十七条** 有下列情形之一的，由人力资源社会保障行政部门、相关行业工程建设主管部门按照职责责令限期改正；逾期不改正的，责令项目停工，并处5万元以上10万元以下的罚款：

（一）建设单位未依法提供工程款支付担保；

（二）建设单位未按约定及时足额向农民工工资专用账户拨付工程款中的

人工费用；

（三）建设单位或者施工总承包单位拒不提供或者无法提供工程施工合同、农民工工资专用账户有关资料。

**第五十八条** 不依法配合人力资源社会保障行政部门查询相关单位金融账户的，由金融监管部门责令改正；拒不改正的，处2万元以上5万元以下的罚款。

**第五十九条** 政府投资项目政府投资资金不到位拖欠农民工工资的，由人力资源社会保障行政部门报本级人民政府批准，责令限期足额拨付所拖欠的资金；逾期不拨付的，由上一级人民政府人力资源社会保障行政部门约谈直接责任部门和相关监管部门负责人，必要时进行通报，约谈地方人民政府负责人。情节严重的，对地方人民政府及其有关部门负责人、直接负责的主管人员和其他直接责任人员依法依规给予处分。

**第六十条** 政府投资项目建设单位未经批准立项建设、擅自扩大建设规模、擅自增加投资概算、未及时拨付工程款等导致拖欠农民工工资的，除依法承担责任外，由人力资源社会保障行政部门、其他有关部门按照职责约谈建设单位负责人，并作为其业绩考核、薪酬分配、评优评先、职务晋升等的重要依据。

**第六十一条** 对于建设资金不到位、违法违规开工建设的社会投资工程建设项目拖欠农民工工资的，由人力资源社会保障行政部门、其他有关部门按照职责依法对建设单位进行处罚；对建设单位负责人依法依规给予处分。相关部门工作人员未依法履行职责的，由有关机关依法依规给予处分。

**第六十二条** 县级以上地方人民政府人力资源社会保障、发展改革、财政、公安等部门和相关行业工程建设主管部门工作人员，在履行农民工工资支付监督管理职责过程中滥用职权、玩忽职守、徇私舞弊的，依法依规给予处分；构成犯罪的，依法追究刑事责任。

## 第七章 附　　则

**第六十三条** 用人单位一时难以支付拖欠的农民工工资或者拖欠农民工工资逃匿的，县级以上地方人民政府可以动用应急周转金，先行垫付用人单位拖欠的农民工部分工资或者基本生活费。对已经垫付的应急周转金，应当依法向拖欠农民工工资的用人单位进行追偿。

**第六十四条** 本条例自2020年5月1日起施行。

# 工程建设领域农民工工资保证金规定

1. 2021年8月17日人力资源社会保障部、住房和城乡建设部、交通运输部、水利部、银保监会、铁路局、民航局印发
2. 人社部发〔2021〕65号

## 第一章 总　　则

**第一条** 为依法保护农民工工资权

益，发挥工资保证金在解决拖欠农民工工资问题中的重要作用，根据《保障农民工工资支付条例》，制定本规定。

**第二条** 本规定所指工资保证金，是指工程建设领域施工总承包单位（包括直接承包建设单位发包工程的专业承包企业）在银行设立账户并按照工程施工合同额的一定比例存储，专项用于支付为所承包工程提供劳动的农民工被拖欠工资的专项资金。

工资保证金可以用银行类金融机构出具的银行保函替代，有条件的地区还可探索引入工程担保公司保函或工程保证保险。

**第三条** 工程建设领域工资保证金的存储比例、存储形式、减免措施以及使用返还等事项适用本规定。

**第四条** 各省级人力资源社会保障行政部门负责组织实施本行政区工资保证金制度。

地方人力资源社会保障行政部门应建立健全与本地区行业工程建设主管部门和金融监管部门的会商机制，加强信息通报和执法协作，确保工资保证金制度规范平稳运行。

**第五条** 工资保证金制度原则上由地市级人力资源社会保障行政部门具体管理，有条件的地区可逐步将管理层级上升为省级人力资源社会保障行政部门。

实施具体管理的地市级或省级人力资源社会保障行政部门，以下简称"属地人力资源社会保障行政部门"；对应的行政区，以下统称"工资保证金管理地区"。

同一工程地理位置涉及两个或两个以上工资保证金管理地区，发生管辖争议的，由共同的上一级人力资源社会保障行政部门商同级行业工程建设主管部门指定管辖。

## 第二章 工资保证金存储

**第六条** 施工总承包单位应当在工程所在地的银行存储工资保证金或申请开立银行保函。

**第七条** 经办工资保证金的银行（以下简称经办银行）依法办理工资保证金账户开户、存储、查询、支取、销户及开立保函等业务，应具备以下条件：

（一）在工程所在的工资保证金管理地区设有分支机构；

（二）信用等级良好、服务水平优良，并承诺按照监管要求提供工资保证金业务服务。

**第八条** 施工总承包单位应当自工程取得施工许可证（开工报告批复）之日起20个工作日内（依法不需要办理施工许可证或批准开工报告的工程自签订施工合同之日起20个工作日之内），持营业执照副本、与建设单位签订的施工合同在经办银行开立工资保证金专门账户存储工资保证金。

行业工程建设主管部门应当在颁发施工许可证或批准开工报告时告知相关单位及时存储工资保证金。

**第九条** 存储工资保证金的施工总

承包单位应与经办银行签订《农民工工资保证金存款协议书》(附件1),并将协议书副本送属地人力资源社会保障行政部门备案。

**第十条** 经办银行应当规范工资保证金账户开户工作,为存储工资保证金提供必要的便利,与开户单位核实账户性质,在业务系统中对工资保证金账户进行特殊标识,并在相关网络查控平台、电子化专线信息传输系统等作出整体限制查封、冻结或划拨设置,防止被不当查封、冻结或划拨,保障资金安全。

**第十一条** 工资保证金按工程施工合同额(或年度合同额)的一定比例存储,原则上不低于1%,不超过3%,单个工程合同额较高的,可设定存储上限。

施工总承包单位在同一工资保证金管理地区有多个在建工程,存储比例可适当下浮但不得低于施工合同额(或年度合同额)的0.5%。

施工合同额低于300万元的工程,且该工程的施工总承包单位在签订施工合同前一年内承建的工程未发生工资拖欠的,各地区可结合行业保障农民工工资支付实际,免除该工程存储工资保证金。

前款规定的施工合同额可适当调整,调整范围由省级人力资源社会保障行政部门会同行业工程建设主管部门确定,并报人力资源社会保障部、住房和城乡建设部、交通运输部、水利部、铁路局、民航局备案。

**第十二条** 施工总承包单位存储工资保证金或提交银行保函后,在工资保证金管理地区承建工程连续2年未发生工资拖欠的,其新增工程应降低存储比例,降幅不低于50%;连续3年未发生工资拖欠且按要求落实用工实名制管理和农民工工资专用账户制度的,其新增工程可免于存储工资保证金。

施工总承包单位存储工资保证金或提交银行保函前2年内在工资保证金管理地区承建工程发生工资拖欠的,工资保证金存储比例应适当提高,增幅不低于50%;因拖欠农民工工资被纳入"严重失信主体名单"的,增幅不低于100%。

**第十三条** 工资保证金具体存储比例及浮动办法由省级人力资源社会保障行政部门商同级行业工程建设主管部门研究确定,报人力资源社会保障部备案。工资保证金存储比例应根据本行政区保障农民工工资支付实际情况实行定期动态调整,主动向社会公布。

**第十四条** 工资保证金账户内本金和利息归开立账户的施工总承包单位所有。在工资保证金账户被监管期间,企业可自由提取和使用工资保证金的利息及其他合法收益。

除符合本规定第十九条规定的情形,其他任何单位和个人不得动用工资保证金账户内本金。

**第十五条** 施工总承包单位可选择以银行保函替代现金存储工资保证金,保函担保金额不得低于按规定比例计算应存储的工资保证金数额。

保函正本由属地人力资源社会保障行政部门保存。

**第十六条**　银行保函应以属地人力资源社会保障行政部门为受益人，保函性质为不可撤销见索即付保函（附件2）。

施工总承包单位所承包工程发生拖欠农民工工资，经人力资源社会保障行政部门依法作出责令限期清偿或先行清偿的行政处理决定，到期拒不清偿时，由经办银行依照保函承担担保责任。

**第十七条**　施工总承包单位应在其工程施工期内提供有效的保函，保函有效期至少为1年并不得短于合同期。工程未完工保函到期的，属地人力资源社会保障行政部门应在保函到期前一个月提醒施工总承包单位更换新的保函或延长保函有效期。

**第十八条**　属地人力资源社会保障行政部门应当将存储工资保证金或开立银行保函的施工总承包单位名单及对应的工程名称向社会公布，施工总承包单位应当将本工程落实工资保证金制度情况纳入维权信息告示牌内容。

## 第三章　工资保证金使用

**第十九条**　施工总承包单位所承包工程发生拖欠农民工工资的，经人力资源社会保障行政部门依法作出责令限期清偿或先行清偿的行政处理决定，施工总承包单位到期拒不履行的，属地人力资源社会保障行政部门可以向经办银行出具《农民工工资保证金支付通知书》（附件3，以下简称《支付通知书》），书面通知有关施工总承包单位和经办银行。经办银行应在收到《支付通知书》5个工作日内，从工资保证金账户中将相应数额的款项以银行转账方式支付给属地人力资源社会保障行政部门指定的被拖欠工资农民工本人。

施工总承包单位采用银行保函替代工资保证金，发生前款情形的，提供银行保函的经办银行应在收到《支付通知书》5个工作日内，依照银行保函约定支付农民工工资。

**第二十条**　工资保证金使用后，施工总承包单位应当自使用之日起10个工作日内将工资保证金补足。

采用银行保函替代工资保证金发生前款情形的，施工总承包单位应在10个工作日内提供与原保函相同担保范围和担保金额的新保函。施工总承包单位开立新保函后，原保函即行失效。

**第二十一条**　经办银行应每季度分别向施工总承包单位和属地人力资源社会保障行政部门提供工资保证金存款对账单。

**第二十二条**　工资保证金对应的工程完工，施工总承包单位作出书面承诺该工程不存在未解决的拖欠农民工工资问题，并在施工现场维权信息告示牌及属地人力资源社会保障行政部门门户网站公示30日后，可以申请返还工资保证金或银行保函正本。

属地人力资源社会保障行政部门自施工总承包单位提交书面申请5个工作日内审核完毕，并在审核完毕3个工作日内向经办银行和施工总承包单位出具工资保证金返还(销户)确认书。经办银行收到确认书后,工资保证金账户解除监管,相应款项不再属于工资保证金,施工总承包单位可自由支配账户资金或办理账户销户。

选择使用银行保函替代现金存储工资保证金并符合本条第一款规定的,属地人力资源社会保障行政部门自施工总承包单位提交书面申请5个工作日内审核完毕,并在审核完毕3个工作日内返还银行保函正本。

属地人力资源社会保障行政部门在审核过程中发现工资保证金对应工程存在未解决的拖欠农民工工资问题,应在审核完毕3个工作日内书面告知施工总承包单位,施工总承包单位依法履行清偿(先行清偿)责任后,可再次提交返还工资保证金或退还银行保函正本的书面申请。

属地人力资源社会保障行政部门应建立工资保证金定期(至少每半年一次)清查机制,对经核实工程完工且不存在拖欠农民工工资问题,施工总承包单位在一定期限内未提交返还申请的,应主动启动返还程序。

**第二十三条**　施工总承包单位认为行政部门的行政行为损害其合法权益的,可以依法申请行政复议或者向人民法院提起行政诉讼。

## 第四章　工资保证金监管

**第二十四条**　工资保证金实行专款专用,除用于清偿或先行清偿施工总承包单位所承包工程拖欠农民工工资外,不得用于其他用途。

除法律另有规定外,工资保证金不得因支付为本工程提供劳动的农民工工资之外的原因被查封、冻结或者划拨。

**第二十五条**　人力资源社会保障行政部门应加强监管,对施工总承包单位未依据《保障农民工工资支付条例》和本规定存储、补足工资保证金(或提供、更新保函)的,应按照《保障农民工工资支付条例》第五十五条规定追究其法律责任。

**第二十六条**　属地人力资源社会保障行政部门要建立工资保证金管理台账,严格规范财务、审计制度,加强账户监管,确保专款专用。

行业工程建设主管部门对在日常监督检查中发现的未按规定存储工资保证金问题,应及时通报同级人力资源社会保障行政部门。对未按规定执行工资保证金制度的施工单位,除依法给予行政处罚(处理)外,应按照有关规定计入其信用记录,依法实施信用惩戒。

对行政部门擅自减免、超限额收缴、违规挪用、无故拖延返还工资保证金的,要严肃追究责任,依法依规对有关责任人员实行问责;涉嫌犯罪的,移送司法机关处理。

## 第五章　附　　则

**第二十七条**　房屋市政、铁路、公

路、水路、民航、水利领域之外的其他工程，参照本规定执行。

采用工程担保公司保函或工程保证保险方式代替工资保证金的，参照银行保函的相关规定执行。

**第二十八条** 本规定由人力资源社会保障部会同住房和城乡建设部、交通运输部、水利部、银保监会、铁路局、民航局负责解释。各地区可根据本规定并结合工作实际，制定具体实施办法，并向人力资源社会保障部、住房和城乡建设部、交通运输部、水利部、银保监会、铁路局、民航局备案。在贯彻实施中遇到的重大问题，请及时向人力资源社会保障部报告。

**第二十九条** 本规定自2021年11月1日起施行。

本规定施行前已按属地原有工资保证金政策存储的工资保证金或保函继续有效，其日常管理、动用和返还等按照原有规定执行；本规定施行后新开工工程和尚未存储工资保证金的在建工程工资保证金按照本规定及各地区具体实施办法执行。

附件：

1. 农民工工资保证金存款协议书（样本）（略）

2. 农民工工资保证金银行保函（样本）（略）

3. 农民工工资保证金支付通知书（样本）（略）

# 农村五保供养工作条例

1. 2006年1月21日国务院令第456号公布
2. 自2006年3月1日起施行

## 第一章 总 则

**第一条** 为了做好农村五保供养工作，保障农村五保供养对象的正常生活，促进农村社会保障制度的发展，制定本条例。

**第二条** 本条例所称农村五保供养，是指依照本条例规定，在吃、穿、住、医、葬方面给予村民的生活照顾和物质帮助。

**第三条** 国务院民政部门主管全国的农村五保供养工作；县级以上地方各级人民政府民政部门主管本行政区域内的农村五保供养工作。

乡、民族乡、镇人民政府管理本行政区域内的农村五保供养工作。

村民委员会协助乡、民族乡、镇人民政府开展农村五保供养工作。

**第四条** 国家鼓励社会组织和个人为农村五保供养对象和农村五保供养工作提供捐助和服务。

**第五条** 国家对在农村五保供养工作中做出显著成绩的单位和个人，给予表彰和奖励。

## 第二章 供养对象

**第六条** 老年、残疾或者未满16周岁的村民,无劳动能力、无生活来源又无法定赡养、抚养、扶养义务人,或者其法定赡养、抚养、扶养义务人无赡养、抚养、扶养能力的,享受农村五保供养待遇。

**第七条** 享受农村五保供养待遇,应当由村民本人向村民委员会提出申请;因年幼或者智力残疾无法表达意愿的,由村民小组或者其他村民代为提出申请。经村民委员会民主评议,对符合本条例第六条规定条件的,在本村范围内公告;无重大异议的,由村民委员会将评议意见和有关材料报送乡、民族乡、镇人民政府审核。

乡、民族乡、镇人民政府应当自收到评议意见之日起20日内提出审核意见,并将审核意见和有关材料报送县级人民政府民政部门审批。县级人民政府民政部门应当自收到审核意见和有关材料之日起20日内作出审批决定。对批准给予农村五保供养待遇的,发给《农村五保供养证书》;对不符合条件不予批准的,应当书面说明理由。

乡、民族乡、镇人民政府应当对申请人的家庭状况和经济条件进行调查核实;必要时,县级人民政府民政部门可以进行复核。申请人、有关组织或者个人应当配合、接受调查,如实提供有关情况。

**第八条** 农村五保供养对象不再符合本条例第六条规定条件的,村民委员会或者敬老院等农村五保供养服务机构(以下简称农村五保供养服务机构)应当向乡、民族乡、镇人民政府报告,由乡、民族乡、镇人民政府审核并报县级人民政府民政部门核准后,核销其《农村五保供养证书》。

农村五保供养对象死亡,丧葬事宜办理完毕后,村民委员会或者农村五保供养服务机构应当向乡、民族乡、镇人民政府报告,由乡、民族乡、镇人民政府报县级人民政府民政部门核准后,核销其《农村五保供养证书》。

## 第三章 供养内容

**第九条** 农村五保供养包括下列供养内容:

(一)供给粮油、副食品和生活用燃料;

(二)供给服装、被褥等生活用品和零用钱;

(三)提供符合基本居住条件的住房;

(四)提供疾病治疗,对生活不能自理的给予照料;

(五)办理丧葬事宜。

农村五保供养对象未满16周岁或者已满16周岁仍在接受义务教育的,应当保障他们依法接受义务教育所需费用。

农村五保供养对象的疾病治疗,应当与当地农村合作医疗和农村医疗救助制度相衔接。

**第十条** 农村五保供养标准不得低于当地村民的平均生活水平，并根据当地村民平均生活水平的提高适时调整。

农村五保供养标准，可以由省、自治区、直辖市人民政府制定，在本行政区域内公布执行，也可以由设区的市级或者县级人民政府制定，报所在的省、自治区、直辖市人民政府备案后公布执行。

国务院民政部门、国务院财政部门应当加强对农村五保供养标准制定工作的指导。

**第十一条** 农村五保供养资金，在地方人民政府财政预算中安排。有农村集体经营等收入的地方，可以从农村集体经营等收入中安排资金，用于补助和改善农村五保供养对象的生活。农村五保供养对象将承包土地交由他人代耕的，其收益归该农村五保供养对象所有。具体办法由省、自治区、直辖市人民政府规定。

中央财政对财政困难地区的农村五保供养，在资金上给予适当补助。

农村五保供养资金，应当专门用于农村五保供养对象的生活，任何组织或者个人不得贪污、挪用、截留或者私分。

## 第四章 供养形式

**第十二条** 农村五保供养对象可以在当地的农村五保供养服务机构集中供养，也可以在家分散供养。农村五保供养对象可以自行选择供养形式。

**第十三条** 集中供养的农村五保供养对象，由农村五保供养服务机构提供供养服务；分散供养的农村五保供养对象，可以由村民委员会提供照料，也可以由农村五保供养服务机构提供有关供养服务。

**第十四条** 各级人民政府应当把农村五保供养服务机构建设纳入经济社会发展规划。

县级人民政府和乡、民族乡、镇人民政府应当为农村五保供养服务机构提供必要的设备、管理资金，并配备必要的工作人员。

**第十五条** 农村五保供养服务机构应当建立健全内部民主管理和服务管理制度。

农村五保供养服务机构工作人员应当经过必要的培训。

**第十六条** 农村五保供养服务机构可以开展以改善农村五保供养对象生活条件为目的的农副业生产。地方各级人民政府及其有关部门应当对农村五保供养服务机构开展农副业生产给予必要的扶持。

**第十七条** 乡、民族乡、镇人民政府应当与村民委员会或者农村五保供养服务机构签订供养服务协议，保证农村五保供养对象享受符合要求的供养。

村民委员会可以委托村民对分散供养的农村五保供养对象提供照料。

## 第五章 监督管理

**第十八条** 县级以上人民政府应当依法加强对农村五保供养工作的监督管理。县级以上地方各级人民政府民政部门和乡、民族乡、镇人民政府应当制定农村五保供养工作的管理制度，并负责督促实施。

**第十九条**　财政部门应当按时足额拨付农村五保供养资金，确保资金到位，并加强对资金使用情况的监督管理。

审计机关应当依法加强对农村五保供养资金使用情况的审计。

**第二十条**　农村五保供养待遇的申请条件、程序、民主评议情况以及农村五保供养的标准和资金使用情况等，应当向社会公告，接受社会监督。

**第二十一条**　农村五保供养服务机构应当遵守治安、消防、卫生、财务会计等方面的法律、法规和国家有关规定，向农村五保供养对象提供符合要求的供养服务，并接受地方人民政府及其有关部门的监督管理。

## 第六章　法律责任

**第二十二条**　违反本条例规定，有关行政机关及其工作人员有下列行为之一的，对直接负责的主管人员以及其他直接责任人员依法给予行政处分；构成犯罪的，依法追究刑事责任：

（一）对符合农村五保供养条件的村民不予批准享受农村五保供养待遇的，或者对不符合农村五保供养条件的村民批准其享受农村五保供养待遇的；

（二）贪污、挪用、截留、私分农村五保供养款物的；

（三）有其他滥用职权、玩忽职守、徇私舞弊行为的。

**第二十三条**　违反本条例规定，村民委员会组成人员贪污、挪用、截留农村五保供养款物的，依法予以罢免；构成犯罪的，依法追究刑事责任。

违反本条例规定，农村五保供养服务机构工作人员私分、挪用、截留农村五保供养款物的，予以辞退；构成犯罪的，依法追究刑事责任。

**第二十四条**　违反本条例规定，村民委员会或者农村五保供养服务机构对农村五保供养对象提供的供养服务不符合要求的，由乡、民族乡、镇人民政府责令限期改正；逾期不改正的，乡、民族乡、镇人民政府有权终止供养服务协议；造成损失的，依法承担赔偿责任。

## 第七章　附　　则

**第二十五条**　《农村五保供养证书》由国务院民政部门规定式样，由省、自治区、直辖市人民政府民政部门监制。

**第二十六条**　本条例自2006年3月1日起施行。1994年1月23日国务院发布的《农村五保供养工作条例》同时废止。

# 六、婚姻家庭

## 中华人民共和国民法典（节录）

1. 2020年5月28日第十三届全国人民代表大会第三次会议通过
2. 2020年5月28日中华人民共和国主席令第45号公布
3. 自2021年1月1日起施行

### 第五编　婚姻家庭

#### 第一章　一般规定

**第一千零四十条**　本编调整因婚姻家庭产生的民事关系。

**第一千零四十一条**　婚姻家庭受国家保护。

实行婚姻自由、一夫一妻、男女平等的婚姻制度。

保护妇女、未成年人、老年人、残疾人的合法权益。

**第一千零四十二条**　禁止包办、买卖婚姻和其他干涉婚姻自由的行为。禁止借婚姻索取财物。

禁止重婚。禁止有配偶者与他人同居。

禁止家庭暴力。禁止家庭成员间的虐待和遗弃。

**第一千零四十三条**　家庭应当树立优良家风，弘扬家庭美德，重视家庭文明建设。

夫妻应当互相忠实，互相尊重，互相关爱；家庭成员应当敬老爱幼，互相帮助，维护平等、和睦、文明的婚姻家庭关系。

**第一千零四十四条**　收养应当遵循最有利于被收养人的原则，保障被收养人和收养人的合法权益。

禁止借收养名义买卖未成年人。

**第一千零四十五条**　亲属包括配偶、血亲和姻亲。

配偶、父母、子女、兄弟姐妹、祖父母、外祖父母、孙子女、外孙子女为近亲属。

配偶、父母、子女和其他共同生活的近亲属为家庭成员。

#### 第二章　结　　婚

**第一千零四十六条**　结婚应当男女双方完全自愿，禁止任何一方对另一方加以强迫，禁止任何组织或者个人加以干涉。

**第一千零四十七条**　结婚年龄，男不得早于二十二周岁，女不得早于二十周岁。

**第一千零四十八条**　直系血亲或者三代以内的旁系血亲禁止结婚。

**第一千零四十九条**　要求结婚的男女双方应当亲自到婚姻登记机关申请结婚登记。符合本法规定的，予以登记，发给结婚证。完成结婚登记，即确立婚姻关系。未办理结婚登记的，应当补办登记。

**第一千零五十条** 登记结婚后，按照男女双方约定，女方可以成为男方家庭的成员，男方可以成为女方家庭的成员。

**第一千零五十一条** 有下列情形之一的，婚姻无效：

（一）重婚；

（二）有禁止结婚的亲属关系；

（三）未到法定婚龄。

**第一千零五十二条** 因胁迫结婚的，受胁迫的一方可以向人民法院请求撤销婚姻。

请求撤销婚姻的，应当自胁迫行为终止之日起一年内提出。

被非法限制人身自由的当事人请求撤销婚姻的，应当自恢复人身自由之日起一年内提出。

**第一千零五十三条** 一方患有重大疾病的，应当在结婚登记前如实告知另一方；不如实告知的，另一方可以向人民法院请求撤销婚姻。

请求撤销婚姻的，应当自知道或者应当知道撤销事由之日起一年内提出。

**第一千零五十四条** 无效的或者被撤销的婚姻自始没有法律约束力，当事人不具有夫妻的权利和义务。同居期间所得的财产，由当事人协议处理；协议不成的，由人民法院根据照顾无过错方的原则判决。对重婚导致的无效婚姻的财产处理，不得侵害合法婚姻当事人的财产权益。当事人所生的子女，适用本法关于父母子女的规定。

婚姻无效或者被撤销的，无过错方有权请求损害赔偿。

## 第三章 家庭关系

### 第一节 夫妻关系

**第一千零五十五条** 夫妻在婚姻家庭中地位平等。

**第一千零五十六条** 夫妻双方都有各自使用自己姓名的权利。

**第一千零五十七条** 夫妻双方都有参加生产、工作、学习和社会活动的自由，一方不得对另一方加以限制或者干涉。

**第一千零五十八条** 夫妻双方平等享有对未成年子女抚养、教育和保护的权利，共同承担对未成年子女抚养、教育和保护的义务。

**第一千零五十九条** 夫妻有相互扶养的义务。

需要扶养的一方，在另一方不履行扶养义务时，有要求其给付扶养费的权利。

**第一千零六十条** 夫妻一方因家庭日常生活需要而实施的民事法律行为，对夫妻双方发生效力，但是夫妻一方与相对人另有约定的除外。

夫妻之间对一方可以实施的民事法律行为范围的限制，不得对抗善意相对人。

**第一千零六十一条** 夫妻有相互继承遗产的权利。

**第一千零六十二条** 夫妻在婚姻关

系存续期间所得的下列财产，为夫妻的共同财产，归夫妻共同所有：

（一）工资、奖金、劳务报酬；

（二）生产、经营、投资的收益；

（三）知识产权的收益；

（四）继承或者受赠的财产，但是本法第一千零六十三条第三项规定的除外；

（五）其他应当归共同所有的财产。

夫妻对共同财产，有平等的处理权。

**第一千零六十三条**　下列财产为夫妻一方的个人财产：

（一）一方的婚前财产；

（二）一方因受到人身损害获得的赔偿或者补偿；

（三）遗嘱或者赠与合同中确定只归一方的财产；

（四）一方专用的生活用品；

（五）其他应当归一方的财产。

**第一千零六十四条**　夫妻双方共同签名或者夫妻一方事后追认等共同意思表示所负的债务，以及夫妻一方在婚姻关系存续期间以个人名义为家庭日常生活需要所负的债务，属于夫妻共同债务。

夫妻一方在婚姻关系存续期间以个人名义超出家庭日常生活需要所负的债务，不属于夫妻共同债务；但是，债权人能够证明该债务用于夫妻共同生活、共同生产经营或者基于夫妻双方共同意思表示的除外。

**第一千零六十五条**　男女双方可以约定婚姻关系存续期间所得的财产以及婚前财产归各自所有、共同所有或者部分各自所有、部分共同所有。约定应当采用书面形式。没有约定或者约定不明确的，适用本法第一千零六十二条、第一千零六十三条的规定。

夫妻对婚姻关系存续期间所得的财产以及婚前财产的约定，对双方具有法律约束力。

夫妻对婚姻关系存续期间所得的财产约定归各自所有，夫或者妻一方对外所负的债务，相对人知道该约定的，以夫或者妻一方的个人财产清偿。

**第一千零六十六条**　婚姻关系存续期间，有下列情形之一的，夫妻一方可以向人民法院请求分割共同财产：

（一）一方有隐藏、转移、变卖、毁损、挥霍夫妻共同财产或者伪造夫妻共同债务等严重损害夫妻共同财产利益的行为；

（二）一方负有法定扶养义务的人患重大疾病需要医治，另一方不同意支付相关医疗费用。

### 第二节　父母子女关系和其他近亲属关系

**第一千零六十七条**　父母不履行抚养义务的，未成年子女或者不能独立生活的成年子女，有要求父母给付抚养费的权利。

成年子女不履行赡养义务的，缺乏劳动能力或者生活困难的父母，有要求成年子女给付赡养费的权利。

**第一千零六十八条**　父母有教育、保护未成年子女的权利和义务。未成年子女造成他人损害的，父母应当依法承担民事责任。

**第一千零六十九条** 子女应当尊重父母的婚姻权利，不得干涉父母离婚、再婚以及婚后的生活。子女对父母的赡养义务，不因父母的婚姻关系变化而终止。

**第一千零七十条** 父母和子女有相互继承遗产的权利。

**第一千零七十一条** 非婚生子女享有与婚生子女同等的权利，任何组织或者个人不得加以危害和歧视。

不直接抚养非婚生子女的生父或者生母，应当负担未成年子女或者不能独立生活的成年子女的抚养费。

**第一千零七十二条** 继父母与继子女间，不得虐待或者歧视。

继父或者继母和受其抚养教育的继子女间的权利义务关系，适用本法关于父母子女关系的规定。

**第一千零七十三条** 对亲子关系有异议且有正当理由的，父或者母可以向人民法院提起诉讼，请求确认或者否认亲子关系。

对亲子关系有异议且有正当理由的，成年子女可以向人民法院提起诉讼，请求确认亲子关系。

**第一千零七十四条** 有负担能力的祖父母、外祖父母，对于父母已经死亡或者父母无力抚养的未成年孙子女、外孙子女，有抚养的义务。

有负担能力的孙子女、外孙子女，对于子女已经死亡或者子女无力赡养的祖父母、外祖父母，有赡养的义务。

**第一千零七十五条** 有负担能力的兄、姐，对于父母已经死亡或者父母无力抚养的未成年弟、妹，有扶养的义务。

由兄、姐扶养长大的有负担能力的弟、妹，对于缺乏劳动能力又缺乏生活来源的兄、姐，有扶养的义务。

## 第四章 离　　婚

**第一千零七十六条** 夫妻双方自愿离婚的，应当签订书面离婚协议，并亲自到婚姻登记机关申请离婚登记。

离婚协议应当载明双方自愿离婚的意思表示和对子女抚养、财产以及债务处理等事项协商一致的意见。

**第一千零七十七条** 自婚姻登记机关收到离婚登记申请之日起三十日内，任何一方不愿意离婚的，可以向婚姻登记机关撤回离婚登记申请。

前款规定期限届满后三十日内，双方应当亲自到婚姻登记机关申请发给离婚证；未申请的，视为撤回离婚登记申请。

**第一千零七十八条** 婚姻登记机关查明双方确实是自愿离婚，并已经对子女抚养、财产以及债务处理等事项协商一致的，予以登记，发给离婚证。

**第一千零七十九条** 夫妻一方要求离婚的，可以由有关组织进行调解或者直接向人民法院提起离婚诉讼。

人民法院审理离婚案件，应当进行调解；如果感情确已破裂，调解无效的，应当准予离婚。

有下列情形之一，调解无效的，应当

准予离婚：

（一）重婚或者与他人同居；

（二）实施家庭暴力或者虐待、遗弃家庭成员；

（三）有赌博、吸毒等恶习屡教不改；

（四）因感情不和分居满二年；

（五）其他导致夫妻感情破裂的情形。

一方被宣告失踪，另一方提起离婚诉讼的，应当准予离婚。

经人民法院判决不准离婚后，双方又分居满一年，一方再次提起离婚诉讼的，应当准予离婚。

**第一千零八十条** 完成离婚登记，或者离婚判决书、调解书生效，即解除婚姻关系。

**第一千零八十一条** 现役军人的配偶要求离婚，应当征得军人同意，但是军人一方有重大过错的除外。

**第一千零八十二条** 女方在怀孕期间、分娩后一年内或者终止妊娠后六个月内，男方不得提出离婚；但是，女方提出离婚或者人民法院认为确有必要受理男方离婚请求的除外。

**第一千零八十三条** 离婚后，男女双方自愿恢复婚姻关系的，应当到婚姻登记机关重新进行结婚登记。

**第一千零八十四条** 父母与子女间的关系，不因父母离婚而消除。离婚后，子女无论由父或者母直接抚养，仍是父母双方的子女。

离婚后，父母对于子女仍有抚养、教育、保护的权利和义务。

离婚后，不满两周岁的子女，以由母亲直接抚养为原则。已满两周岁的子女，父母双方对抚养问题协议不成的，由人民法院根据双方的具体情况，按照最有利于未成年子女的原则判决。子女已满八周岁的，应当尊重其真实意愿。

**第一千零八十五条** 离婚后，子女由一方直接抚养的，另一方应当负担部分或者全部抚养费。负担费用的多少和期限的长短，由双方协议；协议不成的，由人民法院判决。

前款规定的协议或者判决，不妨碍子女在必要时向父母任何一方提出超过协议或者判决原定数额的合理要求。

**第一千零八十六条** 离婚后，不直接抚养子女的父或者母，有探望子女的权利，另一方有协助的义务。

行使探望权利的方式、时间由当事人协议；协议不成的，由人民法院判决。

父或者母探望子女，不利于子女身心健康的，由人民法院依法中止探望；中止的事由消失后，应当恢复探望。

**第一千零八十七条** 离婚时，夫妻的共同财产由双方协议处理；协议不成的，由人民法院根据财产的具体情况，按照照顾子女、女方和无过错方权益的原则判决。

对夫或者妻在家庭土地承包经营中享有的权益等，应当依法予以保护。

**第一千零八十八条** 夫妻一方因抚育子女、照料老年人、协助另一方工作等负担较多义务的，离婚时有权向另一方请求补偿,另一方应当给予补偿。具体办法由双方协议;协议不成的,由人民法院判决。

**第一千零八十九条** 离婚时,夫妻共同债务应当共同偿还。共同财产不足清偿或者财产归各自所有的,由双方协议清偿;协议不成的,由人民法院判决。

**第一千零九十条** 离婚时,如果一方生活困难,有负担能力的另一方应当给予适当帮助。具体办法由双方协议;协议不成的,由人民法院判决。

**第一千零九十一条** 有下列情形之一,导致离婚的,无过错方有权请求损害赔偿:

(一)重婚;

(二)与他人同居;

(三)实施家庭暴力;

(四)虐待、遗弃家庭成员;

(五)有其他重大过错。

**第一千零九十二条** 夫妻一方隐藏、转移、变卖、毁损、挥霍夫妻共同财产,或者伪造夫妻共同债务企图侵占另一方财产的,在离婚分割夫妻共同财产时,对该方可以少分或者不分。离婚后,另一方发现有上述行为的,可以向人民法院提起诉讼,请求再次分割夫妻共同财产。

## 第五章 收 养

### 第一节 收养关系的成立

**第一千零九十三条** 下列未成年人,可以被收养:

(一)丧失父母的孤儿;

(二)查找不到生父母的未成年人;

(三)生父母有特殊困难无力抚养的子女。

**第一千零九十四条** 下列个人、组织可以作送养人:

(一)孤儿的监护人;

(二)儿童福利机构;

(三)有特殊困难无力抚养子女的生父母。

**第一千零九十五条** 未成年人的父母均不具备完全民事行为能力且可能严重危害该未成年人的,该未成年人的监护人可以将其送养。

**第一千零九十六条** 监护人送养孤儿的,应当征得有抚养义务的人同意。有抚养义务的人不同意送养、监护人不愿意继续履行监护职责的,应当依照本法第一编的规定另行确定监护人。

**第一千零九十七条** 生父母送养子女,应当双方共同送养。生父母一方不明或者查找不到的,可以单方送养。

**第一千零九十八条** 收养人应当同时具备下列条件:

(一)无子女或者只有一名子女;

(二)有抚养、教育和保护被收养人的能力;

(三)未患有在医学上认为不应当收养子女的疾病;

(四)无不利于被收养人健康成长的违法犯罪记录;

(五)年满三十周岁。

**第一千零九十九条** 收养三代以内

旁系同辈血亲的子女，可以不受本法第一千零九十三条第三项、第一千零九十四条第三项和第一千一百零二条规定的限制。

华侨收养三代以内旁系同辈血亲的子女，还可以不受本法第一千零九十八条第一项规定的限制。

**第一千一百条**　无子女的收养人可以收养两名子女；有子女的收养人只能收养一名子女。

收养孤儿、残疾未成年人或者儿童福利机构抚养的查找不到生父母的未成年人，可以不受前款和本法第一千零九十八条第一项规定的限制。

**第一千一百零一条**　有配偶者收养子女，应当夫妻共同收养。

**第一千一百零二条**　无配偶者收养异性子女的，收养人与被收养人的年龄应当相差四十周岁以上。

**第一千一百零三条**　继父或者继母经继子女的生父母同意，可以收养继子女，并可以不受本法第一千零九十三条第三项、第一千零九十四条第三项、第一千零九十八条和第一千一百条第一款规定的限制。

**第一千一百零四条**　收养人收养与送养人送养，应当双方自愿。收养八周岁以上未成年人的，应当征得被收养人的同意。

**第一千一百零五条**　收养应当向县级以上人民政府民政部门登记。收养关系自登记之日起成立。

收养查找不到生父母的未成年人的，办理登记的民政部门应当在登记前予以公告。

收养关系当事人愿意签订收养协议的，可以签订收养协议。

收养关系当事人各方或者一方要求办理收养公证的，应当办理收养公证。

县级以上人民政府民政部门应当依法进行收养评估。

**第一千一百零六条**　收养关系成立后，公安机关应当按照国家有关规定为被收养人办理户口登记。

**第一千一百零七条**　孤儿或者生父母无力抚养的子女，可以由生父母的亲属、朋友抚养；抚养人与被抚养人的关系不适用本章规定。

**第一千一百零八条**　配偶一方死亡，另一方送养未成年子女的，死亡一方的父母有优先抚养的权利。

**第一千一百零九条**　外国人依法可以在中华人民共和国收养子女。

外国人在中华人民共和国收养子女，应当经其所在国主管机关依照该国法律审查同意。收养人应当提供由其所在国有权机构出具的有关其年龄、婚姻、职业、财产、健康、有无受过刑事处罚等状况的证明材料，并与送养人签订书面协议，亲自向省、自治区、直辖市人民政府民政部门登记。

前款规定的证明材料应当经收养人所在国外交机关或者外交机关授权的机构认证，并经中华人民共和国驻该国使领馆认证，但是国家另有规定的除外。

**第一千一百一十条**　收养人、送养

人要求保守收养秘密的,其他人应当尊重其意愿,不得泄露。

### 第二节　收养的效力

**第一千一百一十一条**　自收养关系成立之日起,养父母与养子女间的权利义务关系,适用本法关于父母子女关系的规定;养子女与养父母的近亲属间的权利义务关系,适用本法关于子女与父母的近亲属关系的规定。

养子女与生父母以及其他近亲属间的权利义务关系,因收养关系的成立而消除。

**第一千一百一十二条**　养子女可以随养父或者养母的姓氏,经当事人协商一致,也可以保留原姓氏。

**第一千一百一十三条**　有本法第一编关于民事法律行为无效规定情形或者违反本编规定的收养行为无效。

无效的收养行为自始没有法律约束力。

### 第三节　收养关系的解除

**第一千一百一十四条**　收养人在被收养人成年以前,不得解除收养关系,但是收养人、送养人双方协议解除的除外。养子女八周岁以上的,应当征得本人同意。

收养人不履行抚养义务,有虐待、遗弃等侵害未成年养子女合法权益行为的,送养人有权要求解除养父母与养子女间的收养关系。送养人、收养人不能达成解除收养关系协议的,可以向人民法院提起诉讼。

**第一千一百一十五条**　养父母与成年养子女关系恶化、无法共同生活的,可以协议解除收养关系。不能达成协议的,可以向人民法院提起诉讼。

**第一千一百一十六条**　当事人协议解除收养关系的,应当到民政部门办理解除收养关系登记。

**第一千一百一十七条**　收养关系解除后,养子女与养父母以及其他近亲属间的权利义务关系即行消除,与生父母以及其他近亲属间的权利义务关系自行恢复。但是,成年养子女与生父母以及其他近亲属间的权利义务关系是否恢复,可以协商确定。

**第一千一百一十八条**　收养关系解除后,经养父母抚养的成年养子女,对缺乏劳动能力又缺乏生活来源的养父母,应当给付生活费。因养子女成年后虐待、遗弃养父母而解除收养关系的,养父母可以要求养子女补偿收养期间支出的抚养费。

生父母要求解除收养关系的,养父母可以要求生父母适当补偿收养期间支出的抚养费;但是,因养父母虐待、遗弃养子女而解除收养关系的除外。

# 第六编　继　　承

## 第一章　一 般 规 定

**第一千一百一十九条**　本编调整因继承产生的民事关系。

**第一千一百二十条**　国家保护自然

人的继承权。

**第一千一百二十一条**　继承从被继承人死亡时开始。

相互有继承关系的数人在同一事件中死亡，难以确定死亡时间的，推定没有其他继承人的人先死亡。都有其他继承人，辈份不同的，推定长辈先死亡；辈份相同的，推定同时死亡，相互不发生继承。

**第一千一百二十二条**　遗产是自然人死亡时遗留的个人合法财产。

依照法律规定或者根据其性质不得继承的遗产，不得继承。

**第一千一百二十三条**　继承开始后，按照法定继承办理；有遗嘱的，按照遗嘱继承或者遗赠办理；有遗赠扶养协议的，按照协议办理。

**第一千一百二十四条**　继承开始后，继承人放弃继承的，应当在遗产处理前，以书面形式作出放弃继承的表示；没有表示的，视为接受继承。

受遗赠人应当在知道受遗赠后六十日内，作出接受或者放弃受遗赠的表示；到期没有表示的，视为放弃受遗赠。

**第一千一百二十五条**　继承人有下列行为之一的，丧失继承权：

（一）故意杀害被继承人；

（二）为争夺遗产而杀害其他继承人；

（三）遗弃被继承人，或者虐待被继承人情节严重；

（四）伪造、篡改、隐匿或者销毁遗嘱，情节严重；

（五）以欺诈、胁迫手段迫使或者妨碍被继承人设立、变更或者撤回遗嘱，情节严重。

继承人有前款第三项至第五项行为，确有悔改表现，被继承人表示宽恕或者事后在遗嘱中将其列为继承人的，该继承人不丧失继承权。

受遗赠人有本条第一款规定行为的，丧失受遗赠权。

## 第二章　法定继承

**第一千一百二十六条**　继承权男女平等。

**第一千一百二十七条**　遗产按照下列顺序继承：

（一）第一顺序：配偶、子女、父母；

（二）第二顺序：兄弟姐妹、祖父母、外祖父母。

继承开始后，由第一顺序继承人继承，第二顺序继承人不继承；没有第一顺序继承人继承的，由第二顺序继承人继承。

本编所称子女，包括婚生子女、非婚生子女、养子女和有扶养关系的继子女。

本编所称父母，包括生父母、养父母和有扶养关系的继父母。

本编所称兄弟姐妹，包括同父母的兄弟姐妹、同父异母或者同母异父的兄弟姐妹、养兄弟姐妹、有扶养关系的继兄弟姐妹。

**第一千一百二十八条**　被继承人的子女先于被继承人死亡的，由被继承人的子女的直系晚辈血亲代位继承。

被继承人的兄弟姐妹先于被继承人死亡的，由被继承人的兄弟姐妹的子女代位继承。

代位继承人一般只能继承被代位继承人有权继承的遗产份额。

**第一千一百二十九条** 丧偶儿媳对公婆，丧偶女婿对岳父母，尽了主要赡养义务的，作为第一顺序继承人。

**第一千一百三十条** 同一顺序继承人继承遗产的份额，一般应当均等。

对生活有特殊困难又缺乏劳动能力的继承人，分配遗产时，应当予以照顾。

对被继承人尽了主要扶养义务或者与被继承人共同生活的继承人，分配遗产时，可以多分。

有扶养能力和有扶养条件的继承人，不尽扶养义务的，分配遗产时，应当不分或者少分。

继承人协商同意的，也可以不均等。

**第一千一百三十一条** 对继承人以外的依靠被继承人扶养的人，或者继承人以外的对被继承人扶养较多的人，可以分给适当的遗产。

**第一千一百三十二条** 继承人应当本着互谅互让、和睦团结的精神，协商处理继承问题。遗产分割的时间、办法和份额，由继承人协商确定；协商不成的，可以由人民调解委员会调解或者向人民法院提起诉讼。

## 第三章 遗嘱继承和遗赠

**第一千一百三十三条** 自然人可以依照本法规定立遗嘱处分个人财产，并可以指定遗嘱执行人。

自然人可以立遗嘱将个人财产指定由法定继承人中的一人或者数人继承。

自然人可以立遗嘱将个人财产赠与国家、集体或者法定继承人以外的组织、个人。

自然人可以依法设立遗嘱信托。

**第一千一百三十四条** 自书遗嘱由遗嘱人亲笔书写，签名，注明年、月、日。

**第一千一百三十五条** 代书遗嘱应当有两个以上见证人在场见证，由其中一人代书，并由遗嘱人、代书人和其他见证人签名，注明年、月、日。

**第一千一百三十六条** 打印遗嘱应当有两个以上见证人在场见证。遗嘱人和见证人应当在遗嘱每一页签名，注明年、月、日。

**第一千一百三十七条** 以录音录像形式立的遗嘱，应当有两个以上见证人在场见证。遗嘱人和见证人应当在录音录像中记录其姓名或者肖像，以及年、月、日。

**第一千一百三十八条** 遗嘱人在危急情况下，可以立口头遗嘱。口头遗嘱应当有两个以上见证人在场见证。危急情况消除后，遗嘱人能够以书面或者录音录像形式立遗嘱的，所立的口头遗嘱无效。

**第一千一百三十九条** 公证遗嘱由遗嘱人经公证机构办理。

**第一千一百四十条** 下列人员不能作为遗嘱见证人：

（一）无民事行为能力人、限制民事

行为能力人以及其他不具有见证能力的人；

（二）继承人、受遗赠人；

（三）与继承人、受遗赠人有利害关系的人。

**第一千一百四十一条** 遗嘱应当为缺乏劳动能力又没有生活来源的继承人保留必要的遗产份额。

**第一千一百四十二条** 遗嘱人可以撤回、变更自己所立的遗嘱。

立遗嘱后，遗嘱人实施与遗嘱内容相反的民事法律行为的，视为对遗嘱相关内容的撤回。

立有数份遗嘱，内容相抵触的，以最后的遗嘱为准。

**第一千一百四十三条** 无民事行为能力人或者限制民事行为能力人所立的遗嘱无效。

遗嘱必须表示遗嘱人的真实意思，受欺诈、胁迫所立的遗嘱无效。

伪造的遗嘱无效。

遗嘱被篡改的，篡改的内容无效。

**第一千一百四十四条** 遗嘱继承或者遗赠附有义务的，继承人或者受遗赠人应当履行义务。没有正当理由不履行义务的，经利害关系人或者有关组织请求，人民法院可以取消其接受附义务部分遗产的权利。

## 第四章 遗产的处理

**第一千一百四十五条** 继承开始后，遗嘱执行人为遗产管理人；没有遗嘱执行人的，继承人应当及时推选遗产管理人；继承人未推选的，由继承人共同担任遗产管理人；没有继承人或者继承人均放弃继承的，由被继承人生前住所地的民政部门或者村民委员会担任遗产管理人。

**第一千一百四十六条** 对遗产管理人的确定有争议的，利害关系人可以向人民法院申请指定遗产管理人。

**第一千一百四十七条** 遗产管理人应当履行下列职责：

（一）清理遗产并制作遗产清单；

（二）向继承人报告遗产情况；

（三）采取必要措施防止遗产毁损、灭失；

（四）处理被继承人的债权债务；

（五）按照遗嘱或者依照法律规定分割遗产；

（六）实施与管理遗产有关的其他必要行为。

**第一千一百四十八条** 遗产管理人应当依法履行职责，因故意或者重大过失造成继承人、受遗赠人、债权人损害的，应当承担民事责任。

**第一千一百四十九条** 遗产管理人可以依照法律规定或者按照约定获得报酬。

**第一千一百五十条** 继承开始后，知道被继承人死亡的继承人应当及时通知其他继承人和遗嘱执行人。继承人中无人知道被继承人死亡或者知道被继承人死亡而不能通知的，由被继承人生前所在单位或者住所地的居民委员会、村民委员会负责通知。

**第一千一百五十一条** 存有遗产的人,应当妥善保管遗产,任何组织或者个人不得侵吞或者争抢。

**第一千一百五十二条** 继承开始后,继承人于遗产分割前死亡,并没有放弃继承的,该继承人应当继承的遗产转给其继承人,但是遗嘱另有安排的除外。

**第一千一百五十三条** 夫妻共同所有的财产,除有约定的外,遗产分割时,应当先将共同所有的财产的一半分出为配偶所有,其余的为被继承人的遗产。

遗产在家庭共有财产之中的,遗产分割时,应当先分出他人的财产。

**第一千一百五十四条** 有下列情形之一的,遗产中的有关部分按照法定继承办理:

(一)遗嘱继承人放弃继承或者受遗赠人放弃受遗赠;

(二)遗嘱继承人丧失继承权或者受遗赠人丧失受遗赠权;

(三)遗嘱继承人、受遗赠人先于遗嘱人死亡或者终止;

(四)遗嘱无效部分所涉及的遗产;

(五)遗嘱未处分的遗产。

**第一千一百五十五条** 遗产分割时,应当保留胎儿的继承份额。胎儿娩出时是死体的,保留的份额按照法定继承办理。

**第一千一百五十六条** 遗产分割应当有利于生产和生活需要,不损害遗产的效用。

不宜分割的遗产,可以采取折价、适当补偿或者共有等方法处理。

**第一千一百五十七条** 夫妻一方死亡后另一方再婚的,有权处分所继承的财产,任何组织或者个人不得干涉。

**第一千一百五十八条** 自然人可以与继承人以外的组织或者个人签订遗赠扶养协议。按照协议,该组织或者个人承担该自然人生养死葬的义务,享有受遗赠的权利。

**第一千一百五十九条** 分割遗产,应当清偿被继承人依法应当缴纳的税款和债务;但是,应当为缺乏劳动能力又没有生活来源的继承人保留必要的遗产。

**第一千一百六十条** 无人继承又无人受遗赠的遗产,归国家所有,用于公益事业;死者生前是集体所有制组织成员的,归所在集体所有制组织所有。

**第一千一百六十一条** 继承人以所得遗产实际价值为限清偿被继承人依法应当缴纳的税款和债务。超过遗产实际价值部分,继承人自愿偿还的不在此限。

继承人放弃继承的,对被继承人依法应当缴纳的税款和债务可以不负清偿责任。

**第一千一百六十二条** 执行遗赠不得妨碍清偿遗赠人依法应当缴纳的税款和债务。

**第一千一百六十三条** 既有法定继承又有遗嘱继承、遗赠的,由法定继承人清偿被继承人依法应当缴纳的税款和债务;超过法定继承遗产实际价值部分,由遗嘱继承人和受遗赠人按比例以所得遗产清偿。

# 最高人民法院关于适用《中华人民共和国民法典》婚姻家庭编的解释(一)

1. 2020年12月25日最高人民法院审判委员会第1825次会议通过
2. 2020年12月29日公布
3. 法释〔2020〕22号
4. 自2021年1月1日起施行

为正确审理婚姻家庭纠纷案件,根据《中华人民共和国民法典》《中华人民共和国民事诉讼法》等相关法律规定,结合审判实践,制定本解释。

## 一、一般规定

**第一条** 持续性、经常性的家庭暴力,可以认定为民法典第一千零四十二条、第一千零七十九条、第一千零九十一条所称的"虐待"。

**第二条** 民法典第一千零四十二条、第一千零七十九条、第一千零九十一条规定的"与他人同居"的情形,是指有配偶者与婚外异性,不以夫妻名义,持续、稳定地共同居住。

**第三条** 当事人提起诉讼仅请求解除同居关系的,人民法院不予受理;已经受理的,裁定驳回起诉。

当事人因同居期间财产分割或者子女抚养纠纷提起诉讼的,人民法院应当受理。

**第四条** 当事人仅以民法典第一千零四十三条为依据提起诉讼的,人民法院不予受理;已经受理的,裁定驳回起诉。

**第五条** 当事人请求返还按照习俗给付的彩礼的,如果查明属于以下情形,人民法院应当予以支持:

(一)双方未办理结婚登记手续;

(二)双方办理结婚登记手续但确未共同生活;

(三)婚前给付并导致给付人生活困难。

适用前款第二项、第三项的规定,应当以双方离婚为条件。

## 二、结　　婚

**第六条** 男女双方依据民法典第一千零四十九条规定补办结婚登记的,婚姻关系的效力从双方均符合民法典所规定的结婚的实质要件时起算。

**第七条** 未依据民法典第一千零四十九条规定办理结婚登记而以夫妻名义共同生活的男女,提起诉讼要求离婚的,应当区别对待:

(一)1994年2月1日民政部《婚姻登记管理条例》公布实施以前,男女双方已经符合结婚实质要件的,按事实婚姻处理。

(二)1994年2月1日民政部《婚姻登记管理条例》公布实施以后,男女双方符合结婚实质要件的,人民法院应当告知其补办结婚登记。未补办结婚登记的,依据本解释第三条规定处理。

**第八条** 未依据民法典第一千零四十九条规定办理结婚登记而以夫妻名义共同生活的男女，一方死亡，另一方以配偶身份主张享有继承权的，依据本解释第七条的原则处理。

**第九条** 有权依据民法典第一千零五十一条规定向人民法院就已办理结婚登记的婚姻请求确认婚姻无效的主体，包括婚姻当事人及利害关系人。其中，利害关系人包括：

（一）以重婚为由的，为当事人的近亲属及基层组织；

（二）以未到法定婚龄为由的，为未到法定婚龄者的近亲属；

（三）以有禁止结婚的亲属关系为由的，为当事人的近亲属。

**第十条** 当事人依据民法典第一千零五十一条规定向人民法院请求确认婚姻无效，法定的无效婚姻情形在提起诉讼时已经消失的，人民法院不予支持。

**第十一条** 人民法院受理请求确认婚姻无效案件后，原告申请撤诉的，不予准许。

对婚姻效力的审理不适用调解，应当依法作出判决。

涉及财产分割和子女抚养的，可以调解。调解达成协议的，另行制作调解书；未达成调解协议的，应当一并作出判决。

**第十二条** 人民法院受理离婚案件后，经审理确属无效婚姻的，应当将婚姻无效的情形告知当事人，并依法作出确认婚姻无效的判决。

**第十三条** 人民法院就同一婚姻关系分别受理了离婚和请求确认婚姻无效案件的，对于离婚案件的审理，应当待请求确认婚姻无效案件作出判决后进行。

**第十四条** 夫妻一方或者双方死亡后，生存一方或者利害关系人依据民法典第一千零五十一条的规定请求确认婚姻无效的，人民法院应当受理。

**第十五条** 利害关系人依据民法典第一千零五十一条的规定，请求人民法院确认婚姻无效的，利害关系人为原告，婚姻关系当事人双方为被告。

夫妻一方死亡的，生存一方为被告。

**第十六条** 人民法院审理重婚导致的无效婚姻案件时，涉及财产处理的，应当准许合法婚姻当事人作为有独立请求权的第三人参加诉讼。

**第十七条** 当事人以民法典第一千零五十一条规定的三种无效婚姻以外的情形请求确认婚姻无效的，人民法院应当判决驳回当事人的诉讼请求。

当事人以结婚登记程序存在瑕疵为由提起民事诉讼，主张撤销结婚登记的，告知其可以依法申请行政复议或者提起行政诉讼。

**第十八条** 行为人以给另一方当事人或者其近亲属的生命、身体、健康、名誉、财产等方面造成损害为要挟，迫使另一方当事人违背真实意愿结婚的，可以认定为民法典第一千零五十二条所称的“胁迫”。

因受胁迫而请求撤销婚姻的，只能是受胁迫一方的婚姻关系当事人本人。

**第十九条**　民法典第一千零五十二条规定的“一年”，不适用诉讼时效中止、中断或者延长的规定。

受胁迫或者被非法限制人身自由的当事人请求撤销婚姻的，不适用民法典第一百五十二条第二款的规定。

**第二十条**　民法典第一千零五十四条所规定的“自始没有法律约束力”，是指无效婚姻或者可撤销婚姻在依法被确认无效或者被撤销时，才确定该婚姻自始不受法律保护。

**第二十一条**　人民法院根据当事人的请求，依法确认婚姻无效或者撤销婚姻的，应当收缴双方的结婚证书并将生效的判决书寄送当地婚姻登记管理机关。

**第二十二条**　被确认无效或者被撤销的婚姻，当事人同居期间所得的财产，除有证据证明为当事人一方所有的以外，按共同共有处理。

## 三、夫妻关系

**第二十三条**　夫以妻擅自中止妊娠侵犯其生育权为由请求损害赔偿的，人民法院不予支持；夫妻双方因是否生育发生纠纷，致使感情确已破裂，一方请求离婚的，人民法院经调解无效，应依照民法典第一千零七十九条第三款第五项的规定处理。

**第二十四条**　民法典第一千零六十二条第一款第三项规定的“知识产权的收益”，是指婚姻关系存续期间，实际取得或者已经明确可以取得的财产性收益。

**第二十五条**　婚姻关系存续期间，下列财产属于民法典第一千零六十二条规定的“其他应当归共同所有的财产”：

（一）一方以个人财产投资取得的收益；

（二）男女双方实际取得或者应当取得的住房补贴、住房公积金；

（三）男女双方实际取得或者应当取得的基本养老金、破产安置补偿费。

**第二十六条**　夫妻一方个人财产在婚后产生的收益，除孳息和自然增值外，应认定为夫妻共同财产。

**第二十七条**　由一方婚前承租、婚后用共同财产购买的房屋，登记在一方名下的，应当认定为夫妻共同财产。

**第二十八条**　一方未经另一方同意出售夫妻共同所有的房屋，第三人善意购买、支付合理对价并已办理不动产登记，另一方主张追回该房屋的，人民法院不予支持。

夫妻一方擅自处分共同所有的房屋造成另一方损失，离婚时另一方请求赔偿损失的，人民法院应予支持。

**第二十九条**　当事人结婚前，父母为双方购置房屋出资的，该出资应当认定为对自己子女个人的赠与，但父母明确表示赠与双方的除外。

当事人结婚后，父母为双方购置房屋出资的，依照约定处理；没有约定或者约定不明确的，按照民法典第一千零六十二条第一款第四项规定的原则处理。

**第三十条** 军人的伤亡保险金、伤残补助金、医药生活补助费属于个人财产。

**第三十一条** 民法典第一千零六十三条规定为夫妻一方的个人财产，不因婚姻关系的延续而转化为夫妻共同财产。但当事人另有约定的除外。

**第三十二条** 婚前或者婚姻关系存续期间，当事人约定将一方所有的房产赠与另一方或者共有，赠与方在赠与房产变更登记之前撤销赠与，另一方请求判令继续履行的，人民法院可以按照民法典第六百五十八条的规定处理。

**第三十三条** 债权人就一方婚前所负个人债务向债务人的配偶主张权利的，人民法院不予支持。但债权人能够证明所负债务用于婚后家庭共同生活的除外。

**第三十四条** 夫妻一方与第三人串通，虚构债务，第三人主张该债务为夫妻共同债务的，人民法院不予支持。

夫妻一方在从事赌博、吸毒等违法犯罪活动中所负债务，第三人主张该债务为夫妻共同债务的，人民法院不予支持。

**第三十五条** 当事人的离婚协议或者人民法院生效判决、裁定、调解书已经对夫妻财产分割问题作出处理的，债权人仍有权就夫妻共同债务向男女双方主张权利。

一方就夫妻共同债务承担清偿责任后，主张由另一方按照离婚协议或者人民法院的法律文书承担相应债务的，人民法院应予支持。

**第三十六条** 夫或者妻一方死亡的，生存一方应当对婚姻关系存续期间的夫妻共同债务承担清偿责任。

**第三十七条** 民法典第一千零六十五条第三款所称"相对人知道该约定的"，夫妻一方对此负有举证责任。

**第三十八条** 婚姻关系存续期间，除民法典第一千零六十六条规定情形以外，夫妻一方请求分割共同财产的，人民法院不予支持。

## 四、父母子女关系

**第三十九条** 父或者母向人民法院起诉请求否认亲子关系，并已提供必要证据予以证明，另一方没有相反证据又拒绝做亲子鉴定的，人民法院可以认定否认亲子关系一方的主张成立。

父或者母以及成年子女起诉请求确认亲子关系，并提供必要证据予以证明，另一方没有相反证据又拒绝做亲子鉴定的，人民法院可以认定确认亲子关系一方的主张成立。

**第四十条** 婚姻关系存续期间，夫妻双方一致同意进行人工授精，所生子女应视为婚生子女，父母子女间的权利义务关系适用民法典的有关规定。

**第四十一条** 尚在校接受高中及其以下学历教育，或者丧失、部分丧失劳动能力等非因主观原因而无法维持正常生活的成年子女，可以认定为民法典第一千零六十七条规定的"不能独立生活的成年子女"。

**第四十二条** 民法典第一千零六十

七条所称“抚养费”，包括子女生活费、教育费、医疗费等费用。

**第四十三条**　婚姻关系存续期间，父母双方或者一方拒不履行抚养子女义务，未成年子女或者不能独立生活的成年子女请求支付抚养费的，人民法院应予支持。

**第四十四条**　离婚案件涉及未成年子女抚养的，对不满两周岁的子女，按照民法典第一千零八十四条第三款规定的原则处理。母亲有下列情形之一，父亲请求直接抚养的，人民法院应予支持：

（一）患有久治不愈的传染性疾病或者其他严重疾病，子女不宜与其共同生活；

（二）有抚养条件不尽抚养义务，而父亲要求子女随其生活；

（三）因其他原因，子女确不宜随母亲生活。

**第四十五条**　父母双方协议不满两周岁子女由父亲直接抚养，并对子女健康成长无不利影响的，人民法院应予支持。

**第四十六条**　对已满两周岁的未成年子女，父母均要求直接抚养，一方有下列情形之一的，可予优先考虑：

（一）已做绝育手术或者因其他原因丧失生育能力；

（二）子女随其生活时间较长，改变生活环境对子女健康成长明显不利；

（三）无其他子女，而另一方有其他子女；

（四）子女随其生活，对子女成长有利，而另一方患有久治不愈的传染性疾病或者其他严重疾病，或者有其他不利于子女身心健康的情形，不宜与子女共同生活。

**第四十七条**　父母抚养子女的条件基本相同，双方均要求直接抚养子女，但子女单独随祖父母或者外祖父母共同生活多年，且祖父母或者外祖父母要求并且有能力帮助子女照顾孙子女或者外孙子女的，可以作为父或者母直接抚养子女的优先条件予以考虑。

**第四十八条**　在有利于保护子女利益的前提下，父母双方协议轮流直接抚养子女的，人民法院应予支持。

**第四十九条**　抚养费的数额，可以根据子女的实际需要、父母双方的负担能力和当地的实际生活水平确定。

有固定收入的，抚养费一般可以按其月总收入的百分之二十至三十的比例给付。负担两个以上子女抚养费的，比例可以适当提高，但一般不得超过月总收入的百分之五十。

无固定收入的，抚养费的数额可以依据当年总收入或者同行业平均收入，参照上述比例确定。

有特殊情况的，可以适当提高或者降低上述比例。

**第五十条**　抚养费应当定期给付，有条件的可以一次性给付。

**第五十一条**　父母一方无经济收入或者下落不明的，可以用其财物折抵抚养费。

**第五十二条**　父母双方可以协议由

一方直接抚养子女并由直接抚养方负担子女全部抚养费。但是,直接抚养方的抚养能力明显不能保障子女所需费用,影响子女健康成长的,人民法院不予支持。

**第五十三条** 抚养费的给付期限,一般至子女十八周岁为止。

十六周岁以上不满十八周岁,以其劳动收入为主要生活来源,并能维持当地一般生活水平的,父母可以停止给付抚养费。

**第五十四条** 生父与继母离婚或者生母与继父离婚时,对曾受其抚养教育的继子女,继父或者继母不同意继续抚养的,仍应由生父或者生母抚养。

**第五十五条** 离婚后,父母一方要求变更子女抚养关系的,或者子女要求增加抚养费的,应当另行提起诉讼。

**第五十六条** 具有下列情形之一,父母一方要求变更子女抚养关系的,人民法院应予支持:

(一)与子女共同生活的一方因患严重疾病或者因伤残无力继续抚养子女;

(二)与子女共同生活的一方不尽抚养义务或有虐待子女行为,或者其与子女共同生活对子女身心健康确有不利影响;

(三)已满八周岁的子女,愿随另一方生活,该方又有抚养能力;

(四)有其他正当理由需要变更。

**第五十七条** 父母双方协议变更子女抚养关系的,人民法院应予支持。

**第五十八条** 具有下列情形之一,子女要求有负担能力的父或者母增加抚养费的,人民法院应予支持:

(一)原定抚养费数额不足以维持当地实际生活水平;

(二)因子女患病、上学,实际需要已超过原定数额;

(三)有其他正当理由应当增加。

**第五十九条** 父母不得因子女变更姓氏而拒付子女抚养费。父或者母擅自将子女姓氏改为继母或继父姓氏而引起纠纷的,应当责令恢复原姓氏。

**第六十条** 在离婚诉讼期间,双方均拒绝抚养子女的,可以先行裁定暂由一方抚养。

**第六十一条** 对拒不履行或者妨害他人履行生效判决、裁定、调解书中有关子女抚养义务的当事人或者其他人,人民法院可依照民事诉讼法第一百一十一条的规定采取强制措施。

## 五、离　　婚

**第六十二条** 无民事行为能力人的配偶有民法典第三十六条第一款规定行为,其他有监护资格的人可以要求撤销其监护资格,并依法指定新的监护人;变更后的监护人代理无民事行为能力一方提起离婚诉讼的,人民法院应予受理。

**第六十三条** 人民法院审理离婚案件,符合民法典第一千零七十九条第三款规定"应当准予离婚"情形的,不应当因当事人有过错而判决不准离婚。

**第六十四条** 民法典第一千零八十

一条所称的“军人一方有重大过错”，可以依据民法典第一千零七十九条第三款前三项规定及军人有其他重大过错导致夫妻感情破裂的情形予以判断。

**第六十五条** 人民法院作出的生效的离婚判决中未涉及探望权，当事人就探望权问题单独提起诉讼的，人民法院应予受理。

**第六十六条** 当事人在履行生效判决、裁定或者调解书的过程中，一方请求中止探望的，人民法院在征询双方当事人意见后，认为需要中止探望的，依法作出裁定；中止探望的情形消失后，人民法院应当根据当事人的请求书面通知其恢复探望。

**第六十七条** 未成年子女、直接抚养子女的父或者母以及其他对未成年子女负担抚养、教育、保护义务的法定监护人，有权向人民法院提出中止探望的请求。

**第六十八条** 对于拒不协助另一方行使探望权的有关个人或者组织，可以由人民法院依法采取拘留、罚款等强制措施，但是不能对子女的人身、探望行为进行强制执行。

**第六十九条** 当事人达成的以协议离婚或者到人民法院调解离婚为条件的财产以及债务处理协议，如果双方离婚未成，一方在离婚诉讼中反悔的，人民法院应当认定该财产以及债务处理协议没有生效，并根据实际情况依照民法典第一千零八十七条和第一千零八十九条的规定判决。

当事人依照民法典第一千零七十六条签订的离婚协议中关于财产以及债务处理的条款，对男女双方具有法律约束力。登记离婚后当事人因履行上述协议发生纠纷提起诉讼的，人民法院应当受理。

**第七十条** 夫妻双方协议离婚后就财产分割问题反悔，请求撤销财产分割协议的，人民法院应当受理。

人民法院审理后，未发现订立财产分割协议时存在欺诈、胁迫等情形的，应当依法驳回当事人的诉讼请求。

**第七十一条** 人民法院审理离婚案件，涉及分割发放到军人名下的复员费、自主择业费等一次性费用的，以夫妻婚姻关系存续年限乘以年平均值，所得数额为夫妻共同财产。

前款所称年平均值，是指将发放到军人名下的上述费用总额按具体年限均分得出的数额。其具体年限为人均寿命七十岁与军人入伍时实际年龄的差额。

**第七十二条** 夫妻双方分割共同财产中的股票、债券、投资基金份额等有价证券以及未上市股份有限公司股份时，协商不成或者按市价分配有困难的，人民法院可以根据数量按比例分配。

**第七十三条** 人民法院审理离婚案件，涉及分割夫妻共同财产中以一方名义在有限责任公司的出资额，另一方不是该公司股东的，按以下情形分别处理：

（一）夫妻双方协商一致将出资额部分或者全部转让给该股东的配偶，其他股东过半数同意，并且其他股东均明确表示放弃优先购买权的，该股东的配偶可以成为该公司股东；

（二）夫妻双方就出资额转让份额和转让价格等事项协商一致后，其他股东半数以上不同意转让，但愿意以同等条件购买该出资额的，人民法院可以对转让出资所得财产进行分割。其他股东半数以上不同意转让，也不愿意以同等条件购买该出资额的，视为其同意转让，该股东的配偶可以成为该公司股东。

用于证明前款规定的股东同意的证据，可以是股东会议材料，也可以是当事人通过其他合法途径取得的股东的书面声明材料。

**第七十四条** 人民法院审理离婚案件，涉及分割夫妻共同财产中以一方名义在合伙企业中的出资，另一方不是该企业合伙人的，当夫妻双方协商一致，将其合伙企业中的财产份额全部或者部分转让给对方时，按以下情形分别处理：

（一）其他合伙人一致同意的，该配偶依法取得合伙人地位；

（二）其他合伙人不同意转让，在同等条件下行使优先购买权的，可以对转让所得的财产进行分割；

（三）其他合伙人不同意转让，也不行使优先购买权，但同意该合伙人退伙或者削减部分财产份额的，可以对结算后的财产进行分割；

（四）其他合伙人既不同意转让，也不行使优先购买权，又不同意该合伙人退伙或者削减部分财产份额的，视为全体合伙人同意转让，该配偶依法取得合伙人地位。

**第七十五条** 夫妻以一方名义投资设立个人独资企业的，人民法院分割夫妻在该个人独资企业中的共同财产时，应当按照以下情形分别处理：

（一）一方主张经营该企业的，对企业资产进行评估后，由取得企业资产所有权一方给予另一方相应的补偿；

（二）双方均主张经营该企业的，在双方竞价基础上，由取得企业资产所有权的一方给予另一方相应的补偿；

（三）双方均不愿意经营该企业的，按照《中华人民共和国个人独资企业法》等有关规定办理。

**第七十六条** 双方对夫妻共同财产中的房屋价值及归属无法达成协议时，人民法院按以下情形分别处理：

（一）双方均主张房屋所有权并且同意竞价取得的，应当准许；

（二）一方主张房屋所有权的，由评估机构按市场价格对房屋作出评估，取得房屋所有权的一方应当给予另一方相应的补偿；

（三）双方均不主张房屋所有权的，根据当事人的申请拍卖、变卖房屋，就所得价款进行分割。

**第七十七条** 离婚时双方对尚未取得所有权或者尚未取得完全所有权的房屋有争议且协商不成的，人民法院不宜判决房屋所有权的归属，应当根据实际情况判决由当事人使用。

当事人就前款规定的房屋取得完全所有权后，有争议的，可以另行向人民法院提起诉讼。

**第七十八条**　夫妻一方婚前签订不动产买卖合同，以个人财产支付首付款并在银行贷款，婚后用夫妻共同财产还贷，不动产登记于首付款支付方名下的，离婚时该不动产由双方协议处理。

依前款规定不能达成协议的，人民法院可以判决该不动产归登记一方，尚未归还的贷款为不动产登记一方的个人债务。双方婚后共同还贷支付的款项及其相对应财产增值部分，离婚时应根据民法典第一千零八十七条第一款规定的原则，由不动产登记一方对另一方进行补偿。

**第七十九条**　婚姻关系存续期间，双方用夫妻共同财产出资购买以一方父母名义参加房改的房屋，登记在一方父母名下，离婚时另一方主张按照夫妻共同财产对该房屋进行分割的，人民法院不予支持。购买该房屋时的出资，可以作为债权处理。

**第八十条**　离婚时夫妻一方尚未退休、不符合领取基本养老金条件，另一方请求按照夫妻共同财产分割基本养老金的，人民法院不予支持；婚后以夫妻共同财产缴纳基本养老保险费，离婚时一方主张将养老金账户中婚姻关系存续期间个人实际缴纳部分及利息作为夫妻共同财产分割的，人民法院应予支持。

**第八十一条**　婚姻关系存续期间，夫妻一方作为继承人依法可以继承的遗产，在继承人之间尚未实际分割，起诉离婚时另一方请求分割的，人民法院应当告知当事人在继承人之间实际分割遗产后另行起诉。

**第八十二条**　夫妻之间订立借款协议，以夫妻共同财产出借给一方从事个人经营活动或者用于其他个人事务的，应视为双方约定处分夫妻共同财产的行为，离婚时可以按照借款协议的约定处理。

**第八十三条**　离婚后，一方以尚有夫妻共同财产未处理为由向人民法院起诉请求分割的，经审查该财产确属离婚时未涉及的夫妻共同财产，人民法院应当依法予以分割。

**第八十四条**　当事人依据民法典第一千零九十二条的规定向人民法院提起诉讼，请求再次分割夫妻共同财产的诉讼时效期间为三年，从当事人发现之日起计算。

**第八十五条**　夫妻一方申请对配偶的个人财产或者夫妻共同财产采取保全措施的，人民法院可以在采取保全措施可能造成损失的范围内，根据实际情况，确定合理的财产担保数额。

**第八十六条**　民法典第一千零九十一条规定的“损害赔偿”，包括物质损害赔偿和精神损害赔偿。涉及精神损害赔偿的，适用《最高人民法院关于确定民事侵权精神损害赔偿责任若干问题的解释》的有关规定。

**第八十七条**　承担民法典第一千零九十一条规定的损害赔偿责任的主体，为离婚诉讼当事人中无过错方的配偶。

人民法院判决不准离婚的案件，对

于当事人基于民法典第一千零九十一条提出的损害赔偿请求，不予支持。

在婚姻关系存续期间，当事人不起诉离婚而单独依据民法典第一千零九十一条提起损害赔偿请求的，人民法院不予受理。

**第八十八条** 人民法院受理离婚案件时，应当将民法典第一千零九十一条等规定中当事人的有关权利义务，书面告知当事人。在适用民法典第一千零九十一条时，应当区分以下不同情况：

（一）符合民法典第一千零九十一条规定的无过错方作为原告基于该条规定向人民法院提起损害赔偿请求的，必须在离婚诉讼的同时提出。

（二）符合民法典第一千零九十一条规定的无过错方作为被告的离婚诉讼案件，如果被告不同意离婚也不基于该条规定提起损害赔偿请求的，可以就此单独提起诉讼。

（三）无过错方作为被告的离婚诉讼案件，一审时被告未基于民法典第一千零九十一条规定提出损害赔偿请求，二审期间提出的，人民法院应当进行调解；调解不成的，告知当事人另行起诉。双方当事人同意由第二审人民法院一并审理的，第二审人民法院可以一并裁判。

**第八十九条** 当事人在婚姻登记机关办理离婚登记手续后，以民法典第一千零九十一条规定为由向人民法院提出损害赔偿请求的，人民法院应当受理。但当事人在协议离婚时已经明确表示放弃该项请求的，人民法院不予支持。

**第九十条** 夫妻双方均有民法典第一千零九十一条规定的过错情形，一方或者双方向对方提出离婚损害赔偿请求的，人民法院不予支持。

### 六、附　　则

**第九十一条** 本解释自2021年1月1日起施行。

## 婚姻登记条例

1. 2003年8月8日国务院令第387号公布
2. 自2003年10月1日起施行

### 第一章　总　　则

**第一条** 为了规范婚姻登记工作，保障婚姻自由、一夫一妻、男女平等的婚姻制度的实施，保护婚姻当事人的合法权益，根据《中华人民共和国婚姻法》（以下简称婚姻法），制定本条例。

**第二条** 内地居民办理婚姻登记的机关是县级人民政府民政部门或者乡（镇）人民政府，省、自治区、直辖市人民政府可以按照便民原则确定农村居民办理婚姻登记的具体机关。

中国公民同外国人，内地居民同香港特别行政区居民（以下简称香港居民）、澳门特别行政区居民（以下简称澳门居民）、台湾地区居民（以下简称台湾居民）、华侨办理婚姻登记的机关是省、自治区、直辖市人民政府民政部门或者省、自治区、直辖市人民政府民政部门确定的机关。

**第三条**　婚姻登记机关的婚姻登记员应当接受婚姻登记业务培训，经考核合格，方可从事婚姻登记工作。

婚姻登记机关办理婚姻登记，除按收费标准向当事人收取工本费外，不得收取其他费用或者附加其他义务。

## 第二章　结婚登记

**第四条**　内地居民结婚，男女双方应当共同到一方当事人常住户口所在地的婚姻登记机关办理结婚登记。

中国公民同外国人在中国内地结婚的，内地居民同香港居民、澳门居民、台湾居民、华侨在中国内地结婚的，男女双方应当共同到内地居民常住户口所在地的婚姻登记机关办理结婚登记。

**第五条**　办理结婚登记的内地居民应当出具下列证件和证明材料：

（一）本人的户口簿、身份证；

（二）本人无配偶以及与对方当事人没有直系血亲和三代以内旁系血亲关系的签字声明。

办理结婚登记的香港居民、澳门居民、台湾居民应当出具下列证件和证明材料：

（一）本人的有效通行证、身份证；

（二）经居住地公证机构公证的本人无配偶以及与对方当事人没有直系血亲和三代以内旁系血亲关系的声明。

办理结婚登记的华侨应当出具下列证件和证明材料：

（一）本人的有效护照；

（二）居住国公证机构或者有权机关出具的、经中华人民共和国驻该国使（领）馆认证的本人无配偶以及与对方当事人没有直系血亲和三代以内旁系血亲关系的证明，或者中华人民共和国驻该国使（领）馆出具的本人无配偶以及与对方当事人没有直系血亲和三代以内旁系血亲关系的证明。

办理结婚登记的外国人应当出具下列证件和证明材料：

（一）本人的有效护照或者其他有效的国际旅行证件；

（二）所在国公证机构或者有权机关出具的、经中华人民共和国驻该国使（领）馆认证或者该国驻华使（领）馆认证的本人无配偶的证明，或者所在国驻华使（领）馆出具的本人无配偶的证明。

**第六条**　办理结婚登记的当事人有下列情形之一的，婚姻登记机关不予登记：

（一）未到法定结婚年龄的；

（二）非双方自愿的；

（三）一方或者双方已有配偶的；

（四）属于直系血亲或者三代以内旁系血亲的；

（五）患有医学上认为不应当结婚的疾病的。

**第七条**　婚姻登记机关应当对结婚登记当事人出具的证件、证明材料进行审查并询问相关情况。对当事人符合结婚条件的，应当当场予以登记，发给结婚证;对当事人不符合结婚条件不予登记的,应当向当事人说明理由。

**第八条** 男女双方补办结婚登记的,适用本条例结婚登记的规定。

**第九条** 因胁迫结婚的,受胁迫的当事人依据婚姻法第十一条的规定向婚姻登记机关请求撤销其婚姻的,应当出具下列证明材料:

(一)本人的身份证、结婚证;

(二)能够证明受胁迫结婚的证明材料。

婚姻登记机关经审查认为受胁迫结婚的情况属实且不涉及子女抚养、财产及债务问题的,应当撤销该婚姻,宣告结婚证作废。

## 第三章 离婚登记

**第十条** 内地居民自愿离婚的,男女双方应当共同到一方当事人常住户口所在地的婚姻登记机关办理离婚登记。

中国公民同外国人在中国内地自愿离婚的,内地居民同香港居民、澳门居民、台湾居民、华侨在中国内地自愿离婚的,男女双方应当共同到内地居民常住户口所在地的婚姻登记机关办理离婚登记。

**第十一条** 办理离婚登记的内地居民应当出具下列证件和证明材料:

(一)本人的户口簿、身份证;

(二)本人的结婚证;

(三)双方当事人共同签署的离婚协议书。

办理离婚登记的香港居民、澳门居民、台湾居民、华侨、外国人除应当出具前款第(二)项、第(三)项规定的证件、证明材料外,香港居民、澳门居民、台湾居民还应当出具本人的有效通行证、身份证,华侨、外国人还应当出具本人的有效护照或者其他有效国际旅行证件。

离婚协议书应当载明双方当事人自愿离婚的意思表示以及对子女抚养、财产及债务处理等事项协商一致的意见。

**第十二条** 办理离婚登记的当事人有下列情形之一的,婚姻登记机关不予受理:

(一)未达成离婚协议的;

(二)属于无民事行为能力人或者限制民事行为能力人的;

(三)其结婚登记不是在中国内地办理的。

**第十三条** 婚姻登记机关应当对离婚登记当事人出具的证件、证明材料进行审查并询问相关情况。对当事人确属自愿离婚,并已对子女抚养、财产、债务等问题达成一致处理意见的,应当当场予以登记,发给离婚证。

**第十四条** 离婚的男女双方自愿恢复夫妻关系的,应当到婚姻登记机关办理复婚登记。复婚登记适用本条例结婚登记的规定。

## 第四章 婚姻登记档案和婚姻登记证

**第十五条** 婚姻登记机关应当建立婚姻登记档案。婚姻登记档案应当长期保管。具体管理办法由国务院民政部门会同国家档案管理部门规定。

**第十六条** 婚姻登记机关收到人民法院宣告婚姻无效或者撤销婚姻的判决书副本后，应当将该判决书副本收入当事人的婚姻登记档案。

**第十七条** 结婚证、离婚证遗失或者损毁的，当事人可以持户口簿、身份证向原办理婚姻登记的机关或者一方当事人常住户口所在地的婚姻登记机关申请补领。婚姻登记机关对当事人的婚姻登记档案进行查证，确认属实的，应当为当事人补发结婚证、离婚证。

## 第五章 罚 则

**第十八条** 婚姻登记机关及其婚姻登记员有下列行为之一的，对直接负责的主管人员和其他直接责任人员依法给予行政处分：

（一）为不符合婚姻登记条件的当事人办理婚姻登记的；

（二）玩忽职守造成婚姻登记档案损失的；

（三）办理婚姻登记或者补发结婚证、离婚证超过收费标准收取费用的。

违反前款第（三）项规定收取的费用，应当退还当事人。

## 第六章 附 则

**第十九条** 中华人民共和国驻外使（领）馆可以依照本条例的有关规定，为男女双方均居住于驻在国的中国公民办理婚姻登记。

**第二十条** 本条例规定的婚姻登记证由国务院民政部门规定式样并监制。

**第二十一条** 当事人办理婚姻登记或者补领结婚证、离婚证应当交纳工本费。工本费的收费标准由国务院价格主管部门会同国务院财政部门规定并公布。

**第二十二条** 本条例自2003年10月1日起施行。1994年1月12日国务院批准、1994年2月1日民政部发布的《婚姻登记管理条例》同时废止。

# 中华人民共和国
# 反家庭暴力法

1. 2015年12月27日第十二届全国人民代表大会常务委员会第十八次会议通过
2. 2015年12月27日中华人民共和国主席令第37号公布
3. 自2016年3月1日起施行

目 录



## 第一章 总 则

**第一条** 为了预防和制止家庭暴力，保护家庭成员的合法权益，维护平等、和睦、文明的家庭关系,促进家庭和谐、社会稳定,制定本法。

**第二条** 本法所称家庭暴力,是指家庭成员之间以殴打、捆绑、残害、限制人身自由以及经常性谩骂、恐吓等方式实施的身体、精神等侵害行为。

**第三条** 家庭成员之间应当互相帮助,互相关爱,和睦相处,履行家庭义务。

反家庭暴力是国家、社会和每个家庭的共同责任。

国家禁止任何形式的家庭暴力。

**第四条** 县级以上人民政府负责妇女儿童工作的机构,负责组织、协调、指导、督促有关部门做好反家庭暴力工作。

县级以上人民政府有关部门、司法机关、人民团体、社会组织、居民委员会、村民委员会、企业事业单位,应当依照本法和有关法律规定,做好反家庭暴力工作。

各级人民政府应当对反家庭暴力工作给予必要的经费保障。

**第五条** 反家庭暴力工作遵循预防为主,教育、矫治与惩处相结合原则。

反家庭暴力工作应当尊重受害人真实意愿,保护当事人隐私。

未成年人、老年人、残疾人、孕期和哺乳期的妇女、重病患者遭受家庭暴力的,应当给予特殊保护。

## 第二章 家庭暴力的预防

**第六条** 国家开展家庭美德宣传教育,普及反家庭暴力知识,增强公民反家庭暴力意识。

工会、共产主义青年团、妇女联合会、残疾人联合会应当在各自工作范围内,组织开展家庭美德和反家庭暴力宣传教育。

广播、电视、报刊、网络等应当开展家庭美德和反家庭暴力宣传。

学校、幼儿园应当开展家庭美德和反家庭暴力教育。

**第七条** 县级以上人民政府有关部门、司法机关、妇女联合会应当将预防和制止家庭暴力纳入业务培训和统计工作。

医疗机构应当做好家庭暴力受害人的诊疗记录。

**第八条** 乡镇人民政府、街道办事处应当组织开展家庭暴力预防工作,居民委员会、村民委员会、社会工作服务机构应当予以配合协助。

**第九条** 各级人民政府应当支持社会工作服务机构等社会组织开展心理健康咨询、家庭关系指导、家庭暴力预防知识教育等服务。

**第十条** 人民调解组织应当依法调解家庭纠纷,预防和减少家庭暴力的发生。

**第十一条** 用人单位发现本单位人员有家庭暴力情况的,应当给予批评教育,并做好家庭矛盾的调解、化解工作。

**第十二条** 未成年人的监护人应当以文明的方式进行家庭教育,依法履行监护和教育职责,不得实施家庭暴力。

## 第三章　家庭暴力的处置

**第十三条**　家庭暴力受害人及其法定代理人、近亲属可以向加害人或者受害人所在单位、居民委员会、村民委员会、妇女联合会等单位投诉、反映或者求助。有关单位接到家庭暴力投诉、反映或者求助后，应当给予帮助、处理。

家庭暴力受害人及其法定代理人、近亲属也可以向公安机关报案或者依法向人民法院起诉。

单位、个人发现正在发生的家庭暴力行为，有权及时劝阻。

**第十四条**　学校、幼儿园、医疗机构、居民委员会、村民委员会、社会工作服务机构、救助管理机构、福利机构及其工作人员在工作中发现无民事行为能力人、限制民事行为能力人遭受或者疑似遭受家庭暴力的，应当及时向公安机关报案。公安机关应当对报案人的信息予以保密。

**第十五条**　公安机关接到家庭暴力报案后应当及时出警，制止家庭暴力，按照有关规定调查取证，协助受害人就医、鉴定伤情。

无民事行为能力人、限制民事行为能力人因家庭暴力身体受到严重伤害、面临人身安全威胁或者处于无人照料等危险状态的，公安机关应当通知并协助民政部门将其安置到临时庇护场所、救助管理机构或者福利机构。

**第十六条**　家庭暴力情节较轻，依法不给予治安管理处罚的，由公安机关对加害人给予批评教育或者出具告诫书。

告诫书应当包括加害人的身份信息、家庭暴力的事实陈述、禁止加害人实施家庭暴力等内容。

**第十七条**　公安机关应当将告诫书送交加害人、受害人，并通知居民委员会、村民委员会。

居民委员会、村民委员会、公安派出所应当对收到告诫书的加害人、受害人进行查访，监督加害人不再实施家庭暴力。

**第十八条**　县级或者设区的市级人民政府可以单独或者依托救助管理机构设立临时庇护场所，为家庭暴力受害人提供临时生活帮助。

**第十九条**　法律援助机构应当依法为家庭暴力受害人提供法律援助。

人民法院应当依法对家庭暴力受害人缓收、减收或者免收诉讼费用。

**第二十条**　人民法院审理涉及家庭暴力的案件，可以根据公安机关出警记录、告诫书、伤情鉴定意见等证据，认定家庭暴力事实。

**第二十一条**　监护人实施家庭暴力严重侵害被监护人合法权益的，人民法院可以根据被监护人的近亲属、居民委员会、村民委员会、县级人民政府民政部门等有关人员或者单位的申请，依法撤销其监护人资格，另行指定监护人。

被撤销监护人资格的加害人，应当继续负担相应的赡养、扶养、抚养费用。

**第二十二条**　工会、共产主义青年团、妇女联合会、残疾人联合会、居民委员会、村民委员会等应当对实施家庭暴力的加害人进行法治教育，必要时可以对加害人、受害人进行心理辅导。

## 第四章 人身安全保护令

**第二十三条** 当事人因遭受家庭暴力或者面临家庭暴力的现实危险，向人民法院申请人身安全保护令的，人民法院应当受理。

当事人是无民事行为能力人、限制民事行为能力人，或者因受到强制、威吓等原因无法申请人身安全保护令的，其近亲属、公安机关、妇女联合会、居民委员会、村民委员会、救助管理机构可以代为申请。

**第二十四条** 申请人身安全保护令应当以书面方式提出；书面申请确有困难的，可以口头申请，由人民法院记入笔录。

**第二十五条** 人身安全保护令案件由申请人或者被申请人居住地、家庭暴力发生地的基层人民法院管辖。

**第二十六条** 人身安全保护令由人民法院以裁定形式作出。

**第二十七条** 作出人身安全保护令，应当具备下列条件：

（一）有明确的被申请人；

（二）有具体的请求；

（三）有遭受家庭暴力或者面临家庭暴力现实危险的情形。

**第二十八条** 人民法院受理申请后，应当在七十二小时内作出人身安全保护令或者驳回申请；情况紧急的，应当在二十四小时内作出。

**第二十九条** 人身安全保护令可以包括下列措施：

（一）禁止被申请人实施家庭暴力；

（二）禁止被申请人骚扰、跟踪、接触申请人及其相关近亲属；

（三）责令被申请人迁出申请人住所；

（四）保护申请人人身安全的其他措施。

**第三十条** 人身安全保护令的有效期不超过六个月，自作出之日起生效。人身安全保护令失效前，人民法院可以根据申请人的申请撤销、变更或者延长。

**第三十一条** 申请人对驳回申请不服或者被申请人对人身安全保护令不服的，可以自裁定生效之日起五日内向作出裁定的人民法院申请复议一次。人民法院依法作出人身安全保护令的，复议期间不停止人身安全保护令的执行。

**第三十二条** 人民法院作出人身安全保护令后，应当送达申请人、被申请人、公安机关以及居民委员会、村民委员会等有关组织。人身安全保护令由人民法院执行，公安机关以及居民委员会、村民委员会等应当协助执行。

## 第五章 法律责任

**第三十三条** 加害人实施家庭暴力，构成违反治安管理行为的，依法给予治安管理处罚；构成犯罪的，依法追究刑事责任。

**第三十四条** 被申请人违反人身安全保护令，构成犯罪的，依法追究刑事责任；尚不构成犯罪的，人民法院应当给予训诫，可以根据情节轻重处以一千元以下罚款、十五日以下拘留。

**第三十五条**　学校、幼儿园、医疗机构、居民委员会、村民委员会、社会工作服务机构、救助管理机构、福利机构及其工作人员未依照本法第十四条规定向公安机关报案，造成严重后果的，由上级主管部门或者本单位对直接负责的主管人员和其他直接责任人员依法给予处分。

**第三十六条**　负有反家庭暴力职责的国家工作人员玩忽职守、滥用职权、徇私舞弊的，依法给予处分；构成犯罪的，依法追究刑事责任。

## 第六章　附　　则

**第三十七条**　家庭成员以外共同生活的人之间实施的暴力行为，参照本法规定执行。

**第三十八条**　本法自 2016 年 3 月 1 日起施行。

# 民政部、全国妇联关于做好家庭暴力受害人庇护救助工作的指导意见

1. 2015 年 9 月 24 日发布
2. 民发〔2015〕189 号

各省、自治区、直辖市民政厅（局）、妇联，新疆生产建设兵团民政局、妇联：

为加大反对家庭暴力工作力度，依法保护家庭暴力受害人，特别是遭受家庭暴力侵害的妇女、未成年人、老年人等弱势群体的人身安全和其他合法权益，根据《中华人民共和国妇女权益保障法》、《中华人民共和国未成年人保护法》、《中华人民共和国老年人权益保障法》、《社会救助暂行办法》等有关规定，现就民政部门和妇联组织做好家庭暴力受害人（以下简称受害人）庇护救助工作提出以下指导意见：

### 一、工作对象

家庭暴力受害人庇护救助工作对象是指常住人口及流动人口中，因遭受家庭暴力导致人身安全受到威胁，处于无处居住等暂时生活困境，需要进行庇护救助的未成年人和寻求庇护救助的成年受害人。寻求庇护救助的妇女可携带需要其照料的未成年子女同时申请庇护。

### 二、工作原则

（一）未成年人特殊、优先保护原则。为遭受家庭暴力侵害的未成年人提供特殊、优先保护，积极主动庇护救助未成年受害人。依法干预处置监护人侵害未成年人合法权益的行为，切实保护未成年人合法权益。

（二）依法庇护原则。依法为受害人提供临时庇护救助服务，充分尊重受害人合理意愿，严格保护其个人隐私。积极运用家庭暴力告诫书、人身安全保护裁定、调解诉讼等法治手段，保障受害人人身安全，维护其合法权益。

（三）专业化帮扶原则。积极购买社会工作、心理咨询等专业服务，鼓励受

害人自主接受救助方案和帮扶方式，协助家庭暴力受害人克服心理阴影和行为障碍，协调解决婚姻、生活、学习、工作等方面的实际困难，帮助其顺利返回家庭、融入社会。

(四)社会共同参与原则。在充分发挥民政部门和妇联组织职能职责和工作优势的基础上，动员引导多方面社会力量参与受害人庇护救助服务和反对家庭暴力宣传等工作，形成多方参与、优势互补、共同协作的工作合力。

**三、工作内容**

(一)及时受理求助。妇联组织要及时接待受害人求助请求或相关人员的举报投诉，根据调查了解的情况向公安机关报告，请公安机关对家庭暴力行为进行调查处置。妇联组织、民政部门发现未成年人遭受虐待、暴力伤害等家庭暴力情形的，应当及时报请公安机关进行调查处置和干预保护。民政部门及救助管理机构应当及时接收公安机关、妇联等有关部门护送或主动寻求庇护救助的受害人，办理入站登记手续，根据性别、年龄实行分类分区救助，妥善安排食宿等临时救助服务并做好隐私保护工作。救助管理机构庇护救助成年受害人期限一般不超过10天，因特殊情况需要延长的，报主管民政部门备案。城乡社区服务机构可以为社区内遭受家庭暴力的居民提供应急庇护救助服务。

(二)按需提供转介服务。民政部门及救助管理机构和妇联组织可以通过与社会工作服务机构、心理咨询机构等专业力量合作方式对受害人进行安全评估和需求评估，根据受害人的身心状况和客观需求制定个案服务方案。要积极协调人民法院、司法行政、人力资源社会保障、卫生等部门、社会救助经办机构、医院和社会组织，为符合条件的受害人提供司法救助、法律援助、婚姻家庭纠纷调解、就业援助、医疗救助、心理康复等转介服务。对于实施家庭暴力的未成年人监护人，应通过家庭教育指导、监护监督等多种方式，督促监护人改善监护方式，提升监护能力；对于目睹家庭暴力的未成年人，要提供心理辅导和关爱服务。

(三)加强受害人人身安全保护。民政部门及救助管理机构或妇联组织可以根据需要协助受害人或代表未成年受害人向人民法院申请人身安全保护裁定，依法保护受害人的人身安全，避免其再次受到家庭暴力的侵害。成年受害人在庇护期间自愿离开救助管理机构的，应提出书面申请，说明离开原因，可自行离开、由受害人亲友接回或由当地村(居)民委员会、基层妇联组织护送回家。其他监护人、近亲属前来接领未成年受害人的，经公安机关或村(居)民委员会确认其身份后，救助管理机构可以将未成年受害人交由其照料，并与其办理书面交接手续。

(四)强化未成年受害人救助保护。民政部门和救助管理机构要按照《最高人民法院、最高人民检察院、公安部、民政部关于依法处理监护人侵害未成年人权益行为若干问题的意见》(法发

〔2014〕24号）要求，做好未成年受害人临时监护、调查评估、多方会商等工作。救助管理机构要将遭受家庭暴力侵害的未成年受害人安排在专门区域进行救助保护。对于年幼的未成年受害人，要安排专业社会工作者或专人予以陪护和精心照料，待其情绪稳定后可根据需要安排到爱心家庭寄养。未成年受害人接受司法机关调查时，民政部门或救助管理机构要安排专职社会工作者或专人予以陪伴，必要时请妇联组织派员参加，避免其受到"二次伤害"。对于遭受严重家庭暴力侵害的未成年人，民政部门或救助管理机构、妇联组织可以向人民法院提出申请，要求撤销施暴人监护资格，依法另行指定监护人。

**四、工作要求**

（一）健全工作机制。民政部门和妇联组织要建立有效的信息沟通渠道，建立健全定期会商、联合作业、协同帮扶等联动协作机制，细化具体任务职责和合作流程，共同做好受害人的庇护救助和权益维护工作。民政部门及救助管理机构要为妇联组织、司法机关开展受害人维权服务、司法调查等工作提供设施场所、业务协作等便利。妇联组织要依法为受害人提供维权服务。

（二）加强能力建设。民政部门及救助管理机构和妇联组织要选派政治素质高、业务能力强的工作人员参与受害人庇护救助工作，加强对工作人员的业务指导和能力培训。救助管理机构应开辟专门服务区域设立家庭暴力庇护场所，实现与流浪乞讨人员救助服务区域的相对隔离，有条件的地方可充分利用现有设施设置生活居室、社会工作室、心理访谈室、探访会客室等，设施陈列和环境布置要温馨舒适。救助管理机构要加强家庭暴力庇护工作的管理服务制度建设，建立健全来访会谈、出入登记、隐私保护、信息查阅等制度。妇联组织要加强"12338"法律维权热线和维权队伍建设，为受害人主动求助、法律咨询和依法维权提供便利渠道和服务。

（三）动员社会参与。民政部门和救助管理机构可以通过购买服务、项目合作、志愿服务等多种方式，鼓励支持社会组织、社会工作服务机构、法律服务机构参与家庭暴力受害人庇护救助服务，提供法律政策咨询、心理疏导、婚姻家庭纠纷调解、家庭关系辅导、法律援助等服务，并加强对社会力量的统筹协调。妇联组织可以发挥政治优势、组织优势和群众工作优势，动员引导爱心企业、爱心家庭和志愿者等社会力量通过慈善捐赠、志愿服务等方式参与家庭暴力受害人庇护救助服务。

（四）强化宣传引导。各级妇联组织和民政部门要积极调动舆论资源，主动借助新兴媒体，切实运用各类传播阵地，公布家庭暴力救助维权热线电话，开设反对家庭暴力专题栏目，传播介绍反对家庭暴力的法律法规；加强依法处理家庭暴力典型事例（案例）的法律解读、政策释义和宣传报道，引导受害人及时保存证据，依法维护自身合法权益；城乡社区服务机构要积极开展反对家庭暴力宣传，提高社区居民参与反对家庭暴力工作的意识，鼓励社区居民主动发现和报告监护人虐待未成年人等家庭暴力线索。

## 最高人民法院、最高人民检察院、公安部、司法部关于依法办理家庭暴力犯罪案件的意见

1. 2015年3月2日发布
2. 法发〔2015〕4号

发生在家庭成员之间，以及具有监护、扶养、寄养、同居等关系的共同生活人员之间的家庭暴力犯罪，严重侵害公民人身权利，破坏家庭关系，影响社会和谐稳定。人民法院、人民检察院、公安机关、司法行政机关应当严格履行职责，充分运用法律，积极预防和有效惩治各种家庭暴力犯罪，切实保障人权，维护社会秩序。为此，根据刑法、刑事诉讼法、婚姻法、未成年人保护法、老年人权益保障法、妇女权益保障法等法律，结合司法实践经验，制定本意见。

### 一、基本原则

1. 依法及时、有效干预。针对家庭暴力持续反复发生，不断恶化升级的特点，人民法院、人民检察院、公安机关、司法行政机关对已发现的家庭暴力，应当依法采取及时、有效的措施，进行妥善处理，不能以家庭暴力发生在家庭成员之间，或者属于家务事为由而置之不理，互相推诿。

2. 保护被害人安全和隐私。办理家庭暴力犯罪案件，应当首先保护被害人的安全。通过对被害人进行紧急救治、临时安置，以及对施暴人采取刑事强制措施、判处刑罚、宣告禁止令等措施，制止家庭暴力并防止再次发生，消除家庭暴力的现实侵害和潜在危险。对与案件有关的个人隐私，应当保密，但法律有特别规定的除外。

3. 尊重被害人意愿。办理家庭暴力犯罪案件，既要严格依法进行，也要尊重被害人的意愿。在立案、采取刑事强制措施、提起公诉、判处刑罚、减刑、假释时，应当充分听取被害人意见，在法律规定的范围内作出合情、合理的处理。对法律规定可以调解、和解的案件，应当在当事人双方自愿的基础上进行调解、和解。

4. 对未成年人、老年人、残疾人、孕妇、哺乳期妇女、重病患者特殊保护。办理家庭暴力犯罪案件，应当根据法律规定和案件情况，通过代为告诉、法律援助等措施，加大对未成年人、老年人、残疾人、孕妇、哺乳期妇女、重病患者的司法保护力度，切实保障他们的合法权益。

### 二、案件受理

5. 积极报案、控告和举报。依照刑事诉讼法第一百零八条第一款“任何单位和个人发现有犯罪事实或者犯罪嫌疑人，有权利也有义务向公安机关、人民检

察院或者人民法院报案或者举报”的规定，家庭暴力被害人及其亲属、朋友、邻居、同事，以及村（居）委会、人民调解委员会、妇联、共青团、残联、医院、学校、幼儿园等单位、组织，发现家庭暴力，有权利也有义务及时向公安机关、人民检察院、人民法院报案、控告或者举报。

公安机关、人民检察院、人民法院对于报案人、控告人和举报人不愿意公开自己的姓名和报案、控告、举报行为的，应当为其保守秘密，保护报案人、控告人和举报人的安全。

6. 迅速审查、立案和转处。公安机关、人民检察院、人民法院接到家庭暴力的报案、控告或者举报后，应当立即问明案件的初步情况，制作笔录，迅速进行审查，按照刑事诉讼法关于立案的规定，根据自己的管辖范围，决定是否立案。对于符合立案条件的，要及时立案。对于可能构成犯罪但不属于自己管辖的，应当移送主管机关处理，并且通知报案人、控告人或者举报人；对于不属于自己管辖而又必须采取紧急措施的，应当先采取紧急措施，然后移送主管机关。

经审查，对于家庭暴力行为尚未构成犯罪，但属于违反治安管理行为的，应当将案件移送公安机关，依照治安管理处罚法的规定进行处理，同时告知被害人可以向人民调解委员会提出申请，或者向人民法院提起民事诉讼，要求施暴人承担停止侵害、赔礼道歉、赔偿损失等民事责任。

7. 注意发现犯罪案件。公安机关在处理人身伤害、虐待、遗弃等行政案件过程中，人民法院在审理婚姻家庭、继承、侵权责任纠纷等民事案件过程中，应当注意发现可能涉及的家庭暴力犯罪。一旦发现家庭暴力犯罪线索，公安机关应当将案件转为刑事案件办理，人民法院应当将案件移送公安机关；属于自诉案件的，公安机关、人民法院应当告知被害人提起自诉。

8. 尊重被害人的程序选择权。对于被害人有证据证明的轻微家庭暴力犯罪案件，在立案审查时，应当尊重被害人选择公诉或者自诉的权利。被害人要求公安机关处理的，公安机关应当依法立案、侦查。在侦查过程中，被害人不再要求公安机关处理或者要求转为自诉案件的，应当告知被害人向公安机关提交书面申请。经审查确系被害人自愿提出的，公安机关应当依法撤销案件。被害人就这类案件向人民法院提起自诉的，人民法院应当依法受理。

9. 通过代为告诉充分保障被害人自诉权。对于家庭暴力犯罪自诉案件，被害人无法告诉或者不能亲自告诉的，其法定代理人、近亲属可以告诉或者代为告诉；被害人是无行为能力人、限制行为能力人，其法定代理人、近亲属没有告诉或者代为告诉的，人民检察院可以告诉；侮辱、暴力干涉婚姻自由等告诉才处理的案件，被害人因受强制、威吓无法告诉的，人民检察院也可以告诉。人民法院对告诉或者代为告诉的，应当依法受理。

10. 切实加强立案监督。人民检察

院要切实加强对家庭暴力犯罪案件的立案监督，发现公安机关应当立案而不立案的，或者被害人及其法定代理人、近亲属，有关单位、组织就公安机关不予立案向人民检察院提出异议的，人民检察院应当要求公安机关说明不立案的理由。人民检察院认为不立案理由不成立的，应当通知公安机关立案，公安机关接到通知后应当立案；认为不立案理由成立的，应当将理由告知提出异议的被害人及其法定代理人、近亲属或者有关单位、组织。

11. 及时、全面收集证据。公安机关在办理家庭暴力案件时，要充分、全面地收集、固定证据，除了收集现场的物证、被害人陈述、证人证言等证据外，还应当注意及时向村(居)委会、人民调解委员会、妇联、共青团、残联、医院、学校、幼儿园等单位、组织的工作人员，以及被害人的亲属、邻居等收集涉及家庭暴力的处理记录、病历、照片、视频等证据。

12. 妥善救治、安置被害人。人民法院、人民检察院、公安机关等负有保护公民人身安全职责的单位和组织，对因家庭暴力受到严重伤害需要紧急救治的被害人，应当立即协助联系医疗机构救治；对面临家庭暴力严重威胁，或者处于无人照料等危险状态，需要临时安置的被害人或者相关未成年人，应当通知并协助有关部门进行安置。

13. 依法采取强制措施。人民法院、人民检察院、公安机关对实施家庭暴力的犯罪嫌疑人、被告人，符合拘留、逮捕条件的，可以依法拘留、逮捕；没有采取拘留、逮捕措施的，应当通过走访、打电话等方式与被害人或者其法定代理人、近亲属联系，了解被害人的人身安全状况。对于犯罪嫌疑人、被告人再次实施家庭暴力的，应当根据情况，依法采取必要的强制措施。

人民法院、人民检察院、公安机关决定对实施家庭暴力的犯罪嫌疑人、被告人取保候审的，为了确保被害人及其子女和特定亲属的安全，可以依照刑事诉讼法第六十九条第二款的规定，责令犯罪嫌疑人、被告人不得再次实施家庭暴力；不得侵扰被害人的生活、工作、学习；不得进行酗酒、赌博等活动；经被害人申请且有必要的，责令不得接近被害人及其未成年子女。

14. 加强自诉案件举证指导。家庭暴力犯罪案件具有案发周期较长、证据难以保存，被害人处于相对弱势、举证能力有限，相关事实难以认定等特点。有些特点在自诉案件中表现得更为突出。因此，人民法院在审理家庭暴力自诉案件时，对于因当事人举证能力不足等原因，难以达到法律规定的证据要求的，应当及时对当事人进行举证指导，告知需要收集的证据及收集证据的方法。对于因客观原因不能取得的证据，当事人申请人民法院调取的，人民法院应当认真审查，认为确有必要的，应当调取。

15. 加大对被害人的法律援助力度。人民检察院自收到移送审查起诉的案件材料之日起三日内，人民法院自受理案件之日起三日内，应当告知被害人及其法定代理人或者近亲属有权委托诉讼代理人，如果经济困难，可以向法律援助机构申请法律援助；对于被害人是未成年人、老年人、重病患者或者残疾人等，因经济困难没有委托诉讼代理人的，人民检察院、人民法院应当帮助其申请法律援助。

法律援助机构应当依法为符合条件的被害人提供法律援助，指派熟悉反家庭暴力法律法规的律师办理案件。

**三、定罪处罚**

16. 依法准确定罪处罚。对故意杀人、故意伤害、强奸、猥亵儿童、非法拘禁、侮辱、暴力干涉婚姻自由、虐待、遗弃等侵害公民人身权利的家庭暴力犯罪，应当根据犯罪的事实、犯罪的性质、情节和对社会的危害程度，严格依照刑法的有关规定判处。对于同一行为同时触犯多个罪名的，依照处罚较重的规定定罪处罚。

17. 依法惩处虐待犯罪。采取殴打、冻饿、强迫过度劳动、限制人身自由、恐吓、侮辱、谩骂等手段，对家庭成员的身体和精神进行摧残、折磨，是实践中较为多发的虐待性质的家庭暴力。根据司法实践，具有虐待持续时间较长、次数较多；虐待手段残忍；虐待造成被害人轻微伤或者患较严重疾病；对未成年人、老年人、残疾人、孕妇、哺乳期妇女、重病患者实施较为严重的虐待行为等情形，属于刑法第二百六十条第一款规定的虐待"情节恶劣"，应当依法以虐待罪定罪处罚。

准确区分虐待犯罪致人重伤、死亡与故意伤害、故意杀人犯罪致人重伤、死亡的界限，要根据被告人的主观故意、所实施的暴力手段与方式、是否立即或者直接造成被害人伤亡后果等进行综合判断。对于被告人主观上不具有侵害被害人健康或者剥夺被害人生命的故意，而是出于追求被害人肉体和精神上的痛苦，长期或者多次实施虐待行为，逐渐造成被害人身体损害，过失导致被害人重伤或者死亡的；或者因虐待致使被害人不堪忍受而自残、自杀，导致重伤或者死亡的，属于刑法第二百六十条第二款规定的虐待"致使被害人重伤、死亡"，应当以虐待罪定罪处罚。对于被告人虽然实施家庭暴力呈现出经常性、持续性、反复性的特点，但其主观上具有希望或者放任被害人重伤或者死亡的故意，持凶器实施暴力，暴力手段残忍，暴力程度较强，直接或者立即造成被害人重伤或者死亡的，应当以故意伤害罪或者故意杀人罪定罪处罚。

依法惩处遗弃犯罪。负有扶养义务且有扶养能力的人，拒绝扶养年幼、年老、患病或者其他没有独立生活能力的家庭成员，是危害严重的遗弃性质的家庭暴力。根据司法实践，具有对被害人长期不予照顾、不提供生活来源；驱赶、逼迫被害人离家，致使被害人流离失所或者生存困难；遗弃患严重疾病或者生活不能自理的被害人；遗弃致使被害人身体严重损害或者造成其他严重后果等情形，属于刑法第二百六十一条规定的遗弃"情节恶劣"，应当依法以遗弃罪定罪处罚。

准确区分遗弃罪与故意杀人罪的界限，要根据被告人的主观故意、所实施行为的时间与地点、是否立即造成被害人死亡，以及被害人对被告人的依赖程度等进行综合判断。对于只是为了逃避扶养义务，并不希望或者放任被害人死亡，将生活不能自理的被害人弃置在福利院、医院、派出所等单位或者广场、车站等行人较多的场所，希望被害人得到他人救助的，一般以遗弃罪定罪处罚。对于希望或者放任被害人死亡，不履行必要的扶养义务，致使被害人因缺乏生活照料而死亡，或者将生活不能自理的被害人带至荒山野岭等人迹罕至的场所扔弃，使被害人难以得到他人救助的，应当以故意杀人罪定罪处罚。

18. 切实贯彻宽严相济刑事政策。对于实施家庭暴力构成犯罪的，应当根据罪刑法定、罪刑相适应原则，兼顾维护家庭稳定、尊重被害人意愿等因素综合考虑，宽严并用，区别对待。根据司法实践，对于实施家庭暴力手段残忍或者造成严重后果；出于恶意侵占财产等卑劣动机实施家庭暴力；因酗酒、吸毒、赌博等恶习而长期或者多次实施家庭暴力；曾因实施家庭暴力受到刑事处罚、行政处罚；或者具有其他恶劣情形的，可以酌情从重处罚。对于实施家庭暴力犯罪情节较轻，或者被告人真诚悔罪，获得被害人谅解，从轻处罚有利于被扶养人的，可以酌情从轻处罚；对于情节轻微不需要判处刑罚的，人民检察院可以不起诉，人民法院可以判处免予刑事处罚。

对于实施家庭暴力情节显著轻微危害不大不构成犯罪的，应当撤销案件、不起诉，或者宣告无罪。

人民法院、人民检察院、公安机关应当充分运用训诫，责令施暴人保证不再实施家庭暴力，或者向被害人赔礼道歉、赔偿损失等非刑罚处罚措施，加强对施暴人的教育与惩戒。

19. 准确认定对家庭暴力的正当防卫。为了使本人或者他人的人身权利免受不法侵害，对正在进行的家庭暴力采取制止行为，只要符合刑法规定的条件，就应当依法认定为正当防卫，不负刑事责任。防卫行为造成施暴人重伤、死亡，且明显超过必要限度，属于防卫过当，应当负刑事责任，但是应当减轻或者免除处罚。

认定防卫行为是否"明显超过必要限度"，应当以足以制止并使防卫人免受家庭暴力不法侵害的需要为标准，根据施暴人正在实施家庭暴力的严重程度、手段的残忍程度，防卫人所处的环境、面临的危险程度、采取的制止暴力的手段、造成施暴人重大损害的程度，以及既往家庭暴力的严重程度等进行综合判断。

20. 充分考虑案件中的防卫因素和过错责任。对于长期遭受家庭暴力后，在激愤、恐惧状态下为了防止再次遭受家庭暴力，或者为了摆脱家庭暴力而故意杀害、伤害施暴人，被告人的行为具有防卫因素，施暴人在案件起因上具有明显过错或者直接责任的，可以酌情从宽处罚。对于因遭受严重家庭暴力，身体、精神受到重大损害而故意杀害施暴人；或者因不堪忍受长期家庭暴力而故意杀害施暴人，犯罪情节不是特别恶劣，手段不是特别残忍的，可以认定为刑法第二百三十二条规定的故意杀人"情节较轻"。在服刑期间确有悔改表现的，可以根据其家庭情况，依法放宽减刑的幅度，缩短减刑的起始时间与间隔时间；符合假释条件的，应当假释。被杀害施暴人的近亲属表示谅解的，在量刑、减刑、假释时应当予以充分考虑。

**四、其他措施**

21. 充分运用禁止令措施。人民法院对实施家庭暴力构成犯罪被判处管制或者宣告缓刑的犯罪分子，为了确保被害人及其子女和特定亲属的人身安全，可以依照刑法第三十八条第二款、第七十二条第二款的规定，同时禁止犯罪分子再次实施家庭暴力，侵扰被害人的生活、工作、学习，进行酗酒、赌博等活动；经被害人申请且有必要的，禁止接近被害人及其未成年子女。

22. 告知申请撤销施暴人的监护资格。人民法院、人民检察院、公安机关对于监护人实施家庭暴力，严重侵害被监护人合法权益的，在必要时可以告知被监护人及其他有监护资格的人员、单位，向人民法院提出申请，要求撤销监护人资格，依法另行指定监护人。

23. 充分运用人身安全保护措施。人民法院为了保护被害人的人身安全，避免其再次受到家庭暴力的侵害，可以根据申请，依照民事诉讼法等法律的相关规定，作出禁止施暴人再次实施家庭暴力、禁止接近被害人、迁出被害人的住所等内容的裁定。对于施暴人违反裁定的行为，如对被害人进行威胁、恐吓、殴打、伤害、杀害，或者未经被害人同意拒不迁出住所的，人民法院可以根据情节轻重予以罚款、拘留；构成犯罪的，应当依法追究刑事责任。

24. 充分运用社区矫正措施。社区矫正机构对因实施家庭暴力构成犯罪被判处管制、宣告缓刑、假释或者暂予监外执行的犯罪分子，应当依法开展家庭暴力行为矫治，通过制定有针对性的监管、教育和帮助措施，矫正犯罪分子的施暴心理和行为恶习。

25. 加强反家庭暴力宣传教育。人民法院、人民检察院、公安机关、司法行政机关应当结合本部门工作职责，通过以案说法、社区普法、针对重点对象法制教育等多种形式，开展反家庭暴力宣传教育活动，有效预防家庭暴力，促进平等、和睦、文明的家庭关系，维护社会和谐、稳定。